Sheila Kitzinger:
Frauen als Mütter
Mutterschaft in verschiedenen Kulturen

Aus dem Englischen von
Inge Wacker

Deutscher
Taschenbuch
Verlag

In Dankbarkeit meinen Töchtern Celia, Nell, Tess,
Polly und Jenny gewidmet, die mein Wissen erweitern
und mein Verständnis vertiefen, und deren
Heranwachsen einen Lernprozeß für ihre Mutter darstellt.

Ungekürzte Ausgabe
1. Auflage Juli 1983
2. Auflage August 1984: 13. bis 18. Tausend
Deutscher Taschenbuch Verlag GmbH & Co. KG,
München
© 1978 Sheila Kitzinger
Titel der englischen Originalausgabe:
Women as Mothers
William Collins Sons & Co. Ltd., London 1978
© 1980 der deutschsprachigen Ausgabe:
Kösel Verlag GmbH & Co., München
ISBN 3-466-32016-X
Umschlaggestaltung: Celestino Piatti
Umschlagfotos: Bildagentur Mauritius GmbH,
Mittenwald und Frankfurt am Main
Gesamtherstellung: C. H. Beck'sche Buchdruckerei,
Nördlingen
Printed in Germany · ISBN 3-423-10139-3

Das Buch

Mutterverhalten ist weder angeboren noch ein für allemal festgelegt. Es entwickelt und verändert sich in direkter Abhängigkeit von der jeweiligen Gesellschaft, in der die Mutter lebt. Sheila Kitzinger, selbst Mutter von fünf Kindern, beschreibt hier die Rolle der Frau als Mutter in den unterschiedlichen Kulturen dieser Welt. Lebendig und einfühlsam schildert sie die Sitten, Verhaltensweisen, Mythen und Tabus von Geburt und Mutterschaft in ganz verschiedenen Gesellschaften und Kulturstadien. Sie macht die Unterschiede und Gemeinsamkeiten etwa in der östlichen und westlichen Welt, in agrarischen und industrialisierten Staaten sichtbar. Das Spektrum reicht von den Geburtstechniken selbst bis hin zur jeweiligen familiären und sozialen Einbettung von Geburt und Mutterschaft. Sie gibt überraschende Einblicke in vorindustrielle Gemeinschaften; nicht weniger differenziert beleuchtet sie auch die modernen Bedingungen hochtechnisierter Klinikgeburten.
Eine ihrer sympathischen Schlußfolgerungen lautet: Die Rolle der Mutter ist schon in viele Formen gepreßt worden, um unterschiedlichen gesellschaftlichen Zielen zu dienen. Vielleicht sollten jetzt die Mütter selbst einmal damit beginnen, ihre Vorstellungen über die Gesellschaft zu äußern, die sie sich wünschen, um ihre Rolle wirksam erfüllen zu können.

Die Autorin

Sheila Kitzinger, geboren 1929, ist Soziologin, Sozialanthropologin, Geburtshelferin und Autorin weltbekannter Bücher wie ›Natürliche Geburt‹ (1980), ›Geburtsvorbereitung‹ (1981), ›Hausgeburt‹ (1982), ›Schwangerschaft und Geburt‹ (1982). Der ›Observer‹ gab ihr den Ehrentitel »The Big Mama of natural childbirth movement«. Sheila Kitzinger lebt mit ihrer Familie in England.

Inhalt

Dieses Buch ist kein praktischer Ratgeber. Es ist ein Buch über Geburt und Muttersein in unterschiedlichen Kulturen und verschiedenen geschichtlichen Zeitabschnitten, um den Lesern einen Eindruck davon zu vermitteln, was das Muttersein in diesen verschiedenen Gesellschaften bedeutet hat. Ich betrachte Geburt und Mütter aus dem Blickpunkt der Sozialanthropologie, wobei ich den Prozeß des Mutterwerdens und Mutterseins in unserer eigenen und in anderen Kulturen zu ergründen versuche und dabei einige der mit unseren Vorstellungen von Mutterschaft eng verbundenen Auffassungen in Frage stelle.

Ich habe selbst fünf Kinder, und wenn ich das Thema unter dem Gesichtspunkt meiner eigenen Rolle als Mutter betrachte, wird mir klar, daß die Anthropologie allerdings nur wenige Antworten liefert und oft gerade dann wenig oder gar kein Material zu bieten hat, wenn uns äußerst wichtige Fragen beschäftigen. Eine Erklärung dafür ist, daß Anthropologen zum größten Teil Männer sind (es ist sehr schwierig, Mutter zu sein, wenn Sie gerade Feldforschungen bei einem nomadisierenden Hirtenstamm betreiben oder Ihr Lager in einer Lichtung im Busch aufgeschlagen haben). Sie betrachten Mütter meistens aus der Sicht der Männer, die das Gesellschaftssystem tragen. Sie haben eine männliche Betrachtungsweise und schauen die Familie von dem Blickpunkt aus an, der ihnen leichter zugänglich ist und der ihnen selbstverständlich erscheint. Die Sozialanthropologie hat die private Welt der Frauen und die Kommunikation innerhalb der Familie zum größten Teil vernachlässigt und sich stattdessen auf die wichtigeren, an öffentlichen Schauplätzen des Stammeslebens stattfindenden Angelegenheiten konzentriert. Frauen werden von den Anthropologen meist als Objekte behandelt, die eine Rolle bei Transaktionen zwischen sozialen Gruppen spielen. Die Gesellschaft betrachten sie größtenteils im Hinblick auf Beziehungen zwischen Männern, indem sie auf Frauen nur eingehen, wenn durch sie das Verhalten der Männer beeinflußt wird. In Evans-Pritchards hervorragenden Forschungsberichten über die Nuer im Sudan[1] kommen Frauen fast seltener vor als Kühe. Es mag sehr wohl sein, daß

[1] Edward E. Evans-Pritchard: The Nuer. O.U.P., New York 1940.

die Denkweise der Nuermänner dadurch sehr genau wiedergegeben wird, aber es bedeutet trotzdem, daß wir uns kaum eine Vorstellung vom Leben der anderen Hälfte des Nuerstammes machen können. Kulturanthropologen, die häufiger Frauen sind, haben sich mit Müttern und Muttersein beschäftigt, besonders eingehend Margaret Mead; doch ist die Kulturanthropologie sehr oft Gegenstand der Verachtung und des Spotts gewisser anderer Anthropologen gewesen, die die Kulturanthropologie als den »bequemeren« Weg betrachten. In vieler Hinsicht ist die Spaltung, die in der Anthropologie stattgefunden hat, ein Ausdruck der gegensätzlichen Klischeevorstellungen von weiblichen und männlichen Eigenschaften in unserer eigenen Gesellschaft: Männer zeichnen sich durch Entschlossenheit, Exaktheit und Rationalität aus, Frauen sind sentimental, gefühlsbetont, irrational und folgen plötzlichen Eingebungen. Evans-Pritchard bezeichnet Margaret Meads ›Coming of Age in Samoa‹[2], ein Forschungsbericht, in dem das Leben heranwachsender Mädchen in Samoa dem von Mädchen in den Vereinigten Staaten gegenübergestellt wird, als »ein weitschweifiges, oder vielleicht sollte ich sagen geschwätziges und feminines Buch«, und fährt dann fort: »Nichtsdestoweniger ist es . . . von einer hochintelligenten Frau geschrieben worden«.[3] Wegen dieser männlichen Vorurteile in der Anthropologie, und nicht nur einfach deshalb, weil Männer schwer an das Material herankommen, gibt es über weite Bereiche sozialer Interaktion, in der Frauen eine Rolle spielen, nur mangelhafte Berichte. Ebensowenig verschaffen uns die Werke von Psychoanalytikern und Psychologen ein vollständiges Bild. Sie neigen dazu, Schwangerschaft und Geburt als abnorme Zustände zu betrachten, durch die alle möglichen krankhaften psychischen Veränderungen hervorgerufen werden, und beschäftigen sich mit Müttern hauptsächlich unter dem Gesichtspunkt von Kindern und deren Bedürfnissen. In der psychoanalytischen Literatur, angefangen bei Freud, wird nachdrücklich betont, auf welche Weise Mütter ihren Kindern durch jedes Wort, jede Handlung und jeden Gedanken Schaden zufügen können und die Grundlagen für Anpassungsschwierigkeiten im Erwachsenenleben schaffen.

Im Bezugsfeld der Psychoanalyse scheinen Mütter nur als Individuen vorzukommen, die im Guten oder im Bösen auf das

---

[2] Margaret Mead: Coming of Age in Samoa. New York 1928.
[3] Edward E. Evans-Pritchard: Social Anthropology. Cohen & West, 1951.

Kind einwirken, und sind eher Objekte als Subjekte von Untersuchungen. Sie dürfen im Handlungsablauf der Kindesentwicklung in der Rolle der bösartigen Hexe oder gelegentlich sogar als gute Fee auftreten; doch diese Rollen sind untergeordnet, und der Schauplatz wird vom Kind beherrscht.

Absicht dieses Buches ist es, Mütter aus einem anderen Blickwinkel zu betrachten. Mütter gebären nicht nur Kinder und ziehen sie gewöhnlich auch selbst groß, auch existieren sie nicht zu dem Zweck, Männer mit Nachkommen zu versorgen, sondern sie sind eigene Persönlichkeiten. Ich habe dieses Thema nicht nur deshalb gewählt, weil ich es interessant finde, herauszufinden, wie andere Frauen sich als Mütter verhalten, sondern auch deshalb, weil ich hoffe, damit den praktischen Ratgebern, von denen es meiner Meinung nach entschieden zu viele gibt, etwas entgegensetzen zu können.

Es ist schrecklich einfach, Leuten zu erzählen, wie sie ihre Kinder bekommen, wie sie ihr Leben führen und wie sie es mit der Kindererziehung halten sollen. Es scheint eine so einfache und naheliegende Sache zu sein, gute Ratschläge zu geben, wenn Leute Schwierigkeiten haben und nicht mehr weiterwissen, besonders, wenn sie Erfolgsrezepte vom Autor erwarten. Bei meiner Arbeit in der Geburtsvorbereitung, bei der ich Paare nicht nur auf die Geburt, sondern, so hoffe ich, in einem gewissen Maße auch auf ihr Elterndasein und die Geburt ihrer Familie vorbereite, habe ich gelernt, daß eher Probleme geschaffen als gelöst werden, wenn man Menschen sagt, wie sie sich verhalten sollen. Sehr oft führt das dazu, daß sie mit den Problemen, die auftauchen, nicht zurechtkommen, weil sie nicht flexibel darauf reagieren können, sondern sich mit einer ganzen Reihe von Mitteln, die Wunder wirken sollen, gewappnet haben und hoffen, daß sie funktionieren, wenn es Schwierigkeiten gibt.

Es ist sehr viel mehr wert, anderen Informationen und Selbstvertrauen zu geben, so daß sie in der Lage sind, angesichts der Realität, mit der sie konfrontiert sind, ihre eigenen wohldurchdachten Entscheidungen zu treffen. Hierfür ist es auch wichtig, sich selbst kennenzulernen, sich die eigenen Gefühle ehrlich einzugestehen und sich von der inneren Wahrnehmung anstatt von äußeren mechanischen Handlungsanweisungen leiten zu lassen. Das trifft ebenso auf das Bad des Babys zu, nämlich, daß man sich dabei wohl fühlt und es genießen kann, wie auch auf die Atmung während der Wehen am Ende der Eröffnungsphase oder auf die Gefühle der Nutzlosigkeit und der Wehmut, die eine Mutter überkommen, wenn ihr Kind in die Schule geht und sie in der leeren Wohnung zurückbleibt. Ebenso gilt das auch für alle die vielfältigen sowohl chaotischen, frustrierenden und zermürbenden wie auch befriedigenden Erfahrungen bei der Versorgung einer Familie und beim Umgang mit der lebendigen Palette sich in ihr ständig verändernder Beziehungen.

Je mehr über Erziehung geschrieben wird, um so mehr Sorgen machen sich Mütter und Väter, ob sie sich ihren Kindern gegenüber »richtig« verhalten. Hierbei ruht die größte Last auf den Schultern der Mütter. Gewöhnlich verbringen sie die meiste Zeit mit den Kindern und haben das Gefühl, daß die Verantwortung dafür, daß aus ihrem Kind ein gesellschaftlich anpassungsfähiger, glücklicher und halbwegs intelligenter Mensch wird, letzten Endes bei ihnen liegt. Immer wieder wird Müttern entweder durch direkte Ratschläge oder durch Andeutungen mitgeteilt, wie sie bessere Mütter sein können, wenn sie sich nur genug bemühen, toleranter, konsequenter, liebevoller, abgeklärter und gleichzeitig spontaner zu sein.

In einer Welt der Fachleute, in der Berufsausbildungen immer länger und komplizierter werden und in der neue Spezialisierungen über Nacht entstehen, sticht der Beruf der Mutter so offenkundig als unspezialisiert und unprofessionell hervor. Mütter sind für ihre Arbeit nicht ausgebildet, und deshalb, so wird gefolgert, versagen sie. Sie brauchen eine Ausbildung, dann haben wir eine bessere Gesellschaft.

Die schwedische Regierung plant zum Beispiel im ganzen Land ein Ausbildungssystem für Eltern, und der Vorschlag eines schwedischen Experten lautet sogar, daß es keiner Frau erlaubt sein sollte, ein Kind zu bekommen, ohne an dem Kurs teilgenommen zu haben. So unerschütterlich ist unser Vertrauen in Ausbildungen: Man braucht den Leuten die Dinge nur beizubringen, dann werden sie bessere Eltern und produzieren ein besseres Qualitätserzeugnis – das Kind.

Dieses Argument hat jedoch zwei schwache Stellen. Es gibt keinerlei Beweise für die Annahme, daß eine Frau durch Informationen über die richtige Wahl eines Kinderwagens, Windeltechniken, die Zusammenstellung der Mahlzeiten für ein Dreijähriges oder darüber, wie sie am besten erklärt, wo die Babys herkommen, tatsächlich eine bessere Mutter wird. Durch eine verstandesbetonte Einstellung zu den Aufgaben als Eltern kann im Gegenteil alles sehr viel komplizierter werden. Was Mütter dann tatsächlich in Handlungen umsetzen, hat nicht so sehr mit bestimmten Techniken zu tun, sondern ist Ausdruck ihrer Persönlichkeit und der besonderen Beziehung zu ihrem eigenen Kind. Auch müssen Mütter meistens blitzschnell reagieren, so daß ihnen keine Zeit dazu bleibt, in einem Buch nachzuschauen, was man in bestimmten Situationen am besten macht. Wenn es darum geht, ein Wehwehchen zu heilen, einem Zweieinhalbjährigen dabei zuzuschauen, wie er sich bei seinem Entschluß, sich selbst anzuziehen, verzweifelt abmüht, oder zu entscheiden, wie man reagiert, wenn ein Eineinhalbjähriges die sorgfältig zubereitete eiweiß- und vitaminreiche Mahlzeit verschmäht und man Wasserkressensuppe, Leber und Joghurt mit Honig vom Fußboden kratzen muß, dann steigen manchmal starke Gefühle in einem auf. Und diese Gefühle haben ihre Berechtigung. Ich glaube, ein Alltag als Mutter, in dem keine Gefühle vorkommen, wäre etwas Erschreckendes. Und wenn man die positiven erlebt, wie zum Beispiel Freude, Triumph, Entzücken, werden sich auch mit Sicherheit die negativen Gefühle der Angst, Niedergeschlagenheit und Wut einstellen.

Das Elterndasein hat in gewissem Sinne Ähnlichkeit mit der geschlechtlichen Vereinigung; obwohl es hin und wieder Spaß macht, etwas Neues auszuprobieren, kann zuviel angeeignetes Wissen über Resultate, die erreicht werden müssen, und Techniken, die man anwenden kann, zu einem aufgesetzten Verhalten führen, das Ursache für eine nicht zu erklärende Unzufriedenheit und sogar Abwehr sein kann. Was sich bei einer Beziehung zwischen Mutter und Kind im wirklichen Leben abspielt, ist wie beim spontanen Liebesspiel in idealer Weise der jeweiligen Situation angepaßt und viel zu köstbar, als daß analytisch zwischen Gedanken und Umsetzung in die Handlung eingegriffen werden oder diese Beziehung nach einem ausgetüftelten Plan durchorganisiert werden dürfte. Daß die Verhaltensweisen von Menschen in Beziehungen und die Art, wie Eltern auf ihr Kind reagieren, ihre eigene Richtigkeit haben und stimmen – vorausgesetzt, sie befinden sich in einer Umgebung, die ihnen Vertrauen vermittelt und in der eine sinnvolle Interaktion gefördert wird – wird jetzt erst allmählich erkannt. Eine günstige Umgebung, in der die Eltern selbst emotionalen Rückhalt bekommen und eigenes Selbstvertrauen entwickeln können, bewirkt zum Beispiel, daß die meisten Eltern an ihrem Baby spontan Gefallen finden. Die Art, wie sie sich ihm zuwenden und mit ihm reden, ist dann genau auf die Bedürfnisse des Babys abgestimmt und entspricht den nonverbalen Signalen, die es aussendet.[4] Bedauerlicherweise finden wir in unseren Entbindungskliniken eine so günstige Umgebung nur sehr selten vor.

Die Interaktion zwischen Eltern und Kind läßt sich selbstverständlich untersuchen und analysieren. Die sich daraus ergebenden Informationen sind nützlich und sehr oft äußerst interessant, es ist jedoch nicht notwendig, Bücher darüber gelesen zu haben, um der Aufgabe als Eltern zu genügen. Wichtig wäre vielleicht, daß Experten uns informieren, anstatt uns Ratschläge zu geben, und daß sie uns Eltern die Möglichkeit lassen, unsere eigenen Entscheidungen zu treffen. Sehr häufig meinen Fachleute jedoch, daß sie die Antworten wissen, und versuchen, uns einen Erziehungsstil aufzudrängen, der im Grunde kulturbedingt und kurzlebig ist und die vorgefaßten Meinungen wiedergibt, die von Moden in der Kindererziehung beeinflußt sind. Den Müttern wird zum Beispiel vielleicht gesagt, daß sie ihre kleinen Kinder immer bei sich haben müssen, weil ihnen sonst ein nicht zu behebender Schaden zugefügt wird und sie nie mehr befriedigende Beziehungen werden eingehen können. Oder von den Wertvorstellungen der Frauenemanzipation geht die Forderung aus, daß jede Frau eine Berufstätigkeit außer Haus ausüben sollte, und daß alle, die das nicht machen, nicht interessant und lebensnah genug sind, um Kinder angemessen großziehen zu können. Wenn die Laktation als das Wesen der Mutterschaft betrachtet wird, vermittelt man Frauen, daß ein nicht mit Muttermilch ernährtes Baby benachteiligt ist und daß bei der Mutter eine Störung ihrer Persönlichkeit vorliegen muß, wenn sie nicht stillen möchte. Oder wenn »sanfte Geburt« Mode ist, bedeutet eine begeisterte Begrüßung des Neugeborenen mit Freudenschreien, daß man das Kind einer traumatischen Geräuschüberflutung aussetzt, oder daß das Durchtrennen der Nabelschnur, solange sie noch pulsiert, dem Organsystem einen Schock versetzt, der noch im Erwachsenenalter Auswirkungen haben kann. Da die Moden ständig wechseln, machen sich viele Frauen Sorgen, daß sie ihren Babys nicht wieder gutzumachenden Schaden zugefügt haben, und sind von Schuldgefühlen geplagt wegen der Dinge, die sie während der Geburt und in den ersten Jahren getan oder unterlassen haben.

---

[4] Marshall H. Klaus, John H. Kennell: Maternal-Infant Bonding. Mosby, St. Louis 1976. Und: Rudolf Schaffer: Mothering. Fontana, Open Books, 1977; siehe auch: Rudolf Schaffer: Mütterliche Fürsorge in den ersten Lebensjahren. Stuttgart 1978.

So dargestellt hört jede dieser Theorien sich vielleicht ein wenig einseitig an. Doch in dieser Zeit lösen Aussagen wie diese Verwirrung und Bestürzung bei Müttern aus, die durch die Vielfalt der Aufgaben, die sie erfüllen, und durch die Unterbewertung des Elterndaseins in unserer Gesellschaft sowieso schon im Zweifel darüber sind, was sie tun »sollten« und ob sie auch das »Recht« dazu haben, die also besorgt sind und Schuldgefühle haben.

Es gibt noch einen anderen Grund, weshalb Eltern gegenüber den Ratschlägen in Büchern vorsichtig sein sollten, in denen Anweisungen gegeben werden, wie man verhindert, daß Kinder emotional zu kurz kommen, wie man für die Befriedigung ihrer psychischen Bedürfnisse sorgt oder wie man ein Kind erzieht, das intelligenter und besser ist, als alle die völlig falsch behandelten Sprößlinge von Familien, die über Erziehungsfragen völlig unaufgeklärt sind; Erziehungsexperten lenken ihr Augenmerk nur auf einen relativ beschränkten Bereich des Verhaltens, und kein einziger Experte ist in der Lage, Aussagen über die Gefahren und die nötigen Fähigkeiten bei der Kindererziehung und die Beziehungen innerhalb der Familie in ihrer ganzen Komplexität zu machen, glücklicherweise, könnte man vielleicht sagen. Es ist so, daß wir noch nicht einmal über genügend Wissen verfügen, um mit Sicherheit sagen zu können, daß in bestimmten Arten von Familien ganz bestimmte Typen von Kindern hervorgebracht werden, und wir können ganz sicher nicht davon ausgehen, daß zum Beispiel die Sauberkeitserziehung oder das feste Wickeln gegenüber völliger Bewegungsfreiheit im Säuglingsalter oder die Tatsache, daß das Kind die ganze Zeit auf dem Rücken der Mutter umhergetragen wird oder im Bett der Eltern schläft, die Voraussetzungen für ganz bestimmte Persönlichkeiten im Erwachsenenalter schaffen, obwohl häufig solche Behauptungen aufgestellt werden.

Und das liegt zum Teil daran, daß es nicht einfach nur um die Ausführung bestimmter Handlungen geht, wie zum Beispiel das Stillen des Babys, sondern auch darum, was für Gefühle eine Mutter dabei hat; ob sie dabei gelassen ist, spontan sein kann, ob ihr Ängstlichkeit fremd ist oder nicht, spielt vielleicht eine sehr viel wichtigere Rolle als das Erziehungssystem, das sie anwendet, oder die Tatsache, daß sie ihr Baby umherträgt beziehungsweise nicht oder auch daß sie es stillt beziehungsweise mit der Flasche ernährt. Die Details bei der Kindererziehung und -pflege sind überdies in jeder Gesellschaft ein Produkt der gesamten Kultur. Sie sind eng mit Werten verknüpft, die für diese Kultur Gemeinsamkeiten und Einklang bedeuten.

Vieles von dem, was uns ganz selbstverständlich und ›natürlich‹ erscheint, ist es ganz und gar nicht, sondern ergibt sich aus der Einstellung innerhalb einer Kultur zur Mutterschaft. Wenn wir zu den ersten Augenblicken nach der Geburt und zu den ersten Lebensstunden und dem nun beginnenden Wechselspiel zwischen Mutter und Kind zurückgehen, nur dann befinden wir uns wirklich auf der Ebene der rein natürlichen und instinktiven Handlungen. Wie wir noch sehen werden, ist diese erste Begegnung in einer Weise von der Gesellschaft beeinflußt, daß in vielen durch die Technologie bestimmten Kulturen die Voraussetzungen für die gerade erst entstehende Beziehung so sehr eingeschränkt sind, daß eine befriedigende Interaktion zwischen Mutter und Neugeborenem oftmals verhindert wird. Die beiden bleiben sich fremd. Natürliche Vorgänge werden abgeblockt, weil die Kultur es gebietet.

Wertvorstellungen sind Wandlungen unterworfen, und auch die Vorstellungen über Kindererziehung innerhalb einer Kultur ändern sich. Erziehungsstile lassen sich nicht verändern, ohne daß auch die Gesellschaft im größeren Rahmen einen Wandel durchmacht und die Begriffe männlich und weiblich neu überdacht werden sowie, was es heißt, Kind zu sein, wie wir die Elternrolle auffassen und was für eine Bedeutung der Familie in unserer Gesellschaft zukommt.

Wenn Mütter dazu gedrängt werden, ganz bestimmte Erziehungsstile bewußt einzusetzen, dann kommt ein neues Element in ihre Beziehung zu ihren Kindern hinzu, ein Element der Leistung, die es zu erfüllen gilt, einer Norm, die nur allzu leicht unterschritten wird. Schon allein dadurch kann das Dasein als Mutter zu einer belastenden, freudlosen und sogar qualvollen Aufgabe werden, bei der eine Frau ständig mit ihren eigenen Unzulänglichkeiten zu kämpfen hat. Sehr viele Frauen aus der Mittelschicht, die das Beste für ihre Kinder wollen, haben unter den Normen, die andere für sie aufgestellt haben, zu leiden. Sie blicken auf ihre Art der Kindererziehung mit dem Gefühl des Versagens zurück und meinen, »alles falsch gemacht« zu haben.

Jean Liedloff hielt sich bei ihren Forschungsarbeiten bei einem südamerikanischen Indianerstamm auf und war von deren Art der Kindererziehung sehr beeindruckt. Die Kinder wurden in keiner Weise eingeschränkt und blieben wie bei vielen primitiven und agrarischen Gesellschaften durch ständigen Körperkontakt mit ihren Müttern verbunden. Einer Mutter kam es niemals in den Sinn, Zeit ohne ihr Kind zu verbringen, Babys und Kleinkinder waren mit dem Körper der Mutter verbunden wie Muscheln mit der Felswand.

Ihrer Meinung nach sollten Mütter bei uns es genauso machen.[5] Ein bedeutender Kinderarzt hat dieses Thema aufgenommen und schlägt vor, daß Mütter ihre Babys nicht hinlegen, sondern in Tragetüchern 24 Stunden am Tag in Körpernähe bei sich haben sollten. Ich glaube daran, daß es das Geburtsrecht eines jeden Babys ist, nahe bei seiner Mutter zu sein; aber manchmal brauchen Mütter einfach Zeit für sich allein. Mich beschäftigt dabei, daß Mütter das Gefühl bekommen könnten, sie müßten ihre Kinder Tag und Nacht ganz nahe bei sich haben, egal, was sie gerade tun. Sie machen sich dann vielleicht Sorgen, daß sie schlechte Mütter sein könnten, wenn ihnen so etwas schwerfällt oder wenn es ihnen keinen Spaß macht.

Ich stelle in Frage, ob es sinnvoll ist, irgendeine Sitte als Bestandteil einer Kultur, die unserer modernen urbanen Gesellschaft völlig entgegengesetzt ist, einfach zu übernehmen, und die Frauen damit einem Leistungszwang auszusetzen, dem sie genügen sollten. Was ist mit der Frau selbst und ihren psychischen Bedürfnissen? Was ist mit ihren Identitätsgefühlen und ihrem Wert als Person über ihr Dasein als Mutter hinaus? Für viele Frauen kann solch ein ununterbrochener Kontakt mit ihren Kindern etwas Beängstigendes sein. Ebenso lösen von außen auferlegte Regeln, daß sie nicht ständig mit ihren Kindern zusammen sein sollten, daß sie sie nicht hochnehmen sollten, wenn sie schreien, nicht mit ihnen spielen sollten, wenn sie das gerne möchten, oder daß sie ein verängstigtes Kind nachts nicht mit zu sich nehmen sollten, in ihnen Ängste aus.

Das Streben nach Körperberührung mit dem Baby und ständiger Nähe, überhaupt die Suche nach mehr körperlichem Kontakt zu anderen Menschen – wie zum Beispiel in Encounter- und Sensitivitätsgruppen – ist wahrscheinlich die Reaktion auf Erziehungsmaßnahmen, die sich zwischen den beiden Weltkriegen größter Beliebtheit erfreuten. Betont wurde hierbei das Gewöhnen an Routineabläufe und die Erziehung des Babys dazu, daß es von Anfang an »lernt« liegenzubleiben, wenn es einmal hingelegt worden ist. Man war überzeugt davon, daß Mütter ihre Babys verwöhnen, wenn sie sie küssen, zärtlich zu ihnen

5 Jean Liedloff: The Continuum Concept. Futura, 1976.

sind und sie auf den Arm nehmen, wenn sie weinen. Es ist erstaunlich, wie hartnäckig sich diese Ansichten, lange nachdem die Mütter festgestellt hatten, daß dadurch die Eltern und die übrige Familie noch unglücklicher wurden als das Baby selbst, im medizinischen und krankenpflegerischen Bereich gehalten haben. In der gesamten Institution einer Entbindungsklinik haben solche Glaubenssätze eine lange Lebensdauer, auch wenn aufgeschlossene Kinderärzte und Krankenschwestern Änderungen einführen möchten. Unter dem Klinikpersonal scheint es immer einige zu geben, in denen der Gedanke, den Müttern mehr Freiheiten zu lassen, große Ängste auslöst. Ein oder zwei solche Personen können alle liberalen Vorhaben zum Scheitern bringen.

Mit großer Sicherheit müssen die meisten Frauen, die ihr Kind in einer Klinik zur Welt bringen, damit rechnen, daß einige Angestellte sich in die Beziehung zwischen ihnen und dem Baby einschalten werden, so fortschrittlich die Klinik auch sein mag: zum Beispiel wenn sie das Kind mit der Bemerkung »Mütter brauchen ihre Ruhe« ins Kinderzimmer schieben oder erklären, »Füttern nach Bedarf« bedeute, daß Mütter ihr Kind drei bis fünf Stunden nach dem letzten Stillen jederzeit anlegen können, und daß sie mit Sicherheit wunde Brustwarzen bekommen, wenn sie »öfter stillen« oder »daß Sie Ihr Kind verwöhnen, wenn Sie es mit zu sich ins Bett nehmen« oder sogar, »daß Sie sich auf das Baby legen könnten, wenn Sie einschlafen, und Sie wollen Ihrem Kind doch nichts antun, oder?«

Und das hört mit der Klinik nicht auf. Eine ganz erstaunliche Sache, wenn man gerade ein Kind bekommen hat, und noch dazu das erste, sind die Unmengen guter Ratschläge von allen Seiten, von Leuten, die selbst Kinder haben und auch von Leuten ohne Kinder. Das beginnt in der Schwangerschaft und dauert mindestens so lange, bis die Kinder zur Schule kommen. Vielleicht ist das auch der Grund, weshalb Mütter ihre Babys so oft vergleichen und ängstlich über das Gewicht ihres eigenen Babys oder den Zustand seiner Haut wachen und eifrig überprüfen, wieviele Zähne es hat, ob es schon sitzen oder krabbeln kann, denn vielleicht meinen sie, daß sich ihre Fähigkeiten als Mütter an diesen Dingen zeigen. Früher konzentrierte sich dieser Vergleich der Entwicklungsfortschritte von Babys darauf, wieviel sie zugenommen hatten. Die dicksten Babys wurden am meisten bewundert. Doch nachdem wir jetzt wissen, daß aus wohlgenährten Babys wohlgenährte – und später übergewichtige – Erwachsene werden, kommt der Entwicklung körperlicher Fertigkeiten und der Intelligenzentwicklung die größte Bedeutung zu. Ist es besser, wenn das Kind am Daumen lutscht oder wenn es eine Schmusedecke hat, oder braucht ein ausgeglichenes Kind keines von beiden? Oder vielleicht ist Daumenlutschen zusammen mit einer Schmusedecke besser als keines von beiden? Die Mutter schaut auf ihren Dreijährigen, der seinen Wutanfall auf dem Fußboden in einer regelrechten Zornesorgie austobt, und empfindet heftige Scham angesichts dieses in ihren Augen offenkundigen Beweises, daß sie als Mutter versagt hat.

Mütter beginnen damit, ihren Zweijährigen das Lesen beizubringen und organisieren ihren Tag so, daß er von kreativen Tätigkeiten ausgefüllt ist, durch die die Fertigkeiten des Kindes mittels spezieller Hilfsmittel gefördert werden. Es ist, gelinde gesagt, anstrengend, und da niemand so richtig weiß, was die Norm ist, bleibt einer Mutter nichts anderes übrig, als sich um immer bessere Leistungen zu bemühen und ihr Kind mit all dem auszustatten, was alle anderen Kinder auch haben, um nicht den Anschluß zu verlieren.

So sieht der Alltag in bestimmten Mittelschichtfamilien aus. Frauen aus den unteren sozialen Schichten befinden sich nicht so sehr unter einem Konkurrenzdruck, um ihre Fähigkeiten als Mütter unter Beweis zu stellen, schon deshalb nicht, weil sie ihre Zeit und Energie darauf verwenden müssen, für die Existenzgrundlagen zu sorgen. In einer funktionierenden ländlichen Gemeinschaft, in der alles, was mit Kindern zusammenhängt, beinahe unverändert von der Mutter an die Tochter weitergegeben wird, wie das in einigen Agrargesellschaften der Fall ist, werden Erziehungsnormen nicht in Frage gestellt und Frauen sind keiner Kritik ausgesetzt, weil sie mehr oder weniger das gleiche machen, wie jede andere Frau im selben Dorf auch.

Zu einer solchen Lebensform können wir nicht zurückkehren, denn der Gesamtzusammenhang, in dem das Familienleben steht, hat sich verändert. Die Fähigkeiten, die unsere Kinder im zwanzigsten Jahrhundert zum Überleben benötigen, bestehen nicht nur darin, die Tätigkeiten zu lernen, die ihre Väter in der Werkstatt oder in der Landwirtschaft ausüben oder es ihren Müttern gleichzutun, wenn sie Brot backen oder sich um das Baby kümmern. Was sie brauchen, ist die menschliche Fähigkeit, sich ohne großen Streß an die Erfordernisse eines technologischen Zeitalters anzupassen und zu lernen, mit einer neuen Umwelt und ihren Herausforderungen umzugehen und sie zu beherrschen. Südamerikanische Indianer können in idealer Weise an ihre Umwelt angepaßt sein, ebenso afrikanische Pygmäen. Wenn sie diese Umwelt jedoch verlassen oder wenn sie durch den Zusammenprall zweier Kulturen eine radikale Veränderung bei der Einführung von Industrie und Handel erfährt, stehen die Menschen vor Problemen. Ich befürchte, daß man in einer großen Stadt wie London oder Liverpool oder auch in einem kleinen Ort in England oder Westeuropa ein Kind nicht so aufziehen kann, als wäre es ein südamerikanischer Indianer, ohne daß es vor ganz neuen Schwierigkeiten steht, wenn es später merkt, daß die Wertvorstellungen in einer Industriegesellschaft völlig andere sind. Es wird feststellen, daß seine Erfahrungen völlig unzulänglich sind, wenn es darum geht, in einer Großstadt die Straße zu überqueren und sich in einer Welt zu bewegen, in der es Arbeitslosigkeit und Konkurrenz um Arbeitsplätze gibt.

Vielleicht verursacht das den Müttern am meisten Angst, daß ihre Kinder in einer Welt aufwachsen, die sich wahrscheinlich sehr von der unterscheidet, in der ihre Kinder als Erwachsene werden leben müssen. Mein Schwiegervater, der noch erlebt hat, wie die ersten Astronauten den Mond betraten, konnte sich an die Aufregung als kleiner Junge erinnern, als die erste Eisenbahnverbindung zwischen Nürnberg und seiner Heimatstadt Fürth gebaut wurde. Ich selbst stoße bei meinen Kindern auf Zweifel und so etwas wie amüsierte Herablassung, wenn ich ihnen klarzumachen versuche, daß es noch eine Menge anderer interessanter Beschäftigungen außer Fernsehen gibt, und ihnen erzähle, daß ich mich daran erinnern kann, wie ich als Kind das erste Mal fernsah und wie unglaublich es uns erschien, eine Aufzeichnung wirklicher Ereignisse daheim ins Wohnzimmer übertragen zu bekommen. Ich kann mich an ein Gespräch unter den Erwachsenen erinnern, in dem es darum ging, ob sich das wirklich »durchsetzen« würde.

Aber es geht nicht nur um den technologischen Wandel mit all seinen Folgen für unsere Lebensform, sondern um Veränderungen in den Beziehungen, durch die Menschen sich in der Ehe verbunden fühlen, darum, wie Männer- und Frauenrollen sich in einem rapide fortschreitenden Umwandlungsprozeß befinden. Einige dieser Veränderungen sind eng mit dem technologischen Wandel verbunden. Als ich ein Teenager war, bedeutete eine sexuelle Beziehung die Möglichkeit, schwanger zu werden, und die einzige zuverlässige Methode, nicht schwanger zu werden, bestand darin, keine sexuelle Beziehung einzugehen. Heute fallen sexuelle Beziehungen und Schwangerschaft unter zwei verschiedene Kategorien; und hauptsächlich wegen der Pille und anderer wirkungsvoller Mittel zur Empfängnisverhütung kann man in einer sexuellen Beziehung leben, ohne sich auf eine Schwangerschaft einzustellen, ja, man wird sogar darin bestärkt in einer Gesellschaft, die zutiefst über eine Überbevölkerung der Erde beunruhigt ist. Und wenn eine Frau sich dazu entscheidet, ein Baby zu bekommen, so kann sie wahrscheinlich die Empfängnis, die Schwangerschaft und die ersten Jahre mit einem ausgefüllten Leben in Verbindung bringen, in dem sie auch ihrem Arbeitgeber und ihrer Karriere verpflichtet ist. Sie kann zu der Ansicht gelangen, daß sie keinen Mann braucht, und ihr Kind allein großziehen, weil sie es gut findet, mit einem Mann ins Bett zu gehen und Freunde zu haben, jedoch meint, daß das nicht unbedingt das ständige Zusammenleben mit einem Mann nach sich ziehen muß. Wenn sie mit einer Frau zusammenlebt, entschließen sie sich vielleicht, gemeinsam Kinder großzuziehen, und eine Lesbierin, die gerne Mutter werden möchte, wählt vielleicht den Weg der künstlichen Befruchtung.

Ich bezweifle, daß die Mütter dieser jungen Frauen eine Vorstellung davon hatten, wie ihre Töchter einmal leben würden, oder daran gedacht haben, sie auf eine Welt vorzubereiten, in der Männer- und Frauenrollen sich so grundlegend gewandelt haben. Es hat wenig Sinn, einem Mädchen das Kochen beizubringen, wenn sie in ihrem Haushalt eine Tiefkühltruhe und einen Mikrowellenherd haben wird, oder ihr in einer Wegwerfgesellschaft das Sockenstopfen zu zeigen, ebenso wie es wenig Sinn hat, sie in die Geheimnisse einzuweihen, wie sie sich einen guten Ehemann angelt, wenn sie gar keinen will, oder wie sie ihn halten kann, wenn sie selbst gegen etwas Abwechslung überhaupt nichts einzuwenden hat! Die britische Tageszeitung ›Telegraph‹ warb in einer Anzeige in dem Sinne um Leser, daß »Moden wechseln. Werte nicht«. Also sollte man den ›Telegraph‹ lesen. Aber Werte verändern sich natürlich, wenn auch Moden den meisten Staub aufwirbeln. Mütter ziehen ihre Kinder in einer Welt groß, in der nicht nur die Moden ständig wechseln, sondern auch immer wieder Wertverschiebungen stattfinden.

Trotz alledem ist es erstaunlich, wie die Kindererziehung in unserer Gesellschaft von gewissen Hauptthematiken bestimmt ist, die die meisten, wenn nicht alle Mütter zutiefst bewegen.

Wenn Mütter von Kleinkindern zusammentreffen, kommt unweigerlich das Thema der Sauberkeitserziehung und der Eßgewohnheiten zur Sprache, oder wie man sein Kind dazu bringt, gewisse Dinge zu tun, wenn es sich weigert. Fast immer, wenn Mütter von Teenagern zusammensitzen, kommt das Gespräch früher oder später auf rebellisches Verhalten in diesem Alter, auf Drogenmißbrauch, erste sexuelle Erfahrungen, das Rauchen, Motorräder und die Sorgen über ihre Leistungen in der Schule. Wahrscheinlich geht jede mit diesen Problemen anders um, doch die Gemeinsamkeit bei den Erfahrungen als Mutter ist nicht so sehr anders als in primitiven Gesellschaften.

Was die meisten Mütter fortwährend von allen anderen Menschen unterscheidet, ist ihre besondere Fürsorglichkeit. Das beginnt mit den Ängsten in den ersten vier bis sechs Wochen nach der Geburt, die durch dieses völlig neue Dasein als Mutter hervorgerufen werden, und die die junge Mutter in einen Zustand versetzen können, den man bei jedem anderen Menschen für nahezu psychotisch halten würde. Sie lauscht auf den Atem ihres Babys; durch den ersten leisen Schrei ihres Babys wird sie aus dem tiefsten Schlaf gerissen; 24 Stunden am Tag stellt sie sich auf ihr Kind und dessen Bedürfnisse ein. Winnicot hat das als »primäres mütterliches Inanspruchgenommensein« bezeichnet. Das ist ein Übergangsstadium, aber trotzdem sind viele Elemente während des gesamten Mutterdaseins vorhanden, zum Beispiel eine Art innerliches Zuhören, die Fähigkeit, so intensiv das Verletztsein, die Angst und den Schmerz eines anderen Menschen zu spüren und ebenso auch Zuversicht und Freude, wie das bei jemand, der einem nahesteht, überhaupt möglich ist, und die Fähigkeit, die eigene Person zu Gunsten der Bedürfnisse des anderen zurückzustellen. Es gibt biologische Gründe für diese Art der Anpassung, denn nur so wächst das Junge geborgen auf. Doch von der Biologie ganz abgesehen, führt das zu einer Beziehung, die sich mit der Mutterrolle auch in unserer Gesellschaft in einem immer größeren Maß deckt, sich aber andererseits deutlich von ihr abhebt.

In einer Welt ständiger Umwälzungen und sich wandelnder Wertvorstellungen ist das vielleicht das Wertvollste, was man einem Kind geben kann. Auch wenn eine Mutter sonst alles »falsch« gemacht hat, hat sie wahrscheinlich die beste Grundlage für die Persönlichkeitsentwicklung des jungen Menschen und dessen eigene Fähigkeit geschaffen, Liebe zu geben und zu empfangen, wenn sie eine solche Beziehung zu ihrem Kind hat, während es heranwächst. Martin Buber hat die optimale Beziehung zwischen Mutter und Kind treffend dargestellt, als er das Verhältnis zwischen dem Ich und dem »Du« anstatt dem Ich und dem »Es« beschrieb, die Wahrnehmung des anderen in seiner eigenen Identität und Realität, anstatt ihn als Objekt der eigenen Befriedigung oder als Werkzeug zur Erreichung der eigenen Ziele zu benützen. Und das ist es vielleicht, um das es bei der Mutter-Kind-Beziehung in der zweiten Hälfte des zwanzigsten Jahrhunderts geht.

Die unglückliche Mutter, der in ihren vier Wänden die Decke auf den Kopf fällt, die nervös, niedergeschlagen oder verzweifelt ist, kommt beinahe in jedem Fernsehstück und jedem Roman vor. Ist das Muttersein für Frauen qualvoll, befriedigend oder vielleicht beides? In diesem Kapitel möchte ich mich mit der realen Situation von Müttern beschäftigen, um herauszufinden, was das Muttersein für viele Frauen bedeutet und einige Probleme und besonders kritische Situationen herausgreifen, die mit dem Muttersein in unserer heutigen Gesellschaft verbunden sind.

Frauen sind nicht nur weniger gut auf ihre Aufgabe als Mutter vorbereitet als ihre eigenen Mütter und Großmütter, sondern sie sind in den westlichen Ländern auch allgemein weniger gut darauf vorbereitet als in vielen vorindustriellen Gesellschaften, deren Lebensstandard sich viel näher am Existenzminimum befindet und die nicht über die ausgeklügelte Technologie hochentwickelter Industriegesellschaften verfügen. Sie wissen nicht nur sehr viel weniger darüber, was es wirklich heißt, Mutter zu sein und wie Babys sind, sondern sie sind auch viel weniger dazu bereit, sich pflichtbewußt in das Unvermeidliche zu fügen, wenn sie feststellen, daß sich ihre Phantasievorstellungen nicht erfüllen oder daß ihnen ein Bild vorgegaukelt wurde, das mit der Wirklichkeit wenig zu tun hat. Das liegt zum Teil daran, daß es bei uns viel zu wenig Vorbereitung auf die Elternschaft für zukünftige Mütter und Väter gibt, wobei es jedoch nicht mit Kursen in den letzten Wochen vor Ankunft des Babys getan ist. Eine Vorbereitung auf die große Lebenskrise, wenn junge Menschen Eltern werden, muß sowohl in der Zeit des Heranwachsens stattfinden, wenn Jugendliche sich mit ihrer Erwachsenenrolle vertraut zu machen beginnen, wie auch schon früher, nämlich in der Kindheit der zukünftigen Eltern. Viele Frauen werden heute von ihrem Muttersein überrumpelt, so sehr sie sich auch darauf gefreut haben mögen.

Für viele Frauen der Mittelschicht, die eine gute Ausbildung absolviert haben, bedeutet es schon einen Konflikt zu entscheiden, ob sie die Pille oder die Empfängnisverhütungsmethode, die sie bisher angewendet haben, absetzen sollen oder nicht. Mutter zu werden, ist nicht mehr die unvermeidliche und logische Folge der Eheschließung, wie sehr die Eltern des jungen Paares auch dazu drängen mögen. Die Frau ist sehr häufig einerseits dem Druck von Kollegen und Angehörigen ihrer Altersklasse ausgesetzt, im Beruf zu bleiben, einen höheren Lebensstandard zu erreichen, gemeinsame Ferien zu genießen und unabhängig zu bleiben, und bekommt andererseits den Druck ihrer eigenen Eltern und den der Eltern ihres Mannes zu spüren, sie solle doch »häuslicher werden und ein Kind bekommen«. Bei meinen Interviews mit Paaren während der Schwangerschaft kommt dieses Thema häufig zur Sprache, wenn ich die Frage stelle, ob das Baby geplant war oder nicht, oder halbwegs geplant. Nur wenige Paare aus der Mittelschicht sagen heutzutage, daß das Baby nicht geplant war, sie schwanken jedoch häufig zwischen »geplant« und »halbwegs geplant« und sagen: »Ja, schon geplant, aber . . .«. Wir sprechen dann über die widersprüchlichen Gefühle in bezug auf die Schwangerschaft, die beide Eltern vielleicht haben, und über den Zusammenhang dieser Gefühle mit ihren Lebensumständen, ihrem Beruf, ihrer Familie, ihrem Freundeskreis und ihrem Lebensstil.

Immer mehr Paare machen sich Gedanken darüber, daß sie zur Überbevölkerung der Erde beitragen, und haben Schuldgefühle, weil sie sich dem Luxus des Kinderkriegens hingeben. Erstmalig in der Geschichte gilt es als antisozial, Kinder zu bekommen. In den USA verkünden Autoaufkleber: »Pollution is your baby«.[1] Fruchtbarkeit wird – mit Recht – als ein Hauptproblem unserer Welt angesehen. Politisch bewußte Frauen befallen vielleicht schon in ihrer ersten Schwangerschaft Schuldgefühle wegen ihres Egoismus und weil sie die Ideale verraten, für die sie gekämpft haben – Grundsätze, von denen einer besagte, daß wir in einer überbevölkerten Welt leben, und deshalb aufhören müßten, Kinder zu kriegen, wenn die Hungernden satt werden sollen. Eine Frau, die ihre Schwangerschaft genossen hat, gern Mutter ist und noch ein Kind möchte, macht sich vielleicht verdächtig, einer »Mutterideologie« anzuhängen, besonders wenn sie ihr »Soll« von zwei Kindern überschritten hat. Sie kommt sich vor, als würde sie dafür bestraft, daß sie eine Frau ist.

Die »Botschaft« besagt, daß eine Frau mit sozialem Gewissen

---

[1] Das heißt soviel wie »An der Umweltverschmutzung bist du schuld«, kann aber auch so gedeutet werden: »Dein Baby ist dein Beitrag zur Umweltverschmutzung« (Anm. d. Übers.).

sich auf ein oder zwei Kinder zu beschränken habe, und wenn sie klug ist, lehnt sie auch das ab, denn nur wenn sie keine Kinder hat, kann sie das Leben wirklich genießen und in einer guten Beziehung mit ihrem Partner leben. Sie selbst mag noch so glücklich sein, und ihr Mann und ihre Mutter mögen sich sehr über das Kind freuen, die Einstellung der Gesellschaft zum Kinderkriegen ist jedoch negativ und ablehnend.

Das hat zur Folge, daß einige der Bildungsschicht angehörende Frauen sich wegen ihrer Schwangerschaft genieren und sich richtiggehend dafür entschuldigen, als wäre das ein Luxus, auf den sie kein Anrecht hätten. Sie stehen der Geburt und ihren anfänglichen Aufgaben als Mutter recht geschäftsmäßig gegenüber; sie sind entschlossen, es gut zu machen, jedoch auch damit beschäftigt, nach ein paar Jahren, Monaten oder sogar Wochen zu den wirklichen Aufgaben des Lebens zurückzukehren. Schwangerschaft, Geburt und Kinderversorgung stellen eine Unterbrechung ihres »eigentlichen« Lebens dar. Und da diese Frauen vorhaben, nur ein oder zwei Kinder zu bekommen, ist es ihnen sehr wichtig, daß sie ihre Rolle perfekt erfüllen. Also lesen sie Bücher über jeden Aspekt der Geburt und Kindererziehung, um sicherzugehen, daß sie ein gefestigtes, emotional ausgeglichenes, hochintelligentes, kreatives Menschenkind zur Welt bringen und großziehen, das seiner Existenz auf dieser Welt alle Ehre macht. Das stellt äußerst hohe Anforderungen an die Mütter, und da das Kind Gegenstand von Kinderpflege- und Erziehungspraktiken wird, anstatt als eigene Persönlichkeit behandelt zu werden, verlangt es auch den Kindern sehr viel ab.

Das führt dazu, daß Schwangerschaft und Geburt im normalen Lebensablauf, in den Veränderungen und Krisen, die als etwas Selbstverständliches im Leben der meisten Frauen stattfinden, eine Sonderstellung einnehmen und zu einem klinischen Erscheinungsbild werden, zu einem pathologischen Ereignis wie die Blinddarmoperation oder das Ziehen eines Weisheitszahns.

Auch wenn Paare der Ansicht sind, daß es nicht richtig ist, Kinder in eine sowieso schon überbevölkerte Welt zu setzen, möchten sie sich vielleicht eine wichtige Erfahrung in ihrem Leben nicht entgehen lassen und erleben fasziniert die sich entwickelnde Beziehung zu ihrem Partner und die Veränderungen mit, die sich durch das Baby ergeben. Andere wiederum sind in ihrem Beruf unzufrieden und suchen in der Schwangerschaft und der Geburt Befriedigung mit der Hoffnung, daß sie als

Mütter mehr Erfolg haben als in ihrem Beruf. Einige haben das Gefühl, daß ihnen etwas fehlt, solange sie kein Baby haben. Das kann mit dem Empfinden zusammenhängen, vom Partner nicht genug geliebt und von ihm nicht gebraucht zu werden: »Ein Baby braucht mich.« Es gibt eine Reihe anderer unbewußter Faktoren, die eine Rolle spielen, zum Beispiel die Beziehung einer Frau zu ihrer Mutter und der Wunsch, ihr zu zeigen, daß auch sie nicht nur ein Recht dazu hat, die gleiche Funktion zu übernehmen, sondern das auch genauso gut oder besser kann, oder es ist die Beziehung zu beiden Eltern und der Drang, ihnen durch ein Kind zu beweisen, daß sie erwachsen ist. Es muß jedoch heutzutage eine Rechtfertigung dafür gefunden werden, wenn Frauen von ihrer Fruchtbarkeit Gebrauch machen. Bei einigen erübrigt sich durch ein Mißgeschick bei der Empfängnisverhütung, das zufällig oder halbwegs beabsichtigt geschehen ist (wie zum Beispiel die »vergessene« Pille), die Notwendigkeit einer Entscheidung; für viele Paare jedoch ist die Frage, ob sie ein Kind wollen oder nicht, mit schwierigen gemeinsamen Entscheidungsprozessen verbunden.

Schon während der Schwangerschaft beginnt eine Frau der Mittelschicht damit, sich an »Experten« zu wenden, um die Mutterrolle auch wirklich ausfüllen zu können. Sie liest Bücher und Zeitschriftenartikel über Babys und holt Informationen über Themen ein, die in einer vorindustriellen Gesellschaft von der Mutter an die Tochter weitergegeben worden sind. Sie ist dabei im Vorteil, sie kann Fragen stellen und weiß, wo sie die Antworten bekommt; Frauen aus der Unterschicht sind dagegen mehr auf Ratschläge von Verwandten und Nachbarn angewiesen. Die Verbalisierung, auf deren Bedeutung für die Beziehung der Frau aus der Mittelschicht zu ihrem Kind als wichtigstes Instrument bei der Kindererziehung Bernstein[2] und J. und E. Newson[3] hingewiesen haben, findet schon in der Schwangerschaft statt. Sie spricht über ihre Ziele bei der Versorgung und Erziehung ihres Babys und stellt sie häufig den Methoden ge-

[2] Basil Bernstein: Theoretical studies towards a sociology of language. In: Class, Codes and Control. Vol. I, Routledge, 1971; Applied studies towards a sociology of language. In: Class, Codes and Control. Vol. 2, Routledge, 1973; deutsch: Basil Bernstein; Sprachliche Kodes und soziale Kontrolle. Düsseldorf 1975.
[3] J. und E. Newson: Infant Care in an Urban Community. Allen and Unwin, 1963; und: J. und E. Newson: Four Years Old in an Urban Community. Allen and Unwin, 1968.

genüber, die von ihrer Mutter oder von anderen Frauen angewendet worden sind.

Sehr oft ist es mit Schwierigkeiten verbunden, solche Informationen auch von medizinischen Fachleuten zu bekommen, an die sie sich als erstes wendet, weil sie bei den Vorsorgeuntersuchungen mit ihnen zu tun hat. Sie stellt fest, daß sie es »eilig haben«; daß sie sich »wie bei einer Fließbandabfertigung« vorkommt; daß »der Arzt so beschäftigt zu sein scheint, daß ich ihn nicht belästigen möchte«; »ich hatte eine Menge Fragen, doch als sie mit den ganzen Untersuchungen fertig waren, konnte ich mich an keine einzige mehr erinnern«; »ich wollte ihm eine ganze Reihe von Fragen stellen, doch als ich so halbausgezogen dalag, meine Beine in den Beinhaltern in die Luft gestreckt, konnte ich kein Wort herausbringen«; oder sogar »ich glaube nicht, daß sie an irgend etwas anderem außer meiner Gebärmutter interessiert sind«.

Während der Schwangerschaft wirkt es sich auf die Beziehung zwischen Mann und Frau aus, daß sie sich auf das in ihr wachsende Kind »einstimmt«, es immer stärker wahrnimmt und mit ihm beschäftigt ist, so daß der Mann sie mit einem Baby teilen muß, das noch gar nicht zu sehen ist. Einige Männer fühlen sich durch diese von ihnen abgelenkte Aufmerksamkeit bedroht, und das Kind im Mutterleib ist ein unsichtbarer Rivale. Auch die sexuelle Beziehung kann durch die Schwangerschaft beeinträchtigt sein, entweder als Ergebnis einer emotionalen Abneigung gegenüber genitalem Geschlechtsverkehr oder wegen eines Tabus, mit dem der Geschlechtsverkehr häufig von Ärzten oder auch von dem Paar selbst in den letzten Wochen vor der Geburt und in der Zeit des Wochenbetts, gelegentlich auch sehr viel länger, belegt wird (besonders, wenn es mit Schwierigkeiten verbunden war, schwanger zu werden oder die Schwangerschaft aufrecht zu erhalten). Diese veränderte Einstellung zur Sexualität kann zu einer Verschlechterung der ehelichen Beziehung führen.

Wenn das Baby geboren ist, und die ersten Wochen, in denen die Mutter emotionale Unterstützung und Hilfe bekommen hat, vorüber sind (und diese Zeit ist häufig äußerst kurz bemessen), dann muß sie mehr oder weniger allein mit dem Kind zurechtkommen und trägt die gesamte Verantwortung für sein Wohlergehen und seine Entwicklung zu einer Zeit, in der sie sich selbst wenig zutraut. Vielleicht hilft der Vater ihr häufig, wenn er daheim ist, und spielt eine gewisse Zeitlang gern mit dem Baby, doch für alles, was mit dem Baby passiert, ist sie zuständig. Häufig lebt sie in einer Gegend, wo sie niemanden kennt, weil sie nach der Heirat oder kurz vor oder nach der Geburt neu dort hingezogen sind, und hat niemanden, der ihr sagen könnte, daß sie alles richtig macht, daß ihr Baby normal ist und daß es anderen Müttern in ihren Gefühlen zu ihrem Kind und ihrer Beziehung zu ihm ganz genauso geht wie ihr. Sehr oft ist sie isoliert und sieht keine Möglichkeit, etwas zu unternehmen, hinauszugehen, sie fühlt sich auf eine Art ans Haus gebunden, wie sie das noch nie zuvor erlebt hat. Manchmal verbringt sie sechs bis acht Stunden am Tag ohne die Gesellschaft Erwachsener[4], es sei denn, sie hat genug Energie und bringt so viel Initiative und Selbstvertrauen auf, daß sie ausgeht und soziale Kontakte nicht abreißen läßt. Wenn sie sich total auf die Versorgung ihres Babys konzentriert, kann das zur Folge haben, daß sie zehn Stunden am Tag und länger mit Saubermachen, Waschen, Baden und Füttern beschäftigt ist. Und selbst wenn das Baby schläft, macht sie sich Sorgen wegen der nächsten Wachphase, überlegt sich, wie sie sich dann verhalten wird, und trifft schon Vorbereitungen dafür. Das Füttern des Babys dauert allein schon oft fünf Stunden von den vierundzwanzig, die ihr zur Verfügung stehen, und häufig auch noch wesentlich länger. Einige Babys sind zwar in einer halben Stunde mit dem Trinken fertig, doch sechs Mahlzeiten brauchen sie mindestens am Tag, viele brauchen doppelt so lange, und ein großer Teil der Babys braucht acht Mahlzeiten mit kürzeren Pausen dazwischen. Sie verliert das Zeitgefühl, und besonders bei einem unruhigen Baby, das sehr oft Blähungen hat, vergehen Tage und Nächte ohne Unterschied in einem nichtendenwollenden Umsorgen des Babys. Dabei gibt es kaum eine Unterbrechung und selten eine Atempause, in der die Mutter sich einmal erholen könnte.

Helene Lopata[5] hat darauf hingewiesen, daß junge Frauen in der Schule, während des Studiums und im Beruf dazu angehalten werden, »zielorientiert zu sein, Leistungen an einem fertiggestellten Produkt zu bemessen und diese Leistungen so zu organisieren, daß sie in einer bestimmten Zeitspanne innerhalb

[4] Alice S. Rossi: Transition to Parenthood. In: Journal of Marriage and the Family, 30, 1968. Arlene S. und Jerome H. Skolnick (Hrsg.): Family in Transition: rethinking marriage, sexuality, child-rearing and family organization. Little, Brown, Boston 1971.

[5] Helene Z. Lopata: Occupation: Housewife. O.U.P., New York 1971.

einer spezialisierten Arbeitsteilung erbracht werden«, daß »die Kinderversorgung, die Säuglingspflege und die Erziehung jedoch sehr stark emotional bestimmte Vorgänge« sind, und daß es dafür »keine perfekten Handlungsabläufe« gibt. Überdies braucht ein Kind im Laufe des Heranwachsens immer wieder etwas anderes von seiner Mutter, was bedeutet, daß sie niemals perfekte Techniken entwickeln kann, sondern flexibel bleiben und die Fähigkeit haben muß, sich einer veränderten Situation anzupassen. In unseren isolierten Familien ist die Mutter diejenige, von der erwartet wird, daß sie das Kind mit der Welt vertraut macht und ihm kulturelle Überlieferungen vermittelt, obwohl sie selbst von der Welt außerhalb ihrer häuslichen Umgebung und von der kreativen Beteiligung an dieser Kultur ausgeschlossen ist. Wenn das Kind dem Säuglingsalter entwachsen ist, wird von ihr verlangt, daß sie als Vermittlerin zwischen dem Kind und unserer Gesellschaft wirkt. Das ist einer der Gründe, weshalb eine Frau, die mit ihrem Säugling sehr gut zurechtgekommen ist, sich außerstande fühlt, mit einem Kleinkind umzugehen, und weshalb die Frau, die an ihrem aktiven Kleinkind sehr viel Freude hat, sich von eben diesem Kind überfordert gefühlt hat, als es ein Baby war. Aus dem gleichen Grund sind viele Mütter recht hilflos, wenn es darum geht, den Problemen Heranwachsender mit Verständnis zu begegnen und dabei emotional im Gleichgewicht zu bleiben.

Die Dynamik des Mutterseins selbst kann einige Frauen sehr verunsichern. Wenn sie es mit einer Aufgabe zu tun hätten, auf die sie sich einstellen könnten, über die sie vorher etwas lernen könnten, um sie dann auszuführen und sich das fertige Ergebnis zu betrachten, wäre ihnen wohler zumute. Aber die Aufgaben als Mutter sind nun einmal nicht so.

In der Zeit, in der sich die Frau den Herausforderungen der Kindererziehung stellt, verändert sich ihre Beziehung zu ihrem Mann allmählich in verschiedenen Bereichen, und das zu einem Zeitpunkt, zu dem ihr Mann wahrscheinlich sehr mit seiner beruflichen Karriere beschäftigt ist und die zusätzlichen finanziellen Verpflichtungen durch seine Familie als Belastung empfindet. Beide erfüllen ihre Vorstellungen vom Muttersein und Vatersein und erwarten vom anderen, daß er ihr Verhalten reibungslos und harmonisch ergänzt. Ihre Vorstellung darüber, wie eine Mutter und ein Vater zu sein haben, sind jedoch größtenteils durch die Familie geprägt, aus der sie stammen.

Sehr häufig stimmt ihr Bild von der Rolle, die der andere erfüllen sollte, nicht mit dessen Vorstellung von seiner Rolle überein.

Außerdem muß die Frau mit ihrem Körper in Einklang kommen. Er hat in einer kurzen Zeitspanne überwältigende und schnell vor sich gehende Veränderungen durchgemacht. Zuerst hat er sich während der Schwangerschaft immer mehr ausgedehnt, ist schwerer geworden und hat ein anderes, sich neu entwickelndes Leben beherbergt, und dann hat er geboren. Jetzt erlebt sie ihren Körper, wie es aus ihm herausfließt, einen weichen mütterlichen Körper mit leerem Bauch, der das Baby nicht mehr in sich trägt, und das ist ein ganz anderer als der, mit dem sie vor der Schwangerschaft vertraut war, und den sie als einzigartig zu sich gehörend betrachtet hatte. Das gibt ihr Anlaß zu Sorgen, die gewöhnlich schon in der Schwangerschaft beginnen und die auf die Frage hinauslaufen, wann denn alles wieder »normal« sein würde. Die Rückkehr zum Normalzustand betrifft auch Lebensvorstellungen allgemein. Schwangerschaft und Geburt werden als Unterbrechung betrachtet, »Kinder werden als zeitweilige Einschränkung angesehen, die einen an erwünschten Erfahrungen hindern.«[6]

Zwischen dieser Erfahrung und Erlebniswelt und dem Selbstbild einer jungen Mutter in einer vorindustriellen Gesellschaft bestehen große Unterschiede. Die nötigen Informationen über die Veränderungen während der Schwangerschaft sind Bestandteil ihrer persönlichen Lebenserfahrungen. Sie ist Mittelpunkt einer Gruppe von Frauen, die alle darum besorgt sind, daß alles so verläuft, wie es sein sollte, und daß weder der Mutter noch dem Kind Leid geschieht. Sie sehnt sich nicht etwa nach der Rückkehr zum Normalzustand, sondern weiß ganz im Gegenteil, daß sich durch ein Kind ihre gesellschaftliche Stellung innerhalb der Gemeinschaft verbessert hat und daß sie sich jetzt auf gleicher Ebene mit anderen Müttern befindet. Geburt und Schwangerschaft stellen kein Zwischenstadium in ihrem Leben dar, sondern sind sein Inhalt.

In der westlichen Welt haben viele Frauen vor der Geburt ihres ersten Kindes die Möglichkeit gehabt, mannigfaltige Rollen in vielen gesellschaftlichen Bereichen auszufüllen, mit ihnen zu experimentieren und auszuprobieren, wie ihnen die einzelnen Rollen gefallen. Im Beruf, bei ihrer Freizeitbeschäftigung

6 Helene Z. Lopata: Occupation: Housewife. O. U. P., New York 1971.

und innerhalb ihres Bekanntenkreises besteht für sie die Entscheidungsmöglichkeit, was sie tun wollen, wohin sie gehen wollen und wie sie sein möchten. Nachdem ein Baby geboren ist, stellt eine Frau plötzlich fest, daß sie auf eine Rolle, die der Mutter, fixiert ist und daß ihr wegen der ständigen Forderungen, die das Baby an sie stellt, kaum eine andere Wahl bleibt. Mirra Komarovsky[7] ist der Ansicht, daß das mit einer ähnlichen Krise verbunden ist, wie viele Männer sie bei der Pensionierung durchmachen. Vielleicht befürchten deshalb so viele Frauen, »Hausmütterchen« zu werden; denn im Gegensatz zu dem Leben, das sie vor der Geburt des Kindes geführt haben, sind sie von der Gesellschaft abgeschnitten und müssen auch auf die geistige Anregung verzichten, die bisher für sie selbstverständlich war.

Häufig ist es für eine Frau das erste Mal, daß sie so sehr an einen einzigen Ort gebunden ist, der noch dazu relativ beengt ist. Sie hat keine Möglichkeit, mal eben einen Schaufensterbummel zu machen oder noch schnell etwas zu besorgen, eine Ausstellung zu besuchen oder schwimmen zu gehen. Auch wenn sie den Gang zur Bibliothek oder den Besuch bei einer Freundin am anderen Ende der Stadt vorher sorgfältig plant und alles vorbereitet, kann sie wegen des unregelmäßigen Tagesablaufs des Babys in den ersten Wochen nicht sicher sein, daß auch wirklich etwas daraus wird. Die bei uns üblichen großen und häufig luxuriös ausgestatteten Kinderwagen, in England üblicherweise ein Geschenk der Mutter der Frau, stellen eines der Hindernisse dar, durch die ihr Aktionsradius eingeschränkt ist. Für Paare, die sich mit Gegenständen ausgerüstet haben, die mehr Bewegungsfreiheit ermöglichen, wie Tragetaschen und Tragetücher, sind die Voraussetzungen für eine – wenn auch begrenzte – Mobilität mit einem kleinen Säugling wesentlich besser.

Die Tätigkeiten bei der Pflege und Versorgung des Babys wiederholen sich ständig. Immer wieder muß gewaschen und aufgeräumt werden, und das Trockenlegen des Babys sowie die Beseitigung seiner Ausscheidungen ist eine Aufgabe, die sich sechs- bis zehnmal am Tag wiederholt. Die Augen sind verklebt, die Nase verstopft, auf dem Kopf bildet sich Milchschorf, der mit Mitteln behandelt werden muß, ausgespuckte Milch

[7] Mirra Komarovsky: Women in the Modern World. Little, Brown, Boston 1953.

läuft auf die saubere Wäsche des Babys und landet auch auf der Kleidung der Mutter. Der Stuhl muß aus den Windeln entfernt werden, sie müssen eingeweicht, gewaschen, sorgfältig gespült, getrocknet, gelüftet und zusammengelegt werden, und auch wenn Wegwerfwindeln benutzt werden, die man einfach in die Toilettenschüssel werfen kann, ergeben sich große Probleme durch verstopfte Abflußrohre, die freigemacht werden müssen, was wiederum zu Spannungen in der Beziehung führt. Die Mutter bekommt sehr bald das Gefühl, in eine Tretmühle geraten zu sein.

Mitten in dieser ermüdenden und offensichtlich niemals aufhörenden Arbeit erblickt sie sich vielleicht im Spiegel und ist über den Anblick dieser abgekämpften und nervösen Mutter, die »sich gehen läßt«, entsetzt. Ihre Mutter oder Schwiegermutter haben sich angesagt, sie betrachtet sich die Wohnung, die vielleicht noch gar nicht fertig eingerichtet ist, und das überall herrschende Chaos bringt sie ebenfalls aus der Fassung. Sie hat noch keine Zeit zum Aufräumen und Saubermachen gehabt: im Spülbecken türmt sich das schmutzige Geschirr; auf dem neuen Teppich hat eine schmutzige Windel einen großen Fleck hinterlassen; das Bettzeug riecht nach saurer Milch; der Herd ist über und über mit Fettspritzern bedeckt, weil ihr Mann, der nur Steaks machen kann, gekocht hat; sie hat vergessen, die Mülltonnen zur Leerung hinauszustellen, so daß sich der Abfall an der Hintertür stapelt; und auf den Möbeln liegt eine dicke Staubschicht. Sie fängt zu weinen an und bekommt zu hören, daß das auf ihr »unausgeglichenes Hormonsystem« zurückzuführen ist. Was mit der ermüdenden Aufgabe als Mutter wirklich verbunden ist, findet so geringe gesellschaftliche Anerkennung, daß Frauen dazu gebracht werden, die Erklärung für ihre Erfahrungen in der Postpartumperiode ausschließlich in innerlichen Vorgängen, in ihren Hormonen, ihrem psychischen Zustand oder persönlichen Unzulänglichkeiten zu suchen, statt die reale Situation dafür verantwortlich zu machen. Sie müssen sich erst mit ihrer neuen, sowohl emotional wie auch körperlich anstrengenden Aufgabe vertraut machen, die für jede Frau mit Schwierigkeiten verbunden ist, unabhängig davon, was für Erfahrungen sie in der Haushaltsführung und der Kinderversorgung hat und wie »ausgeglichen« und ruhig sie auch sein mag.

Die Kinderschwester von der Mütterberatungsstelle macht ihren Hausbesuch – sie wirkt akkurat, tüchtig, ruhig und fürsorglich – und oft kommt sie gerade im ungünstigsten Moment vorbei. Die Mutter führt sie ins Wohnzimmer und meint sofort, sich für die Unordnung entschuldigen zu müssen, denn sie hat es ja mit »Besuch« zu tun. Ich bin sehr skeptisch, ob solch ein Besuch bei der Mutter etwas nützt, selbst wenn es sich um eine Expertin handelt. Sehr viel mehr hätte sie jedoch von einem Helfer, der die Ärmel aufkrempeln, die Wohnung saubermachen und etwas zum Essen machen würde und Mutter und Kind in Ruhe im Bett liegen ließe, wie das die dafür ausgebildeten Wochenpflegerinnen in den Niederlanden tun. In den Vereinigten Staaten und in Großbritannien zum Beispiel ist es jedenfalls so, daß man eine Mutter, die nicht zurechtkommt, mit guten Ratschlägen und pharmazeutischer Unterstützung in Form von Beruhigungsmitteln abspeist.

Die Aufgaben der Mutter sind zwangsläufig »dienstleistungsorientiert«. Beim amerikanischen Eheideal liegt nach Helene Lopata[8] das Hauptgewicht auf »Beziehungs- und Gefühlseigenschaften«, das heißt, es geht um Gefühlswärme und die Qualität der Beziehung. Tatsächlich beinhalten immer mehr Idealvorstellungen von der Mutterrolle ebenfalls diese Beziehungs- und Gefühlseigenschaften, und das erschwert die Aufgaben als Mutter noch mehr. Eine Mutter »sollte« ständig Liebe für ihr Baby empfinden. Unter allen Umständen und zu jeder Zeit sollte sie fürsorgliche Zärtlichkeit empfinden. Sie sollte imstande sein, ihr Baby zu verstehen und entsprechend auf seine Bedürfnisse einzugehen. Durch ihre mütterlichen Fähigkeiten sollte sie in der Lage sein, sein Weinen sofort abzustellen und es zufriedenzustellen. Da diese Beziehungsaspekte zwischen Mutter und Kind immer stärker betont werden, erscheint der Dienstleistungsaspekt noch unwichtiger und langweiliger.

Die Mutter, die ihren Tag (in dessen Mittelpunkt natürlich das Baby steht) nicht durchorganisiert, im voraus plant (mit der Möglichkeit, sich den jeweiligen Umständen flexibel anzupassen), sich ausruht, wenn sich die Gelegenheit dazu bietet, weil das Baby gerade schläft, Lebensmittel auf Vorrat einkauft und die wichtigen Dinge gleich am Morgen erledigt, sondern sich völlig ihrem Bemühen hingibt, eine gute Beziehung zu ihrem Baby zu bekommen, erliegt am ehesten dem Gefühl, von der Aufgabe, ständig die Bedürfnisse ihres Babys zu erfüllen, so sehr aufgefressen zu werden, daß sie sich wie »ausgelaugt« vorkommt (ein zutreffendes Bild im Zusammenhang mit Stillpro-

[8] Helene Z. Lopata: Occupation: Housewife. O. U. P., New York 1971.

blemen). Sie bekommt Wut, und das führt zu Schuldgefühlen, die sie überkompensiert, indem sie sich noch mehr für das Baby aufopfert und auf jedes Zeichen des Unbehagens und Abweichens vom Normalen lauscht. Dadurch wird sie noch erschöpfter, nervöser und niedergeschlagener. Dies ist eines der Probleme, die sich aus der großen Unsicherheit im Verhalten von typischen Müttern aus der städtischen Mittelschicht ergeben.

Patricia Morgan, eine angriffslustige Kritikerin dessen, was sie als »die traumhafte Liebesbeziehung zu einem Baby ... in den Büchern über Kinderpflege, in jeder Frauenzeitschrift und jeder Reklame für Babynahrung«[9] bezeichnet, eine Kritikerin auch meiner eigenen Einstellung zu Geburt und Elternschaft[10], stellt mit aller Berechtigung fest, daß »... Stillen, Sauberkeitserziehung, Zärtlichkeit und Zuwendung im Spiel von den Erben Freuds in den Mittelpunkt des Hoffens und Strebens unserer Gesellschaft gerückt worden sind. Eine Mutter muß die unschätzbar empfindsamen Fähigkeiten eines psychologischen Chirurgen besitzen, dessen kleinster Fehler unsagbare Folgen haben könnte: im Vergleich zu der schrecklichen Verantwortung, die eine Mutter in den ersten fünf Lebensjahren ihrer Kinder trägt, kann die von Direktoren oder Kabinettsmitgliedern als kalter Kaffee betrachtet werden.«[11]

Durch das Bestehen auf einer »guten Mutter-Kind-Beziehung« kann die Entwicklung einer solchen Beziehung allein schon erschwert werden. Mir kommt es so vor, als hätten sich die besten Beziehungen dann entwickelt, wenn die Mutter, zufrieden in sich ruhend, einfach »das getan hat, was zu tun war«, so wie es in bäuerlichen Gesellschaften notwendigerweise üblich war.

In unserer Gesellschaft befindet sich auch der frischgebackene Vater häufig in einer schwierigen Situation. Von ihm wird erwartet, daß er Interesse an dem Baby zeigt und seiner Frau hilft; doch er ist hierauf nicht vorbereitet, und er hat wahrscheinlich noch seltener vorherige Erfahrungen damit als die Frau. Sehr oft fühlt er sich als Außenstehender in der Beziehung zwischen Mutter und Kind oder kommt sich sogar abgelehnt vor. Die emotionale Nabelschnur, durch die Mutter und Kind

[9] Patricia Morgan: Child Care: Sense and Fable. Temple Smith, 1975.
[10] Sheila Kitzinger: Natürliche Geburt. Ein Buch für Mütter und Väter. München 1980.
[11] Patricia Morgan: Child Care: Sense and Fable. Temple Smith, 1975.

in den ersten sechs bis acht Wochen miteinander verbunden sind, beunruhigt und irritiert ihn. Er sieht, wie seine Frau ihre ganze Energie, ihre Zeit und ihre Gedanken auf das Baby konzentriert und macht sich Sorgen, daß sie sich übernehmen könnte und nicht mehr die Frau sein würde, die er bis dahin gekannt hat. Deshalb ist er wahrscheinlich der erste, der bereitwillig auf jeden widersprüchlichen Rat eingeht, wie man das Baby dazu bringt, daß es länger schläft, schneller zunimmt, nicht mehr schreit, wie es am schnellsten den wunden Po los wird und wie es »durchschläft«. Wenn das alles nichts hilft, zieht er es vor, sich auf seine berufliche Arbeit zu konzentrieren, und der Frau bleibt nichts anderes übrig, als Lösungen mit Hilfe von anderen Frauen oder ganz allein zu finden. Auf jeden Fall ist die Beziehung zwischen Mann und Frau dadurch stark beeinträchtigt.

In agrarischen Gesellschaften ist die Rolle des Mannes viel klarer definiert, und er überläßt das meiste der Gruppe von Frauen, die die Frau sogar schon vor der Geburt des Babys unterstützen und ihr Gesellschaft leisten. Da Männer- und Frauenrollen sowieso meist streng getrennt sind, indem die Frau sich zum Beispiel um den Haushalt kümmert und der Mann für die Landwirtschaft verantwortlich ist, bedeutet die Geburt eines Babys ein neues Bindeglied zwischen bisher unterschiedlichen Welten.

Da die Art, in der Mütter mit ihren Kindern umgehen, ein Ausdruck der jeweiligen Kultur ist und ein Wertsystem bezüglich dessen beinhaltet, was eine Frau ist und auch was ein Kind ist, herrschen in den verschiedenen Gesellschaftsschichten unterschiedliche Einstellungen zum Muttersein vor. Eine in Chicago durchgeführte Studie[12] ergab, daß die Frauen mit der geringsten Schulbildung am ehesten zu der Ansicht kamen, daß sie keine Probleme bei der Kindererziehung hätten: »Du weißt, was du zu tun hast und siehst zu, daß du fertig wirst.« Wenn sie Schwierigkeiten erwähnten, bezogen sie sich auf die Haushaltsführung: »Das Leben ist ein ständiger Arbeitsablauf und ruft keinerlei Überraschung hervor.«

Frauen, die eine höhere Schule besucht, danach aber keine weitere Ausbildung absolviert hatten, hielten sich für machtlos gegenüber der Anforderung, ihre Kinder zur Folgsamkeit zu erziehen und sie zufriedenzustellen. Auch neigten sie dazu,

[12] Helene Z. Lopata: Occupation: Housewife. O. U. P., New York 1971.

Männern gegenüber Ressentiments zu hegen, und ihre Welt war von bedrohlichen Fremden bevölkert. Diese Frauen hatten ziemlich einseitig ausgerichtete Interessen, ihr schönes Heim war ihnen am wichtigsten, sie führten häufig Geldprobleme sowie Schwierigkeiten bei der Erziehung der Kinder an und beklagten sich über deren ständiges Streiten und den Lärm, den sie machten. Es entstand der Eindruck, daß die Mutter vor allem darauf bedacht war, ihre Kinder unter ihre Kontrolle zu bekommen. Dauernd brachten sie Dinge durcheinander, die sie gerade aufgeräumt, machten sie die Sachen schmutzig, die sie gerade gewaschen oder gesäubert hatte. Eine solche Mutter wünscht sich Ergebnisse, sie möchte saubere, ruhige, wohlerzogene Kinder und ein sauberes, hübsches Heim. Deshalb macht es sie sehr nervös, daß diese Zustände niemals länger als ein paar flüchtige Augenblicke anhalten. Sie spricht viel von Geduld, verbreitet jedoch um sich herum eine Atmosphäre der Unruhe.

Frauen mit einem Studium oder einer Berufsausbildung legen sehr viel eher Wert auf die Art der Beziehung, fragen sich besorgt, ob sie gute Mütter seien, fühlen sich für die emotionale und kreative Entwicklung ihres Kindes verantwortlich und sind darum bemüht, auch ja die vollen Möglichkeiten der Mutterrolle auszuschöpfen. Sie machen sich keine Sorgen wegen alltäglicher Routineangelegenheiten oder Fragen des technischen Ablaufs bei der Kinderversorgung und halten sich für ziemlich gut dazu in der Lage, mit Erziehungsschwierigkeiten fertig zu werden, sie machen sich jedoch Sorgen, ob sie die Fähigkeiten ihres Kindes auch wirklich voll zur Entfaltung kommen lassen würden.

In dieser Untersuchung betonten Frauen, die sich der jüdischen Tradition verbunden fühlten, bei der Beschreibung der »idealen Hausfrau« Eigenschaften wie »Wärme, Lieben und geliebt werden, Ansehen in der Gemeinschaft genießen«. Jüdische Frauen mit weniger guter Schulbildung wiesen auf ihre Bereitschaft hin, untergeordnete Arbeiten zu verrichten, »mehr zu geben als zu bekommen« und »sich nicht zu beklagen«, manchmal in einem an ein Martyrium grenzenden Maß. Katholikinnen waren anders eingestellt. Sie betonten die Pflichten der Frau, ihren Haushalt sauber und ordentlich zu führen und dafür zu sorgen, daß die Kinder brav sind, und betrachteten die Mutter dabei nicht als Mittelpunkt eines Netzwerks von Beziehungen. Sie sprachen häufig über Aufgaben und Endergebnisse und legten mehr Gewicht auf Handlungen als auf gedankliche

Vorgänge. Alle diese Frauen hatten mit ihrem Muttersein Schwierigkeiten, erklärten diese jedoch, je nach ihrer eigenen schulischen und kulturellen Vorgeschichte, unterschiedlich und waren wirklich darum bemüht, eine ganz andere Art von Menschen hervorzubringen.

Nach der zuerst einmal stattfindenden Anschaffung von Gegenständen und Anhäufung von Gütern ist das Großziehen von zwei oder höchstens drei Kindern die hauptsächliche Funktion der modernen Familie geworden. Es besteht ein großer Unterschied zu der Funktion der Familie als ökonomische Einheit, wie sie im achtzehnten Jahrhundert existierte, als auf dem Land alle mitarbeiten mußten, Junge sowohl als auch Alte, und das Überleben der Familie von der Arbeitskraft aller ihrer Mitglieder abhing. Heute besteht die vorrangige Aufgabe der Eltern darin, sich auf das erfolgreiche Großziehen ihrer Kinder zu konzentrieren.

»Durch die Funktion der Familie als Instanz der Kindererziehung ist der Eindruck entstanden, als sei die Familie nicht mehr und nicht weniger als eine Vermittlerin von Liebe und Geborgenheit – eine winzige Enklave der Liebe und Fürsorge in einem Meer des Materialismus. Dabei wird vergessen, daß die Alten ebenso wie Kinder liebevolle Fürsorge und Aufmerksamkeit brauchen ... Aus der Familie als schützender Einheit, in der die kräftigen Männer und Frauen für die Versorgung der hilfsbedürftigen Kinder, Alten und Kranken arbeiteten, ist heute eine Zelle geworden, die ausschließlich mit Konsum und Reproduktion beschäftigt ist.«[13]

Wenn das Zuhause als Ort der Liebe und der guten Gefühle aufgefaßt wird, erleben viele es als große Enttäuschung, wenn das für sie nicht zutrifft. Die Familie ist ein Ort, wo die abscheulichsten und in größtem Maße destruktiven Gefühle durchlebt werden, wo zerstörerische Konflikte zwischen Menschen auf der niedrigsten Ebene ausgetragen werden. In den heimischen vier Wänden verdichten und vermengen sich diese Gefühle wie in einem Dampfdruck-Kochtopf.

Eine Frau möchte eine gute Mutter sein und bemüht sich darum, sich selbstlos ihren Kindern zu widmen, ihnen ihre ganze Aufmerksamkeit und großzügige Fürsorge zukommen zu lassen, immer hellwach zu sein, um ihnen die entsprechenden

[13] Lee Comer: Functions of the Family. In: Lee Comer: Conditions of Illusion.

Anregungen zu bieten, sie mit ausgewogenen, leckeren Gerichten zu ernähren, immer für sie da zu sein und ihnen uneingeschränkt ihre Liebe entgegenzubringen – so wie es in den Zeitschriften und Büchern beschrieben wird. Doch dieses konstruktive Spiel gerät zu einem Chaos aus überall in der Küche verteilten Pappkartons, klebrigem Mehlkleister im Sisalteppich und vollgemalten Gardinen. Die liebevoll zubereitete Mahlzeit wird vom älteren Kind mit einem Ausdruck des Ekels abgelehnt, und das Baby spuckt einfach alles wieder aus. Am Nachmittag hat sie die Sachen immer noch nicht fertig, die sie schon morgens erledigen wollte, es ist nichts zum Abendessen da, und das Baby ist wund, weil sie keine Zeit hatte, häufig genug die Windeln zu wechseln. Sie setzt die protestierenden Kinder in den Kinderwagen und macht sich auf den Weg zum Supermarkt, wo ihr das ältere Kind behilflich ist, indem es alles das in den Korb füllt, was sie gar nicht kaufen will, während das jüngere Konservendosen von den Regalen fegt. Schließlich gibt sie dem Baby einen Klaps auf die Hand, was ihr einen langen, schiefen Blick von einer älteren Frau einbringt, die bestimmt denkt, daß sie ihre Kinder mißhandelt. Sie ist entsetzt, was aus ihr geworden ist, und hastet mit den beiden heulenden Kindern nach Hause zurück. Sie schiebt ihnen noch mehr Essen in den Mund und setzt sie dann in die Badewanne, wo sie zufrieden spielen und entzückend wie kleine Engel wirken. Einen Moment lang ist sie entspannt, um jedoch gleich darauf festzustellen, daß ihr neues Spiel darin besteht, den Schwamm über dem Badewannenrand auszudrücken, so daß der Badeteppich schwimmt. Sie bückt sich, um das Wasser mit dem Badetuch aufzuwischen. Sie hört ein Geräusch an der Eingangstür, streicht sich das Haar aus dem Gesicht, und schon kommt ihr Mann herein und fragt sie fröhlich: »Na, hattest du einen angenehmen Tag, Liebling?«, oder schlimmer noch: »Ich bin hungrig wie ein Löwe, was gibt es heute zum Abendessen?«, oder, wenn es am schlimmsten kommt: »Ich habe etwas Kopfschmerzen. Das war heute ein furchtbarer Tag im Büro.«

Außergewöhnlich ist, daß sie sich nach der Bewältigung aller dieser Aufgaben dennoch wie eine richtiggehende Versagerin vorkommt. Sie ist davon überzeugt, daß sie die einzige Frau ist, der es so geht, und daß sie einfach unfähig ist. Jede sechste Frau begibt sich wegen emotionaler Störungen zu irgendeinem Zeitpunkt ihres Lebens in psychiatrische Behandlung. Die Häufigkeit der Fälle, in denen Frauen unter leichteren Neurosen und subklinischen Depressionen leiden, sagt vielleicht etwas über die Rolle der Frauen in der modernen Gesellschaft aus, die bei vielen seelischen Störungen und bei manchen den totalen Zusammenbruch hervorrufen. Möglicherweise sind Frauen schon immer so unglücklich gewesen, und es ist die lediglich auf die besseren Kenntnisse bei der Diagnose und die besseren Möglichkeiten zur Erkennung, wann wirklich Hilfe notwendig ist, zurückzuführen, daß die Zahl derer, bei denen seelische Erkrankungen festgestellt wurden, so sehr zugenommen hat. Aber wenn das so ist, dann ist die Tatsache, daß die Bedingungen, unter denen viele Frauen leiden, als anormal und leidensvoll betrachtet werden, auf eine veränderte Definition der seelischen Zustände zurückzuführen, bei denen Hilfe für notwendig gehalten wird. Das beweist auch, daß sich unser Bewertungssystem für Gesundheit und Krankheit verändert hat. Unsere Gesellschaft kann es sich nicht leisten, die Hilfeschreie zu ignorieren, die häufig bei den Klinikvisiten durch Bitten um »irgendetwas, damit ich schlafen kann« oder »für meine schwachen Nerven, Herr Doktor« laut werden. Der überlastete Arzt, der nur zwei Minuten Zeit hat, schreibt Rezepte über Beruhigungsmittel aus und hofft, daß diese Phase der Verzweiflung mit pharmakologischer Hilfe vorübergeht.

Aber natürlich machen Frauen nicht nur mit Babys eine Zeit der Belastungen durch. Spätere Phasen bei der Kindererziehung können sogar noch größere Schwierigkeiten bereiten. Jessie Bernard[14] beschreibt »Tiefpunkte im natürlichen Ablauf der Elternschaft«, die eine große Belastung für die Ehe sind, da das Muttersein nicht in einem Vakuum stattfindet. Für sie stellt die ganze Schulzeit der Kinder eine dieser Phasen dar. Sie hat herausgefunden, daß Kinder zwischen sechs und vierzehn »einen besonders belastenden Einfluß auf die Ehe haben . . . und unbeschwertes Zusammensein eine Seltenheit ist«. Besonders die Mutter erlebt bei allem, was sie vorhat, Frustrationen. Und dann kommt die schreckliche Zeit, wenn die Kinder zu Teenagern werden und die Eltern mit den jungen Menschen, die sie großgezogen haben, zutiefst unzufrieden sind und sich fragen: »Was haben wir falsch gemacht?« Ein Eltern-Kind-Konflikt führt dazu, daß vorher schon vorhandene Schwierigkeiten in der Beziehung zwischen Mann und Frau zum Ausbruch kommen. Oft stellen die Kinder ihre Eltern öffentlich in sehr be-

---

[14] Jessie Bernard: The Future of Marriage. Souvenir Press, 1972.

schämender Weise bloß, wenn sie etwas anstellen und mit dem Gesetz in Konflikt geraten. Mann und Frau werfen sich gegenseitig ihre Versäumnisse bei der Kindererziehung vor, was die Hauptursache für ständige Auseinandersetzungen sein kann.

Darauf folgt das Ende der Teenagerzeit und die Zeit Anfang Zwanzig. Junge unverheiratete Söhne und Töchter, warnt Jessie Bernard[15], können für eine Ehe verheerend sein, so daß der Auszug junger Erwachsener aus der Familie eine segensreiche Wirkung auf die Ehe der Eltern haben kann – ebenso natürlich wie auf die jungen Leute selbst.[16]

Hierbei können Mann und Frau in der gegenwärtigen westlichen Gesellschaft bei der Verteilung der Verantwortung und der Arbeit, die jeder zum Funktionieren des Haushalts beiträgt, ein kompliziertes Spiel miteinander spielen. Aus diesem Spiel kann offene Feindseligkeit werden, wenn sie sich zu einer gerechten Aufteilung der anfallenden Arbeit entschieden haben, weil die Frau auch berufstätig ist. Männer haben es zu außergewöhnlichen Fertigkeiten in der Argumentation gebracht:

»›Ich übernehme gerne meinen Teil an der Hausarbeit, aber ich kann das nun einmal nicht so gut. Jeder sollte die Arbeiten erledigen, die er am besten kann.‹ Und das heißt: Leider habe ich wenig Talent zum Abwaschen oder zum Kochen. Am besten kann ich ein wenig Staub saugen, Glühbirnen auswechseln und Möbel verrücken . . . Oder es bedeutet: Geschichtlich gesehen haben die unteren Klassen jahrhundertelange Erfahrung bei der Verrichtung untergeordneter Arbeiten. Es wäre eine Vergeudung an Arbeitskraft, wenn man jemand anderen dazu anlernen würde. Es kann auch bedeuten: Ich kann diese öden, dummen Arbeiten nicht ausstehen, deshalb erledigst du sie besser.

›Ich übernehme gerne meinen Teil an der Arbeit, doch du mußt mir zeigen, wie das geht.‹ Das heißt: Ich stelle eine Menge Fragen, und du mußt mir jedesmal wieder alles genau zeigen . . . Es hat auch keinen Zweck, daß du dich hinsetzt und liest, während ich meine Arbeit mache, denn ich werde dir so auf den Wecker fallen, bis du zu dem Schluß kommst, daß es einfacher ist, wenn du alles selber machst.«[17]

Und so weiter.

[15] Jessie Bernard: The Future of Marriage. Souvenir Press, 1972.
[16] Jessie Bernard: The Future of Marriage. Souvenir Press, 1972.
[17] Pat Mainardi: The Politics of Housework. In: Robin Morgan (Hrsg.): Sisterhood is Powerful. Vintage, New York 1970.

Eltern gelangen niemals an einen Punkt, wo sie sich mit dem Gefühl niedersetzen können, alle übernommenen Aufgaben erledigt zu haben, niemals stellt sich die Gewißheit ein, erfolgreich gewesen zu sein. Die einzige wirkungsvolle Technik besteht darin, sich auf jede neue Situation flexibel einstellen zu können. Bei jeder dieser Situationen spielt die Vorstellung eine große Rolle, die jeder vom anderen als einem guten, tüchtigen oder einem schlechten Ehemann und Vater beziehungsweise einer guten, tüchtigen oder einer schlechten Ehefrau und Mutter hat. In einer solchen verzwickten Lage können beide Elternteile das Gefühl bekommen, in einer Beziehung angebunden zu sein, die sie einengt und frustriert. Doch der Mann kann der heimischen Atmosphäre entfliehen, hat mehr Beziehungen zur Außenwelt und kann sich über seinen Beruf definieren. Die Frau, die mit den Kindern daheim bleibt und die ganze Verantwortung für ihr tägliches Wohlergehen trägt oder mit ihren heranwachsenden Söhnen und Töchtern Konflikte austrägt, kann sich nicht auf diese Weise freimachen. Das Muttersein scheint für sie eine Falle geworden zu sein.

Doch auch auf andere Weise kann es eine Falle sein, und zwar hauptsächlich wegen der Betonung, die heutzutage auf Selbstverwirklichung, Entwicklung der eigenen Persönlichkeit und Selbsterfüllung gelegt wird. Eine Mutter, die gern mit ihren Kindern zusammen ist und gern für sie sorgt, die zufrieden damit ist, sich für eine gewisse Zeit ihres Lebens nur auf ihre Kinder zu konzentrieren, kann Minderwertigkeitsgefühle vermittelt bekommen, weil sie nichts außer ihrem Haushalt hat und »nur Mutter« ist. Sie bekommt das Gefühl, daß sie einer zweitrangigen Beschäftigung nachgeht, bei der keine intelligente, moderne Frau es länger als ein paar Stunden aushalten könnte. Wir haben vorher schon festgestellt, daß es ein modernes Ethos gibt, in dem Mutterschaft und Kindererziehung einen sehr geringen Stellenwert haben. Mit der gleichen Einstellung wird den Frauen, die das Muttersein als etwas sehr Befriedigendes empfinden, eine unbekümmerte, sentimentale Form des Schwachsinns unterstellt. Es wird sogar angedeutet, daß diese Mütter gar nicht in der realen Welt leben, wo gehandelt wird, und daß das aufregende Leben und Treiben ohne sie stattfindet. Die Argumente klingen überzeugend und werden mit so viel Nachdruck geäußert, daß viele Frauen selbst daran glauben. Erst nachdem sie wieder im Büro sitzen oder in die Schule zurückgekehrt sind, wird ihnen klar, daß das Muttersein doch eine Erfahrung war, die sie sehr bereichert hat und aus der sie eine Menge gelernt haben.

In der Frauenbewegung besteht eine sehr gespaltene Einstellung zum Muttersein. Für einige Frauen stellt es eine biologische Falle dar, die mit dem aus der Mode gekommenen Klischee der Frau als Gebärmaschine in Zusammenhang steht und als eine Methode angesehen wird, um die Frau ans Haus zu binden und ihre Dienste in Anspruch zu nehmen. Andere sehen darin eine Gelegenheit, etwas zu vollbringen, was Männern erwiesenermaßen nicht gelingen wird, wie sehr sie sich auch bemühen. Auf der einen Seite gibt es die Frauen, die die Geburt, das Stillen und andere Aspekte der biologischen Mutterschaft wirklich genießen, und auf der anderen jene, die sie als Verräterinnen an der gesamten Bewegung betrachten. Doch welche Position sie auch beziehen mögen, sie bemühen sich um eine realistischere Einstellung zur Familie und entzaubern den »Traum aus der Sonntagsbeilage«, der Frauen als Idealbild vorgegaukelt wird und durch den jede das Gefühl bekommt, daß sie ihrer Aufgabe nicht so gut gewachsen ist wie alle anderen. Und das ist nicht nur eine vereinzelte Neurose, behaupten sie, sondern eine unausweichliche Folge der gegenwärtigen Situation der Gesellschaft. Sie stellen in Frage, daß die mehr oder weniger isolierte Kleinfamilie in ihrem jetzigen Zustand den gegenwärtigen Bedürfnissen, besonders denen der Frauen, entspricht, und suchen nach anderen Möglichkeiten, um miteinander zu leben und zu arbeiten. Einige sind noch weiter gegangen und haben der Kleinfamilie den Kampf angesagt. Sie bringen den Männern, mit denen sie zusammenleben oder beruflich zu tun haben, offene Feindschaft entgegen.

Eine Frauengruppe traf sich regelmäßig in einem Pub; die Frauen bestanden jedoch darauf, daß ihre Partner, von denen sie in ihren Zielen unterstützt wurden, draußen auf der Straße auf sie warteten, bis sie fertig waren, egal, wie das Wetter war. Es ist nicht verwunderlich, daß ihnen die männliche Unterstützung nach einer gewissen Zeit entzogen wurde. Eine andere Gruppe richtete für ihre Mitglieder eine Kinderkrippe ein, doch einige von ihnen beschwerten sich, als auch Jungen gebracht wurden. Es entstand ein Machtkampf zwischen denen, die sich als die einzig wahren Verfechterinnen der Frauenrechte betrachteten und den anderen, die einfach nur ihre Babys unterbringen wollte, egal welchen Geschlechts sie waren.

Das sind sehr extreme Beispiele, doch die grundlegende Botschaft, die Frauen vermitteln, bleibt davon unberührt: »Es ist an der Zeit, daß Frauen die schmutzigen Windeln aus der Hand legen und stattdessen ihre eigenen Angelegenheiten anpacken. Wir können unsere passive Rolle nicht mehr länger akzeptieren.«[18] Einige Feministinnen, die Familie haben, versuchen, der Mutterrolle zu entkommen, indem sie sich völlig auf ihren Beruf konzentrieren und einen engen, emotionalen Kontakt mit ihren Kindern vermeiden. Für einen Mann besteht diese Möglichkeit zwar auch, doch »die Einschränkungen durch die herkömmlichen Rollen ... haben bedeutet, daß gefühlsmäßig ebenso verarmte Mütter eine große Belastung für ihre Kinder waren.«[19] Die einzige Möglichkeit besteht vielleicht darin, einen größeren Spielraum für mütterliches Erziehungsverhalten zu erschließen und soziale Einrichtungen zu entwickeln, die diesen Spielraum zulassen, ohne daß sich daraus für das Kind eine emotionale Benachteiligung ergibt.

Der Weg, der zur Emanzipation der Mütter führt, ist nicht eingleisig und richtet sich in den verschiedenen Teilen der Welt nach dem jeweiligen gesellschaftlichen Kontext. In gewisser Hinsicht hat die Einführung von Maschinen dazu geführt, daß die Frauen sich selbst eine neue Tretmühle geschaffen haben, obwohl es den Anschein hatte, als würden die Frauen dadurch von ihren Haushaltspflichten befreit. Jetzt versuchen sie, ohne jede Hilfe den Haushalt zu führen und die Kinder großzuziehen, während sie nebenbei noch berufstätig sind. Ihre Arbeitszeit an diesen beiden Arbeitsplätzen dauert wesentlich länger als der Arbeitstag eines Mannes. In den USA übt jede zweite verheiratete Frau, die mit ihrem Mann zusammenlebt, einen Beruf außer Haus aus. Eine Frau mit einer Vollzeitbeschäftigung verdient dabei jedoch nur etwa die Hälfte von dem, was ein Mann in einer Ganztagsstellung verdient. Frauen scheinen tatsächlich die Nachteile beider Bereiche zu spüren zu bekommen, denn sie finden weder im Beruf volle Anerkennung, noch können sie es genießen, vollberufliche Mütter zu sein.

Das mag einer der Gründe dafür sein, weshalb Frauen ihre eigenen Rollen als Ehefrauen, Mütter und Arbeitnehmerinnen

---

[18] Michelene Wandor, in: Sandra Allen, Lee Sanders, Conditions of Illusion. Jan Wallis (Hrsg.): Feminist Books, 1974.

[19] Alice S. Rossi: Maternalism. Sexuality and the New Feminism. In: Contemporary Sexual Behaviour: Critical Issues in the 1970's, Joseph Zubin/John Money (Hrsg.): John Hopkins University Press, 1973.

heute genauer in Augenschein nehmen und zu erkennen beginnen, was für Vorteile ihnen das einbringt. Das Muttersein wurde in den Medien viel zu lange negativ dargestellt, und Frauen, die der Schufterei im Haushalt entkommen möchten, stellen vielleicht fest, daß die gleiche Schufterei im Berufsleben auf sie wartet und ihnen noch dazu weniger einbringt.

Frauen wenden sich nach außen, um anderen Frauen dabei zu helfen, eine realistischere Einstellung zum Muttersein zu entwickeln und sowohl Menschen als auch Mütter zu sein. Ganz allgemein nehmen Frauen sich wieder mehr selbst wahr, doch das ist nicht genug. Dieses neue Rollenverständnis bedeutet, daß auch Männer ihre Rollen neu überdenken müssen, um nicht nur Ernährer zu sein, sondern mit den Frauen zusammen auch die Kindererziehung zu übernehmen. Die Geburt eines Kindes eröffnet die Möglichkeit, sich selbst neu zu erfahren, Verantwortung zu übernehmen und am Wachsen einer Familie beteiligt zu sein, und zwar nicht nur für die Frau, sondern auch für den Mann. Elternschaft kann eine biologische Falle sein. Aber sie kann auch eine Zeit des Lernens werden.

Wir brauchen uns nur die verschiedenen Erscheinungsformen der Mutterrolle in anderen Kulturen anzuschauen, um festzustellen, daß das Großziehen von Kindern ebenfalls eine sehr vielfältige Tätigkeit ist. Es gibt kein für alle Frauen anwendbares Rezept, mit dem sichergestellt werden könnte, daß es eine befriedigende Tätigkeit wird.

Jede Gesellschaft reguliert das Recht auf Mutterschaft und »selektiert« in gewisser Weise die Frauen, die Mütter werden können. Sogar in den Kulturen, in denen die freie Sexualität unter heranwachsenden Jungen und Mädchen erlaubt ist, steht das Recht, ein Kind zu bekommen, unter strenger Kontrolle. Eine Übertretung der herrschenden Gesetze kann eine strenge Bestrafung nach sich ziehen und kann für Baby und Mutter, manchmal auch für beide Eltern, den Tod bedeuten.

Die Tänze und rituellen Handlungen in primitiven Gesellschaften und alten Kulturen sind nicht in erster Linie ein Ausdruck sexueller Kräfte, sondern dienen der Fruchtbarkeit. In solchen Kulturen lernen junge Mädchen schon sehr früh, daß die Schwangerschaft eine Erfüllung darstellt, und daß sie schöner, nicht unansehnlicher werden, wenn sie schwanger sind. Das trifft auch für Agrargesellschaften zu. Bei meinen Feldforschungen in Jamaika erlebte ich es häufig, wie eine Frau, wenn sie im Ort unterwegs war, von der Gemeindeschwester oder der Hebamme mit den Worten begrüßt wurde: »Du wirst dick!«, was bedeutete: »Vielleicht bist du schwanger«; oder wie ein heranwachsendes Mädchen gefragt wurde: »Wann kommst du in die Klinik (die Entbindungsklinik)?« Beide Bemerkungen riefen große Freude und strahlende Gesichter hervor. Es besteht also ein großer Unterschied zu der gängigen Einstellung in unserer Gesellschaft, wo Frauen meistens Schwierigkeiten haben, ihren sich verändernden Körper zu akzeptieren. Ein ehemaliges Playboyclub-Bunny drückte diese Gefühle so aus: »Ich komme mir vor wie ein Nilpferd, das sich im Schlamm suhlte.«

In einem Sanskrit-Gedicht wird die Schönheit einer Frau im fortgeschrittenen Stadium der Schwangerschaft beschrieben:
»Der kräftige Stamm des Romavali trägt zwei Lotusblüten,
das sind ihre dicht beieinanderstehenden Brüste, auf denen Bienen sitzen,
die dunkler werdenden Brustwarzen.
Diese Blüten künden von den Schätzen,
die in meiner Liebsten Bauch verborgen sind.«[1]

---

[1] Sanskrit Poetry from Vidyakara's Treasury. Harvard University Press, 1968 (deutsch nach der englischen Übersetzung von Daniel H. H. Ingalls).

Durch den Gesang und den Rhythmus der Trommelschläge, durch die wiegenden Hüften und schwingenden Körper werden Geburt und Erneuerung verkündet. Und das bezieht sich auf die heranreifende Ernte, die Fische, die Viehherden, das bei der Jagd erbeutete Wild ebenso wie auf die Geburt eines Menschen.

Wir sind uns der Notwendigkeit nicht bewußt, daß Pflanzen sprießen, Bäume Früchte tragen und Tiere Junge werfen müssen, denn die meisten von uns haben so wenig mit Anbau und Landwirtschaft zu tun, daß wir meinen, diese Dinge liefen ganz automatisch und von selbst ab. Unsere eigenen Fruchtbarkeitsrituale, die in der christlichen Kirche zum Beispiel im Erntedankfest ihren Ausdruck finden, haben für die meisten von uns wenig Bedeutung. Wir kaufen unsere Nahrung fertig verpackt und oft schon zubereitet. Dabei haben wir die Garantie, daß der Inhalt unserer Packung die gleiche Qualität hat, wie alle anderen Packungen dieses Produkts vom selben Hersteller. Und was die Fruchtbarkeit der Menschen anbelangt, so ist sie mit ziemlichen Unannehmlichkeiten verbunden. Die Geburt ist zu einer klinischen und potentiell mit Krankheit verbundenen Angelegenheit geworden, die einen Klinikaufenthalt erforderlich macht, statt im Ehebett vor sich zu gehen, über das in der Hochzeitsnacht der Reis gestreut wurde, der dem Paar Fruchtbarkeit verleihen sollte.

In unserer Kultur ist der Geschlechtsverkehr die Erfahrung, durch die ein Mädchen zur Frau wird. In den Agrargesellschaften überall auf der Welt jedoch gelten die erste Schwangerschaft und Geburt als der Zeitpunkt, an dem der Erwachsenenstatus erlangt wird. Vielleicht sind wir in gewissem Sinne aus dem Gleichgewicht geraten, indem wir uns so verhalten, als wären sexuelle Erregung und Befriedigung der Schlüssel zum »Erwachsenwerden« und nicht die Rechte und Pflichten, die daraus entstehen, daß man neues Leben zur Welt bringt, oder – für diejenigen, die sich gegen das Fruchtbarsein entscheiden – die Fähigkeit, Verantwortung für das Leben anderer zu übernehmen.

Wir gehen meistens davon aus, daß unsere eigene urbane Industriegesellschaft von Kräften bestimmt wird, die sich außerhalb unserer Kontrolle befinden, und neigen dazu, einfachere Gesellschaften zu idealisieren und anzunehmen, daß dort mehr persönliche Freiheit herrscht, ein »natürlicheres« Leben möglich ist und Gefühle spontan zum Ausdruck gebracht werden können. Es bestehen jedoch viele Bereiche der Interaktion zwischen Menschen, in denen die Regeln und Vorschriften primitiver Gesellschaften so allgegenwärtig sind, daß die Leute gar nicht merken, daß es sie gibt. Ein Verhalten, das gegen diese Regeln verstößt, ist im wahrsten Sinne des Wortes undenkbar.

Die Kleinfamilie gibt es in jeder uns bekannten Gesellschaft, und das ist die Lebensform, die wir allgemein für »normal« halten. Die meisten von uns gehören zwei Kleinfamilien an: der, aus der sie stammen, der Orientierungsfamilie, und der, die sie selber gegründet haben, der Erzeugungsfamilie. Die Kleinfamilie erfüllt sexuelle und ökonomische Funktionen und dient der Fortpflanzung; außerdem ist sie die primäre Instanz, in der das kleine Kind die ersten Sozialisationsprozesse durchmacht. Dieser Vorgang wird natürlich gewöhnlich von der Mutter oder von jemandem, der ihre Stelle vertritt, eingeleitet.

Um den Zusammenhang zu verstehen, in dem das stattfindet, betrachten wir uns am besten einige der verschiedenen Formen ehelichen Zusammenlebens. Polygynie bedeutet, daß zwei oder mehr Frauen einen gemeinsamen Ehemann haben. Diese Form der Ehe war bei den Mormonen üblich und ist das Ideal in weiten Teilen Afrikas. Bei der sororalen Polygynie sind die Frauen Schwestern; diese Eheform gab es bei den Hebräern: Jakob arbeitete sieben Jahre, um den Brautpreis für Rahel aufzubringen, doch zuerst mußte er Lea, die ältere Schwester, heiraten, und erst danach war es ihm gestattet, weitere sieben Jahre zu arbeiten, damit er Rahel heiraten konnte. In einer Familie, in der Polygynie herrscht, haben die Frauen getrennte Haushalte um einen Platz oder einen Innenhof herum. Jede Frau kocht das Essen für ihre Kinder selbst, und der Mann schläft in streng einzuhaltender Reihenfolge bei einer Frau nach der anderen. Die Kinder spielen alle zusammen auf dem Vorplatz, doch zum Schlafen kehren sie in die Hütte ihrer Mutter zurück.

Polyandrie, bei der eine Frau mehrere Ehemänner hat, ist selten und tritt nur dort auf, wo Leute einen Lebensstandard haben, der ihnen nur das Allernötigste zum Überleben bietet. Die Bewohner der Marquesas-Inseln leben in Polyandrie, und die Todas in Südindien praktizierten fraternale Polyandrie, bei der die Frau Brüder heiratete. Diese Form der Ehe hat den Vorteil, daß die Brüder das Land, daß sie von ihrem Vater geerbt haben, behalten und an die nächste Generation weitergeben können, ohne es aufzuteilen. Es ist jedoch schwer festzustellen, wer der Vater des Babys ist. Die Todas lösten das Problem durch eine Zeremonie während der Schwangerschaft, bei der einer der Brüder der Frau Pfeil und Bogen in Miniaturausgabe schenkt und so die Vaterschaft für sich beansprucht. Bei weiteren Schwangerschaften kann einer der anderen Brüder das gleiche tun, wenn er beschließt, daß er auch Vater sein möchte.

Wenn ein Paar zusammenzieht, kann es bei seinen oder bei ihren Eltern leben oder einen eigenen separaten Haushalt einrichten. Was für uns normal ist, nämlich die Gründung eines eigenen Hausstandes, kommt tatsächlich am seltensten vor; die meisten Menschen leben in Großfamilien. Das heißt, daß sie in einem Haushalt zusammen mit ihren Großeltern und Eltern und manchmal auch noch mit anderen Leuten leben. Gewöhnlich zieht die Frau zur Familie ihres Mannes. So wird es in den meisten Gesellschaften mit Polygynie gehalten, und die Interessen der Frau haben sich meistens denen der Gruppe, in die sie als Neue aufgenommen wird, denen ihrer »Schwiegerleute«, unterzuordnen. In anderen Gesellschaften wiederum zieht der Mann in den Haushalt der Eltern seiner Frau, und dann ist er der Außenstehende, der für das Wohlergehen der Gruppe, der er sich angeschlossen hat, arbeiten muß. Daß der Mann bei der Familie der Frau lebt, kommt meist in Agrargesellschaften vor und auch dann, wenn das Land Besitz der Frauen ist.

In einigen Gesellschaften kann das Paar entscheiden, ob es bei der Familie des Mannes oder der Frau leben will. Wenn die Paare die Wahl haben, handelt es sich meist entweder um ein entwickeltes Gesellschaftssystem, in dem Männer und Frauen gleiche Besitzrechte haben, oder um das Gegenstück, einen einfachen Stamm nomadisierender Sammler. In den Gesellschaften, in denen die Paare eine eigene Entscheidung treffen, wird gewöhnlich die monogame Ehe praktiziert, und es wird Wert darauf gelegt, daß jeder einzelne seinen eigenen Lebensstil findet und persönliche Erfolge erringt. In diesen Gesellschaften lebt – vielleicht bezeichnenderweise – oft ein beträchtlicher Teil der Bevölkerung in großer Armut.

Im System der Großfamilie ist es leichter, Traditionen zu bewahren und weiterzugeben, als in unserer Familienform, in der kurzlebige Haushalte entstehen, die sich auflösen, wenn die Eltern sterben. Und Jahre vorher besteht bei vielen Familien der Haushalt nur aus zwei Leuten, dem Vater und der Mutter, deren Kinder aus dem Haus sind. Großfamilien dagegen genießen eine gewisse Unsterblichkeit.[2]

[2] Gerald R. Leslie: The Family in Social Context. O.U.P., New York, ²1973.

Die Kleinfamilie mit der Mutter, ihrem Ehemann und deren Kindern, wie wir sie in der hochindustrialisierten westlichen Welt gewohnt sind, ist auch für Jäger- und Sammlergesellschaften charakteristisch, die an der Grenze des Existenzminimums leben. Die Großfamilie dagegen überwiegt in agrarischen Gesellschaften, die auch Tierhaltung betreiben.[3]

Kleinfamilien sind gewöhnlich nur durch ein Mitglied, das beiden gemeinsam ist, miteinander verbunden, nämlich durch die Person, die von ihrer »Orientierungsfamilie« (in der sie aufgewachsen ist) in eine neue »Fortpflanzungsfamilie« eintritt. Unser Familiensystem ist wie eine lange Perlenkette, verglichen mit dem komplizierten System manchmal unglaublicher geometrischer Verzweigungen, das charakteristisch ist für die Gesellschaften, die oft als »primitiv« bezeichnet werden.

Die Praktiken bei der Kindererziehung sind weitgehend von der Größe der Familie abhängig. Wenn sie klein und isoliert ist wie die moderne Mittelschicht-Familie, dann ist das Kind sehr stark von seinen Eltern abhängig. Andere Erwachsene, die einen Teil der Verantwortung und der Versorgung übernehmen könnten, gibt es nicht. In einer Großfamilie, wo Tanten und Onkel, Kusinen und Vettern, Großeltern und andere Leute da sind, an die die Kinder sich wenden können, wird die Macht der Eltern durch die Meinungen anderer eingeschränkt und abgeschwächt. In der modernen Familie jedoch ist die Mutter schlechthin alles für das kleine Kind. Da der Vater gewöhnlich außer Haus arbeitet, trägt sie die gesamte Verantwortung, und es wird von ihr erwartet, daß sie das Kind aufzieht und es mit der Welt vertraut macht.

Die urbane Familie der weißen Mittelschicht lebt in besonderem Maße von jeder Verwandtschaft isoliert, während in der Großfamilie die verwandtschaftlichen Bindungen zwischen Eltern und Kindern und Brüdern und Schwestern eine große Rolle spielen. Unsere Gesellschaft spielt alles das herunter und legt stattdessen Wert auf die Beziehungen zu Leuten, mit denen man täglich zusammenkommt. Bei uns gibt es keine Bezeichnungen für Leute, die in den meisten Gesellschaften in irgendeiner Weise als Verwandte betrachtet werden. Die Anthropologen bezeichnen das als »klassifikatorische Verwandtschaftsterminologie«. Wir in der westlichen Welt haben zwar Tanten und Onkel,

[3] Meyer F. Nimkoff, Russel Middleton: Types of family and types of economy. In: American Journal of Sociology. 66, November 1960.

aber wir kennen zum Beispiel kein Wort für das Verwandt-schaftsverhältnis zum »Neffen väterlicherseits der Tante meiner Mutter mütterlicherseits«; in vielen anderen Gesellschaften je-doch weiß man genau, wer das ist, und kennt eine besondere Bezeichnung für diese verwandtschaftliche Beziehung.

Innerhalb der Kleinfamilie gibt es normalerweise eine genaue Einteilung der Rechte und Pflichten. Das Paar, das sich einen eigenen Haushalt eingerichtet hat, achtet darauf, daß es seine Eltern und ihre Eltern gleich oft einlädt und keinen bevorzugt. Eine Folge dieser Gleichbehandlung gegenüber den beiden Fa-milien besteht darin, daß die jungen Leute meist von beiden Familien weiter wegziehen, wenn sie ihre unabhängige Fami-lieneinheit bilden.

Was einige Autoren als Fehlfunktion in der modernen Familie betrachten, hält Talcott Parsons[4] für eine wirkungsvolle Anpas-sung an die Erfordernisse einer Industriegesellschaft. Obwohl die Kleinfamilie mehr oder weniger ohne Unterstützung von anderen Angehörigen in strukturbedingter Isolation existiert, ist sie in das Berufs- und Beschäftigungssystem einer Industrie-gesellschaft integriert. Der Status der Familie richtet sich nach der Beschäftigung des Vaters. Innerhalb der Familie ist der Va-ter vielleicht ein ganz anderer Mann als an seinem Arbeitsplatz, und er hält diese beiden Welten streng voneinander getrennt. Das steht im Gegensatz zu dem System in einer primitiven oder agrarischen Gesellschaft, wo der Vater im Haus und in der Nähe des Hauses arbeitet, wo seine Arbeit außerhalb des Hau-ses mit seiner Betätigung im Haus zu tun hat und er seine Kinder aufs Feld mitnimmt und ihnen einige einfache Sachen beibringt, die zu seiner Arbeit gehören.

Als Folge davon, daß die Beschäftigung des Vaters in der modernen Industriegesellschaft eine so große Bedeutung hat, müssen alle Bedürfnisse der Familie sich den beruflichen Erfor-dernissen unterordnen. Wenn eine Ehe zerbricht, liegt das häu-fig daran, weil die Frau ihre Interessen gegenüber dem Beruf des Mannes nicht länger hintanstellen möchte. Aus einer be-stimmten Sicht ist das Scheitern einer Ehe nicht nur ein patho-logisches Ereignis, sondern stellt eine Reorganisation dar, um den Erfordernissen des Anstellungssystems zu entsprechen, in-nerhalb dessen der Mann arbeitet. Einzelne zerbrechen viel-

[4] Talcott Parsons, Robert F. Bales: Family, Socialization and Interaction Pro-cess. Free Press, Illinois 1955.

leicht an diesem Prozeß, doch die Gesellschaft kann weiterhin funktionieren.

Einige vorindustrielle Gesellschaften legen besonderen Wert auf die Bindung zwischen Mutter und Kind. Sie sind mutterbezogen in dem Sinne, daß die Mutter im Verwandtschaftssystem zentrale Funktionen innehat; es besteht eine relative Gleichberechtigung zwischen den Geschlechtern, und Frauen spielen im ökonomischen System und im rituellen Leben eine wichtige Rolle. Viele schwarze Frauen in den Vereinigten Staaten, besonders im Süden, übernehmen eine Doppelfunktion als Mütter und Ernährerinnen der Familie, wenn nötig, auch ohne die Unterstützung eines Mannes. Das wird oft, wahrscheinlich fälschlicherweise, für das Ergebnis eines Zusammenbruchs des Systems gehalten.[5] Matrifokale Gesellschaften sind bis zu einem gewissen Grad für alle westafrikanischen Gesellschaften charakteristisch. Die Ibo in Ostnigeria haben zum Beispiel ein patrilineares System, doch die kleinste gesellschaftliche Einheit besteht nicht aus einem Mann, einer Frau und deren Kindern, sondern aus einer Frau und ihren Kindern, was als »eine Eßgemeinschaft«[6] bezeichnet worden ist. Der polygyne Haushalt besitzt ein männliches Oberhaupt, doch die alltägliche Haushaltsführung geht fast unabhängig von ihm vor sich.

Der Begriff der legitimen Nachkommenschaft beinhaltet die Möglichkeit der Illegitimität, und in den meisten Gesellschaften befindet sich die unverheiratete Mutter im Nachteil. In ländlichen Gemeinschaften werden illegitime Kinder zwar ohne viel Aufhebens in die Familie der Eltern der Mutter aufgenommen: wohl sind mehr hungrige Mäuler zu stopfen, aber später auch mehr Arbeitskräfte für die Feldarbeit da. Dennoch gilt sogar hier die Geburt von Kindern vor der Ehe als etwas Bedauerliches, es sei denn, sie würde als Beweis der Fruchtbarkeit für den Bräutigam dienen, um die Ehezeremonie herbeizuführen. Früher war in einigen Gesellschaften, zum Beispiel in landwirtschaftlichen Gemeinden Skandinaviens, der Fruchtbarkeitsbeweis sehr wichtig, bevor ein Mann die Auserwählte heiratete. Bei den Banaro in Neu-Guinea ist der Geschlechts-

[5] Daniel P. Moynihan: The Negro Family. The case for national action. Office of Policy Planning and Research, Dept. of Labour, Washington DC 1965.

[6] Victor Uchenda, zitiert von: Nancy Tanner, in: Michelle Z. Rosaldo, Louise Lamphere (Hrsg.): Women, Culture and Society. Stanford University Press, 1974.

verkehr zwischen Mann und Frau erst erlaubt, nachdem sie ein Kind von einem Mann hat, der für die Zeugung ausgewählt wurde.[7]

In vielen Teilen der Welt wie zum Beispiel in den schwarzen Gettos Amerikas, in den Bantu-Townships Südafrikas, auf den Westindischen Inseln und in Südamerika feilschen die Mädchen mit ihrer Fruchtbarkeit um einen Mann und setzen ihre Geschlechtlichkeit bei der manchmal als »gegenseitige Werbung« bezeichneten Umgarnung eines Mannes ein. Sie riskieren dabei, ein Kind zu bekommen oder wirklich Kinder »für« einen Mann zur Welt zu bringen, und das in einer kurzfristigen, häufig sehr unsicheren Beziehung, ob sie nun legalisiert wurde oder nicht. In diesen Gesellschaften gelten außereheliche Kinder als etwas ganz Normales, obwohl dieser Umstand zumindest vom ökonomischen Standpunkt aus bedauert wird. In England und Wales nahm die Zahl unehelicher Kinder, nachdem sie Mitte des 19. Jahrhunderts einen Höhepunkt erreicht hatte, bis zu den dreißiger Jahren dieses Jahrhunderts beständig ab und stieg dann wieder an. In modernen Industriegesellschaften sind uneheliche Geburten in den unteren sozioökonomischen Schichten häufiger, und Angehörige der Unterschicht bringen mehr außereheliche Kinder oder Kinder, die innerhalb der ersten acht Monate nach der Eheschließung geboren werden, zur Welt.

Es kommt erwartungsgemäß zu einer höheren Zahl unehelicher Geburten, wenn der Vater des Babys lange Zeit abwesend ist, und dadurch erklärt sich die hohe Rate in Aberdeen in Fällen, in denen der Vater als Hochseefischer in der Nordsee unterwegs ist, als Fernfahrer arbeitet oder seinen Militärdienst ableistet. Die Zeitspanne, in der Frauen Kinder bekommen können, ist heute länger als vor hundert Jahren. Mädchen haben ihre erste Menstruation früher, und das Klimakterium tritt später ein. Ihr allgemeiner Gesundheitszustand ist besser und sie leben unter besseren sozialen Bedingungen. Tatsache ist jedoch, daß die Fruchtbarkeit nachgelassen hat. Die Frauen können, aber sie wollen nicht. Die Zeit der Schwangerschaften und Geburten im Leben einer Frau nimmt einen viel geringeren Teil ein, und während dieser Zeit werden weniger Kinder geboren. In den Vereinigten Staaten zum Beispiel ist diese Zeitspanne nur noch halb so lang wie vor zwei Generationen. Das wirkt sich

[7] George P. Murdock: Social Structure. Macmillan, New York 1949.

auf die Beziehung zwischen Mann und Frau und zwischen Eltern und Kindern aus und ebenso auch auf die Vorstellung, die eine Frau von sich selbst hat. Wenn sie keine Kinder mehr will, liegt ein langer Lebensabschnitt vor ihr, in dem ihre Mutterrolle allmählich immer mehr an Wichtigkeit verliert und in ihrer Vorstellung von sich selbst keine so große Rolle mehr spielt. Wir müssen wirklich neue Möglichkeiten des Mutterseins schaffen, wenn wir uns an die Erfordernisse der heutigen Gesellschaft und des völlig veränderten Entwicklungskreislaufs der Familie anpassen wollen, in dem wir heute leben. Dabei geht es nicht nur um praktische Fragen der Erziehung und Kinderpflege, die von einer Frau anders gelöst werden als von ihrer Mutter und ihrer Großmutter, sondern um das Dasein als Mutter in einem völlig veränderten sozialen Kontext, an den es sich anzupassen gilt. Und das heißt, daß sich nicht nur das Muttersein, sondern auch das Vatersein in unserer Gesellschaft verändern muß.

Weil die Periode des Mutterseins weniger Zeit beansprucht, besteht die Gefahr, daß die Fähigkeiten, die auf Erfahrung beruhen, niemals gelernt werden. Die Probleme des ältesten Kindes in einer Familie sind wohlbekannt. Bei diesem Kind treten die meisten Probleme mit dem Essen, dem Schlafen und dem Sauberwerden auf. Mit diesem Kind machen die Eltern ihre Lehrzeit durch und um dieses haben sie auch sehr oft Angst. Wenn sie ein zweites Kind bekommen, sind sie sehr viel gelassener und haben als Eltern mehr Selbstvertrauen.

Weil die Familien kleiner werden, haben die Kinder keine Gelegenheit mehr, sich ihre Fähigkeiten als Eltern bei der Beaufsichtigung und Versorgung jüngerer Brüder und Schwestern anzueignen. Und so treten sie ihre Elternrolle ganz auf sich allein gestellt an, ohne eine Vorstellung davon zu haben, was auf sie zukommt. In Geburtsvorbereitungskursen äußern werdende Mütter häufig, daß sie noch nie ein Baby im Arm hatten, noch nie ein Neugeborenes gesehen und noch nie einer Mutter dabei zugeschaut haben, wie sie ihren Säugling versorgt. Noch so viele Unterrichtsstunden in Babypflege oder das Üben mit einer Gummipuppe in einer kleinen Badewanne ein paar Wochen vor der Geburt des Babys können diese Versäumnisse jemals wieder gutmachen.

In den letzten ungefähr zwanzig Jahren ist sehr viel von der »Auflösung« der Familie geredet worden. Die Leute sprechen wehmütig von den Freuden des Lebens in einer Großfamilie, obwohl sie selber niemals mit ihrer Schwiegermutter und ihren angeheirateten Tanten, Vettern und Kusinen zusammenleben mußten. Doch die Kleinfamilie, die aus einem Mann, einer Frau und beider Kindern besteht, gibt es bei uns schon lange und ist nicht einfach nur eine moderne Verfallserscheinung in der Familienstruktur. Die Familie kann sich unendlich flexibel an die Bedingungen und Schwierigkeiten anpassen, die ihr die sie umgebende Gesellschaft bereitet. Margaret Mead ist der Ansicht, daß die Familie »die widerstandsfähigste Institution ist, die wir haben«.

Um das Muttersein in seiner ganzen Bedeutung zu erfassen, ist auch eine Betrachtung der »biologischen Anthropologie« von Bedeutung. Die gesellschaftliche Rolle der Frau war besonders vor der Entwicklung wirkungsvoller Verhütungsmittel und künstlicher Babynahrung größtenteils durch ihre biologischen Anlagen definiert.

Ihr physiologischer Zustand, besonders Menstruation und der Mondrhythmus ihres Lebens sowie Schwangerschaft und Geburt, bestimmten ihr Dasein. Ihre täglichen Unternehmungen waren darauf abgestimmt, was sie tun oder nicht tun durfte, wenn sie ihre Periode hatte, schwanger war oder stillte. Die Arbeiten, die sie verrichten konnte, die Krankheiten, unter denen sie litt (einige Geisteskrankheiten werden zum Beispiel immer noch ausschließlich damit erklärt, daß eine Frau eine Gebärmutter hat oder keine mehr hat oder in den Wechseljahren ist), ihr Verhalten bei religiösen Handlungen, die Bücher, die sie lesen durfte, die Art zu gehen und zu sitzen, ihr Ausdruck und ihre Sprache, die Spiele, die ihr erlaubt waren und ihre Erziehung und Ausbildung richteten sich nach dem, was ihrem Geschlecht als angemessen zugestanden wurde oder mit ihrer Weiblichkeit untrennbar verbunden war. Vom Säuglingsalter an, wenn das Neugeborene je nach Geschlecht rosa oder hellblau gekleidet wird und man es als strammen Burschen und einen »richtigen Jungen« bewundert oder hübsch und »sehr mädchenhaft« findet, werden den Kindern die Geschlechterrollen aufgeprägt.

Biologisch gesehen besitzen jedoch alle Säugetierorganismen die Veranlagung zur Bisexualität. In der fötalen Phase und im frühen Säuglingsstadium hängt die Entwicklung des Babys als Junge oder Mädchen weitgehend von einem empfindlichen Gleichgewicht der Hormone ab. Wenn Androgen vorhanden ist, bestehen die Anlagen für männliches Verhalten, und die grundlegend weibliche sexuelle Komponente wird entsprechend der im Körper zirkulierenden Androgenmenge unterdrückt.[8] Untersuchungen weisen darauf hin, daß Mädchen, die abnorm hohen Mengen fötalen Androgens ausgesetzt waren, im allgemeinen wenig »mütterliches Verhalten« an den Tag legen, wie es zum Beispiel beim Spielen mit Puppen und anderen Beschäftigungen, die als »Probe« für die spätere Mutterrolle aufgefaßt werden können, zum Ausdruck kommt.[9] Der Einfluß der gesellschaftlichen Konditionierung ist jedoch so groß, daß überhaupt keine Anzeichen für eine andere Entwicklung als die zur perfekten Mutter wahrgenommen werden. Das ist selbst dann der Fall, wenn diese Frauen selbst keine Kinder bekommen können und welche adoptieren.

Eine sehr wichtige Phase in der Entwicklung der Geschlechtsidentität ist das Sprechenlernen zwischen achtzehn Monaten und zweieinhalb Jahren. Von diesem Zeitpunkt an weiß das Kind mit Gewißheit, daß es ein Junge oder ein Mädchen ist, und eine Veränderung des Geschlechts ist danach ohne eine riesige Umwälzung nicht mehr möglich.

In vielerlei Hinsicht ist die Entwicklung der Säugetiere mit einer zunehmenden sexuellen Autonomie einhergegangen.[10] Beim Menschen hängt zum Beispiel der Geschlechtsverkehr nicht davon ab, ob das Weibchen läufig ist, wie das bei niederen Säugetierarten der Fall ist. Das Paarungsverhalten besteht nicht mehr in einer nahezu automatischen Reaktion auf das vom Männchen ausgehende Kopulationsverhalten. Höhere Gehirnfunktionen werden in erhöhtem Maße bei der sexuellen Tätigkeit eingeschaltet und kontrollieren die Hormonausschüttung. Im weiteren Fortgang der Evolution ist es zu einer Aufspaltung zwischen genitaler Sexualität und Fortpflanzungsverhalten gekommen. Die Menschen haben sich in größerem Maße als jedes andere Lebewesen vom Einfluß ihrer Hormone befreit.

[8] Arnold A. Gerall: Influence of perinatal androgen on reproductive capacity. In: Joseph Zubin, John Money (Hrsg.): Contemporary Sexual Behaviour. John Hopkins University Press, Baltimore 1973.
[9] Anke A. Erhardt: Materialism in Fetal hormonal and related syndromes. In: Joseph Zubin, John Money (Hrsg.): Contemporary Sexual Behaviour. Hopkins University Press, Baltimore 1973.
[10] Saul Rosenzweig: Human sexual autonomy and evolutionary attainment. In: Joseph Zubin, John Money (Hrsg.): Contemporary Sexual Behaviour. Hopkins University Press, Baltimore 1973.

Überall aber wird immer noch die Dualität der Geschlechter von der Gesellschaft unterstützt. Es scheint beinahe so, als ob die soziale Ordnung von dieser strengen Unterscheidung abhängig sei. Wenn es zu Veränderungen kommt und eine größere Flexibilität der geschlechtsspezifischen Rollen vorherrscht, wie das heutzutage in unserer Gesellschaft der Fall ist, bringen Kritiker dieser Veränderungen ihre Befürchtungen über den Verlust der Geschlechtsidentität zum Ausdruck. Am meisten Angst haben sie vielleicht davor, daß die Frauen dann keine guten Mütter mehr sein könnten und dadurch die Familie, das Fundament der Gesellschaft, in Gefahr sei.

Von jeher hat die wichtigste Rolle der Frau traditionell darin bestanden, kulturelle Überlieferungen weiterzugeben. Daß sie eine Gebärmutter hat und sich in ihrer Brust Milch bilden kann, bedeutet, daß sie die Kinder zur Welt bringt und auch hauptsächlich für ihre Versorgung verantwortlich ist, solange sie Säuglinge sind und manchmal noch sehr viel länger. Sie ist die erste und wichtigste Instanz der Kulturvermittlung für ihr Baby. Sie macht ihre Kinder mit der Welt vertraut und bringt ihnen die grundlegenden Unterschiede der Geschlechterrollen bei und tut dies alles oft ganz unbewußt. Vor allem mit dem Einüben der Geschlechterrollen beginnt die Sozialisation des kleinen Kindes, und in den meisten Kulturen übernimmt die Mutter diese Aufgabe mit Hilfe einer ganzen Gruppe von Müttern und Großmüttern auch weiterhin.

Die Entwicklung von Töchtern verläuft dabei nicht so unterschiedlich von der ihrer Mütter wie das bei Söhnen der Fall ist. Sie sind weiblich auf die Welt gekommen und können sich an ihren Müttern orientieren. In Kulturen wie der unsrigen, in der sehr viel Wert auf Individualität und persönlichen Erfolg gelegt wird, kann diese Geschlechtsidentifizierung es ihnen schwermachen, sich selbst als von ihren Müttern getrennte Persönlichkeiten zu erfahren. Der Versuch, auszubrechen und zu einer eigenen Identität als Frau zu finden, führt zu einem Konflikt in der Beziehung zwischen Mutter und Tochter, der in der Pubertätskrise zum Ausdruck kommt.

Mütter identifizieren sich meistens mit ihren eigenen Müttern. Häufig zeigen sie ganz spontan Verhaltensmuster bei der Kinderversorgung, die sie vielleicht vom Bewußtsein her ablehnen, und merken dann, daß sie dennoch viele Dinge genauso wie ihre Mütter machen. Helene Deutsch hat gesagt: »In der Beziehung zu ihrem eigenen Kind wiederholt jede Frau ihre eigene Mutter-

Kind-Vergangenheit«.[11] In einer traditionellen Gesellschaft ist jungen Müttern bewußt, daß sie Teil einer Überlieferung sind, in der sie sich ebenso verhalten wie ihre eigenen Mütter. Während meiner eigenen Feldforschungen in Jamaika fragte ich junge Mädchen und Frauen, die ihr erstes Baby erwarteten, ob sie »genau solche Mütter« werden wollten, wie ihre eigenen es waren. Alle wollten »genauso« werden, abgesehen von einigen Schülerinnen, die angaben, daß sie »zuerst arbeiten gehen und dann ein Baby bekommen« wollten. Im Gegensatz dazu wollten Frauen aus Jamaika, die nach Großbritannien eingewandert waren und dort Kinder bekommen hatten, alles anders machen. Ganz bewußt wendeten sie Praktiken bei der Kinderpflege und -versorgung an, die ihnen gegenüber ihrer eigenen Behandlung als Babys überlegen erschienen. Sie verglichen »die altmodische Art« mit Techniken, die sie in der Klinik oder im Haushaltsunterricht in der Schule gelernt hatten.[12] In unserer Gesellschaft versuchen Mütter vielleicht, ihr Erziehungsverhalten entsprechend ihren eigenen Mustervorstellungen zu verändern, übernehmen jedoch immer noch Handlungsweisen, an die sie sich bei ihren eigenen Müttern erinnern. Sie machen es nicht nur genauso wie ihre eigenen Mütter, sondern fühlen in gewisser Hinsicht auch ebenso. In unserer Gesellschaft werden sie dadurch manchmal in die Lage versetzt, ihnen Anerkennung und das erste Mal Verständnis entgegenzubringen. Wenn das erste Kind geboren ist, und nachdem die Frau die schwierige Übergangsphase, in der sie lernt, eine Mutter zu sein, erfolgreich hinter sich gebracht hat, findet zwischen Müttern und Töchtern eine Beilegung der bisherigen Konflikte statt.

Es gibt einige Hinweise darauf, daß Frauen sich leichter mit weiblichen Babys identifizieren können, auch wenn Jungen häufig mehr gesellschaftliche Anerkennung erhalten. Die Havik-Brahmanen in Südindien zum Beispiel behandeln Mädchen sehr viel nachgiebiger, weil die Mütter sich sagen, daß die Mädchen von Zuhause fortgehen, wenn sie heiraten. Sie haben besonders viel für ihre Töchter übrig, weil sie wissen, daß sie sich früher oder später von ihnen trennen müssen. Die Jungen wer-

[11] Helene Deutsch: Psychology of Women. Vol. 1, Grune and Stratton, New York 1944.
[12] Sheila Kitzinger: When Im Seem Bellyful Im Burps and Stops: Breastfeeding contrasts. In: Health Visitor. Vol. 49, 1976; und: Sheila Kitzinger: Communicating with Immigrant Mothers. In: N. L. Kellmer-Pringle (Hrsg.): Caring for Children. Longmans, 1969.

den immer um sie sein und ihre Bräute mit in den Haushalt ihrer Mütter bringen. In vielen Kulturen werden die geschlechtlichen Unterschiede zwischen ihnen selbst und ihren Söhnen und zwischen den Jungen und den Mädchen in der Familie betont. Bei uns machen sie Bemerkungen darüber, wie stark, ungestüm, angriffslustig und frech das Kind ist. So hat ein richtiger Junge zu sein! In Agrargesellschaften wird manchmal die Größe der Genitalien beim Jungen bewundert, und die Mutter spielt mit ihnen.

In allen Kulturen trägt die Mutter vom Moment der Geburt an dazu bei, daß sich beim Kind eine Geschlechtsidentität entwickelt. »Ist es ein Junge oder ein Mädchen?« fragen Freunde, als ob das das Wichtigste am Baby wäre. Als nächstes erhält das Kind einen Namen, durch den normalerweise für alle das Geschlecht unmißverständlich zum Ausdruck kommt. Sie schauen in den Stubenwagen und stellen fest: »Ein richtiger Junge ist er!« oder »Ist sie nicht süß? Sie sieht so zart und mädchenhaft aus!« Die Mutter wählt vielleicht für ihren Jungen blaue Babykleidung und zieht ihrem Mädchen rosa Sachen an. In Frankreich quillt das Zimmer der Mutter von Blumen in der entsprechenden Farbe über. Es kann kein Zweifel aufkommen! Auf ganz subtile Weise spricht sie mit ihrem Jungen anders als mit ihrem Mädchen und macht später sehr deutlich klar, was kleine Mädchen im Unterschied zu kleinen Jungen tun, wie sie sich anziehen und was für eine Frisur sie haben. Sie kauft Spielzeug und sucht für das Mädchen Puppen, kleine Bügeleisen und Kochgeschirr aus, dem Jungen kauft sie eine Eisenbahn, Big Jim, Action Man und Fußbälle. Als Folge davon hat das Kind eine klare und irreversible Vorstellung darüber, ob es ein Junge oder ein Mädchen ist, wenn es das dritte Lebensjahr erreicht hat.[13]

Da das Kind völlig von seiner Mutter abhängig ist, die normalerweise die Hauptperson ist, die sich um es kümmert, kann es eine ausgeprägte Sensibilität für ihre Anerkennung entwickeln. Sie bringt ihm Liebe entgegen, und wenn dem Kind diese Liebe entzogen wird, hat es sonst niemanden, der es liebt. Wir halten das für ganz normal, doch in den meisten anderen Gesellschaften ist das Kind nicht so bedingungslos auf die Liebe seiner

[13] Lawrence Kohlberg: A cognitive-developmental analysis of children's sex-role concepts and attitudes. In: Eleanor E. Maccoby (Hrsg.): The Development of Sex Differences. Stanford, California.

Mutter angewiesen. Es sind andere Leute da, die dem Kind Liebe entgegenbringen und es großziehen können. Frauen in Agrargesellschaften reagieren wahrscheinlich entsetzt, wenn sie erfahren, daß es in der westlichen Welt vorkommt, daß Mütter ihre Kinder ablehnen, vernachlässigen oder mißhandeln. In Agrargesellschaften gibt es immer andere Leute, die über die Versorgung des Kindes durch die Mutter wachen, ihr bei der Arbeit helfen und Verantwortung übernehmen. Sogar in einem Gesellschaftssystem wie in Jamaika, das durch Sklaverei stark in Mitleidenschaft gezogen wurde, kommen nur sehr wenige Babys in Waisenhäuser, weil es immer eine Großmutter, Schwester oder Kusine gibt, die sich des Kindes annimmt, wenn die Mutter sich nicht um es kümmern kann. Normalerweise übernimmt diese Aufgabe eine der beiden Großmütter. In patrilokalen Gesellschaften, in denen die Familie in der Nähe des elterlichen Haushalts des Vaters oder in diesem Haushalt selbst lebt, ist das gewöhnlich die Mutter des Kindsvaters.

Selbst in den Gesellschaften, in denen das junge Paar einen eigenen Hausstand gründet, kann die Großmutter mütterlicherseits die Hauptverantwortung bei der Einführung der jungen Mutter in ihre Aufgaben übernehmen, wenn diese ihre eigene Mutter schnell erreichen kann, wie das in eng verknüpften Gemeinschaften wie zum Beispiel im Londoner East End der Fall ist. Manchmal übernimmt sie die Kindererziehung ganz und gar. Das passiert häufig, wenn das Kleinkind abgestillt ist und »zur Oma geht«, um – wie ein westafrikanischer Ausdruck lautet – »seine Mutter zu vergessen«. In ehemaligen Sklavengesellschaften zieht häufig die Großmutter mütterlicherseits oder, wenn keine Großmutter da ist, eine Tante mütterlicherseits die erstgeborenen Kinder ihrer Töchter groß, weil diese noch keine feste Bindung zu einem Mann eingegangen sind. In diesen Gesellschaften rechnet eine Frau in mittleren Jahren damit, daß sie eine zweite Familie, die aus kleinen Enkelkindern besteht, zu versorgen hat.

Wenn ein kleines Kind völlig auf seine Mutter angewiesen ist und niemand sich an der Erziehung beteiligt, wird häufig Liebesentzug angedroht oder tatsächlich eingesetzt, um sein Verhalten zu beeinflussen. Kinder müssen sich anstrengen, um Liebe zu bekommen, und wenn sie heranwachsen, werden sie von der Mutter und in vermehrtem Maße auch vom Vater, der jetzt auf der Bildfläche erscheint, um den Erziehungspraktiken seiner Frau Nachdruck zu verleihen, darin bestärkt, in der Schule und im Leben erfolgreich zu sein, damit sie von ihren Eltern Anerkennung erhalten. Es wird ihnen bedeutet, daß diese Anerkennung »abhängig ist von ihren Leistungen. Denn obwohl die Eltern vom Bewußtsein her die Verpflichtung eingegangen sind, ihr Kind zu lieben, haben auch sie Erfolgsbedürfnisse, die teilweise durch das Kind befriedigt werden müssen.«[14]

Mütter, die voller Nervosität damit rechnen, daß ihr Kind vielleicht nicht dem mittleren Durchschnitt entsprechen könnte, daß ihr Sprößling nicht rund oder hübsch genug ist, noch nicht genug Zähne hat, nicht so viele Gerichte mag wie andere Babys, noch nicht so früh sitzt, spricht oder läuft, noch nicht sauber ist und noch nicht so bald lesen kann wie das Kind von nebenan, vergleichen die Leistungen ihrer Kinder miteinander und konkurrieren mit anderen Müttern.

Das ist Teil des Sozialisationsprozesses, der auf das Leben in einer industrialisierten, kapitalistischen Gesellschaft vorbereitet, in der das Erfolgsdenken so große Bedeutung einnimmt und die Fähigkeiten des Individuums alles bedeuten. Einige Kinder halten das nicht durch, denn was sie auch tun, sie können die Erwartungen ihrer Eltern nicht erfüllen und genügen ihren Anforderungen nicht. Anderen gelingt das, und sie unterstützen wiederum dieses System der Kindererziehung, wenn sie selbst Kinder haben, die sie in gleicher Weise zu Höchstleistungen anspornen.

Die Eltern erleben durch ihr Kind Erfolge, und in einer Wettbewerbsgesellschaft ist bei den Eltern, die selbst in ihrem Leben wenig Erfolg hatten, die Versuchung groß, über das Kind zu leben und es als eine Erweiterung ihrer selbst zu betrachten. Eine Mutter, die ans Haus gebunden ist, sich jedoch danach sehnt, außerhalb ihrer vier Wände im Leben Erfolg zu haben, neigt besonders stark dazu, sich über ihr Kind Geltung zu verschaffen. Vielleicht verhält sie sich dabei unpassend und bringt ihr Kind in Verlegenheit, denn da sie sich nicht in dem größeren Gesichtskreis bewegt, in dem ihr Kind sich behaupten muß, sind ihre Benimmvorstellungen überholt und übertrieben. Bei den Vätern ist es wahrscheinlicher, daß sie einen Beruf haben, der ihnen Erfolgserlebnisse außerhalb des Familienlebens verschafft.

Das Elterndasein ist natürlich kein statischer Zustand. So wie die Familie wächst und sich weiterentwickelt, wobei sich die

[14] Gerald R. Leslie: The Family in Social Context. O. U. P., New York ²1973.

Beziehungen innerhalb der Familie wandeln, unterliegt auch das Elternsein ständigen Veränderungen. Es handelt sich dabei um einen Prozeß und nicht einfach um eine Rolle, die es zu übernehmen gilt. Das Verhalten einer Mutter gegenüber ihrem Neugeborenen paßt nicht für ein Kleinkind, und, was sich bei einem Kleinkind bewährt hat, ist für einen Teenager fehl am Platz. Mütter müssen sich immer wieder auf neue Herausforderungen einstellen können, denen sie sich gegenübersehen, wenn aus ihren Babys Kleinkinder und später dann junge Erwachsene geworden sind. Viele kommen mit dem einen Entwicklungsstadium ausgezeichnet zurecht, fühlen sich aber in anderen Phasen überfordert. Die Phase, in der das Kind des vollkommenen Schutzes und Behütetseins durch die Mutter bedarf, für die das Baby ein Teil ihrer selbst ist, stellt eine Art Fortsetzung der Schwangerschaft dar. Das sind gewöhnlich die ersten drei oder vier Lebensmonate. Wenn die Mutter weiterhin ein übervorsichtiges Verhalten an den Tag legt und ihr Kind daran hindert, seine Umwelt zu erforschen, hemmt sie es entweder in seiner psychischen Entwicklung, oder es kommt zu einem erbitterten Kampf zwischen Mutter und Kind. Ann Dally[15] ist der Ansicht, daß aus psychoanalytischer Sicht das Muttersein mit einem Konflikt verbunden ist. Dieser Konflikt ergibt sich daraus, daß das Kind ein Teil der Mutter war und danach körperlich noch eng mit ihr verbunden ist, sich dann jedoch von ihr trennen und unabhängig werden muß – aber eben erst dann, wenn die Zeit dafür gekommen ist:

»Ob ein Kind erfolgreich heranwächst, hängt von der Lösung dieses Konflikts ab, und das erfordert sowohl Liebe als auch Distanz. Liebe beinhaltet jedoch Nähe, Vereinigung und ein Gefühl des Zusammengehörens und steht im Widerspruch zur Distanz. Es besteht immer die Tendenz, diesem Konflikt aus dem Weg zu gehen, indem man nur die Gefühle der Liebe oder die der Distanz zuläßt oder so zu tun, als wäre dieser Konflikt gar nicht vorhanden, indem man sich vormacht, daß beides identisch ist. Wenn dem Konflikt ausgewichen wird, herrscht Liebe, jedoch nicht genügend Distanz oder Distanz ohne das nötige Maß an Liebe. Beide Situationen bergen Gefahren in sich. Wenn dem Konflikt aus dem Weg gegangen wird, entsteht in der Vorstellung des Kindes Verwirrung darüber, was Liebe

[15] Ann Dally: Mothers: their power and influence. Weidenfeld and Nicolson, 1976.

und Distanz bedeuten. Es hat keine Möglichkeit, zwischen beiden zu unterscheiden. Manchmal fehlen sowohl Liebe als auch Distanz, und das ist am allerschlimmsten. Wenn eine Mutter völlig auf sich selbst bezogen ist, kann sie das Kind nicht lieben, und jede augenscheinliche Liebe kann lediglich der Selbstüberhöhung dienen: Dennoch ist sie vielleicht emotional von ihrem Kind abhängig und kann keine Trennung von ihm vollziehen. Wenn weder Liebe noch Distanz vorhanden ist, kann das zu einer Beengung des Kindes führen, die destruktiv wirken kann und manchmal tatsächlich eine Zerstörung des Kindes bewirkt.«

Die Arten mütterlichen Verhaltens, denen in den einzelnen Gesellschaften Wert beigemessen und die institutionalisiert werden, sind unterschiedlich, wobei dieses Verhalten hauptsächlich mit Beschützen, Erziehungsgewalt ausüben und Trennen gleichgesetzt wird. Eine traditionell eingestellte jüdische Mutter hält häufig das Beschützen für das Wichtigste und zeigt hauptsächlich diese Art von Erziehungsverhalten. Vielleicht ist das auf die lange Geschichte der Verfolgung des jüdischen Volkes zurückzuführen. Viele junge Eltern der Mittelschicht machen sich heute Gedanken darüber, wie wichtig es ist, einen engen körperlichen Kontakt zu ihrem Kind zu erleben und ihm zärtliche Liebe entgegenzubringen, doch viele bildungsbewußte Frauen befürchten, daß sie zu dieser selbstlosen, beschützenden Liebe nicht fähig sind, und versuchen, sich diese Fähigkeit durch das Lesen von Erziehungsratgebern anzueignen.

In den meisten Entwicklungsländern versuchen die Eltern, über ihre Kinder eine strenge Kontrolle auszuüben, so als wären sie ihr Eigentum. Es wird als richtig erachtet, daß die Handlungen und das Denken der Kinder von unverrückbaren elterlichen Wertvorstellungen beherrscht werden. Die Beziehung zwischen Eltern und Kindern kann problematisch werden, wenn zum Beispiel ein junger Araber zum Studieren in ein westliches Land geht und daraufhin nicht mehr bereit ist, die elterliche Autorität zu akzeptieren. Diese Art von Erziehung war typisch für die Mittelschicht im viktorianischen England. Festgefügte elterliche Wertvorstellungen und die Überzeugung, daß Kinder geformt werden müssen, wenn aus ihnen gute Erwachsene werden sollten, galten als normal. Sie kommt auch in Freuds psychoanalytischen Lehren zum Ausdruck, denn in ihnen spiegelt sich die Welt Wiens wider, die ihm vertraut war und aus der seine Patienten stammten.

Wenn die Mutter ihr Kind weder als abgeschirmt durch ihre Liebe noch später als zugehörig zu sich selbst und ihrem eigenen Körper erlebt, sondern das Kind von Anfang an als ein von sich getrenntes Wesen behandelt, bedeutet das sowohl für sie als auch für ihr Kind eine emotionale Verarmung. Das muß sehr häufig in der Kinderstube der gehobenen Mittelschicht und der Oberschicht der Fall gewesen sein, wo ein Kindermädchen von Anfang an die Pflege und Versorgung des Babys übernahm und sich der Kontakt zwischen Mutter und Kind auf die frühen Abendstunden beschränkte, die für Mutterpflichten reserviert waren. Sie tritt auch bei Müttern auf, die sich nicht auf ihre Gefühle verlassen können und die den Umgang mit Kindern als eine intellektuelle Aufgabe und nicht als eine spontane Beziehung zwischen Menschen betrachten.

Je spontaner die Erziehung des Kindes durch die Mutter, desto besser gelingt die Vermittlung kultureller Abläufe. Durch sie wird jedes Individuum zuallererst mit der Kultur, in die es hineingeboren wurde, vertraut gemacht. Für viele wirkt sich das das ganze Leben hindurch aus.

Es beginnt damit, wie die Mutter ihr Baby füttert. Ich meine damit nicht nur den Unterschied zwischen Stillen und Flasche, sondern die Stimmung, in der sie sich dabei befindet. Einige Mütter sind dabei entspannt, vergessen die Zeit, und es macht ihnen Freude, mit ihrem Baby zu sprechen und ihm bei der Nahrungsaufnahme zuzuschauen. Andere sind angespannt, schauen auf die Uhr und behandeln das Baby beinahe ein wenig wie ein Auto, das aufgetankt werden muß und schütteln ihr Kind, wenn es für einen Augenblick zu trinken aufhört und spielt.

Durch die Art und Weise, wie sie ihrem Kind Milch gibt und auf sein Bedürfnis nach Nahrung reagiert, teilt sie ihm auch ihre Auffassung von der Natur menschlicher Bindungen und vom Lebenssinn mit. So erlebt das Baby seine erste Einführung in das Wertesystem der Gesellschaft, in der es leben wird. Natürlich geht es von hier aus weiter.

Unsere geistige Vorstellung von Mutterschaft scheint mit diesen Anfangsstadien der Mutter-Kind-Beziehung verknüpft zu sein. Das Mutterbild wird durch die umfangenden, schützenden, beschirmenden mütterlichen Arme personifiziert. Dabei vergessen wir, daß die Mutter auch diejenige ist, die ihr Kind dazu ermutigt, von ihr wegzugehen, um seine Umwelt zu erkunden. Und sie ist auch zur Stelle, wenn Schutz und Rat gebraucht werden. Und wir vergessen vielleicht auch, daß die Mutter ihr heranwachsendes Kind ganz von sich gehen und es eine unabhängige Persönlichkeit werden lassen muß, einen Mann oder eine Frau voller Selbstvertrauen und mit der Fähigkeit, befriedigende Beziehungen zu Erwachsenen einzugehen.

»Bringt hervor und vermehrt und erfüllt die Erde. O Sonne, Mond! O Ponomosor! Möge diese Frau zwölf Söhne und zwölf Töchter gebären! ...«[1]

»Du Sohn einer kläräugigen Mutter, du weitsichtiger, wie du das Wild eines Tages sehen wirst. Du, der du starke Arme und Beine hast, du mit den starken Schenkeln, wie sicher du schießen wirst, die Hereros ausplündern und ihr wohlgenährtes Vieh deiner Mutter zum Essen bringen wirst. Du Kind eines stark-schenkeligen Vaters, wie du eines Tages starke Ochsen zwischen deinen Beinen bezwingen wirst. Du, der du einen kraft-vollen Penis hast, wie viele und was für starke Kinder du zeugen wirst!«[2]

»O Sohn, du wirst den Namen eines Kriegers tragen und ein Führer der Menschen sein. Und deine Söhne und die Söhne deiner Söhne werden sich an dich erinnern, lange nachdem du in der Dunkelheit verschwunden bist.«[3]

»Sie sind stolz auf die Zahl der Kinder, die sie geboren haben. Doch fast nie wird der Wunsch geäußert, noch mehr zu bekommen. Das häufigste Beispiel für den Stolz ist die eigene Wertschätzung, die in Worten und Ausdruck bei der Antwort auf die Frage nach der Zahl der Kinder mitschwingt, die die Mutter einer großen Familie hat: ›Elf. Ich habe meinen Teil getan, meinen Sie nicht auch?‹ oder ›Zehn und alle sind am Leben.‹ Noch deutlicher tritt der Stolz zutage, wenn über größere Familien in der Generation davor berichtet wird: ›Meine Mutter hat zehn großgezogen und unter die Haube gebracht!‹ ›Ich bin eines von siebzehn Geschwistern.‹ Die größte Kinderzahl wurde von einem Ehemann genannt, der vor nachempfundenem Stolz über diese Leistung über das ganze Gesicht strahlte: ›Ich war das zweitjüngste von zweiundzwanzig Kindern.‹ Die Geburt, das ›Großziehen‹ und das ›Verheiraten‹ von Kindern wird überall

---

[1] Ein Kharia-Gesang zitiert nach: Verrier Elwin: Folk Songs of Chatisgarh. O. U. P., New York 1946.
[2] Ein Lied der Hottentotten, in: The Unwritten Song: Poetry of the traditional and primitive peoples of the world, Vol. 1, Macmillan, New York 1966.
[3] Das Lied einer Didinga-Mutter in: Initiation: translations from the poems of the Didinga and Lango tribes. Golden Cockerel Press, 1932.

als anerkennenswerte Leistung betrachtet, als positiver Beitrag für die Welt ebenso wie für die Familie.«[4]

»Er kann mich so nicht leiden, und wenn ich die Wahrheit sagen soll, ich kann mich selbst nicht ausstehen«, sagte eine Schwangere in einem Geburtsvorbereitungskurs in England.

Jahrtausendelang ist überall auf der Welt die Fruchtbarkeit herbeigesehnt worden, und vor der Unfruchtbarkeit hat man sich gefürchtet. Welche andere Möglichkeit gab es, um für das Alter vorzusorgen? Wie hätte der Name einer Familie weiterbestehen sollen? Wie sonst hätten die Herden versorgt, der Boden bearbeitet und die Schlachten geschlagen werden sollen? Das Zuhause war eine Wirtschaftseinheit. Mehr Personen bedeuteten nicht nur, daß die Nahrung unter noch mehr Leuten aufgeteilt werden mußte, sondern das hieß auch, daß die Arbeit leichter wurde. Jedes Kind leistete seinen Beitrag zum Haushalt, sobald es ein Werkzeug gebrauchen oder sich um jüngere Kinder kümmern konnte. Und der Stolz einer Frau war ihre Fruchtbarkeit, die Früchte ihres Leibes. »Dieses sind meine Juwelen«, waren die Worte einer römischen Matrone . . .

Der Fruchtbarkeit wurde so viel Bedeutung beigemessen, daß in bestimmten afrikanischen Stämmen (bei den Dahomey zum Beispiel) ein impotenter Ehemann seine Frau dazu drängte, mit einem Freund oder einem Verwandten zu schlafen. Wenn eine Ehefrau keine Kinder bekommen konnte, wurde eine andere Frau aufgenommen, um sie »unter seinem Namen« zu gebären. In einigen Gesellschaften stellen Unfruchtbarkeit oder Impotenz einen ausreichenden Scheidungsgrund dar. In Tikopia zum Beispiel, einer kleinen Insel im westlichen Pazifik, können Paare sich wegen Kinderlosigkeit ohne eine formelle Annullierung der Ehe trennen. Im Sudan zieht die Nuerbraut gar nicht erst in den Haushalt des Mannes ein, bevor nicht das erste Kind abgestillt ist. Es wird kein Sinn darin gesehen, die Beziehung fortzusetzen, wenn das Kind nicht überlebt.

Traditionell war es so, daß die zukünftigen Eltern auf die guten Wünsche und die richtigen Handlungen der gesamten Gesellschaft angewiesen waren. Außerdem waren sie von den Geistern abhängig, durch die der Stamm vertreten war und die die Gegenwart mit der Vergangenheit und mit der Zukunft

[4] Margaret Jarman Hagood: Mothers of The South: portraiture of the white tenant farm woman. University of North Carolina Press, 1939.

verbanden und die natürliche mit der übernatürlichen Welt. Menschliche Wesen, lebendige und tote, und übernatürliche Wesen waren alle rituell in dem Bestreben vereinigt, günstig auf die Fruchtbarkeit einzuwirken. Fruchtbarkeit war nicht einfach eine persönliche, private Angelegenheit, sondern der ganze Kosmos war miteinbezogen.

In den meisten dieser Gesellschaften war die Mütter- und Kindersterblichkeit hoch. Wo harte Lebensbedingungen herrschten, wie bei den Eskimos, und wo es zu bestimmten Jahreszeiten oder wie in weiten Teilen Afrikas nach einer Dürreperiode kaum etwas zu essen gab, erreichten nur die Tauglichsten das gebärfähige Alter. Die anderen starben als Kinder oder sie überlebten, waren aber häufig unfruchtbar. Auch durch Seuchen wurden junge Leute in ihrer Blütezeit dahingerafft durch Malaria, Pest, Pocken, Masern, Tuberkulose, Lepra und Geschlechtskrankheiten. Auch in Europa gab es Zeiten, wo der Tod Teil des Alltagslebens war. Man schätzt, daß innerhalb von zwei Jahren, zwischen 1348 und 1350, ein Viertel der Bevölkerung Europas an der Pest starb, und Boccaccio schrieb über die Pest in Italien, daß sie in Genua 40000, in Neapel 60000 und in Florenz 96000 Menschen dahinraffte.[5]

Auch im 20. Jahrhundert ist die Kindersterblichkeit in vielen Agrargesellschaften hoch. Bei einer Untersuchung über 80 Frauen eines südafrikanischen Stammes, den Kgatla, die in den Jahren 1929 bis 1935 durchgeführt wurde, ergab sich, daß 206 Babys lebend zur Welt kamen; es waren 21 Fehlgeburten oder Totgeburten vorgekommen (9 Prozent). Von den 206 lebend geborenen Babys starben 57 im Kindesalter (28 Prozent). 3 Prozent starben in den ersten 2 Monaten nach der Geburt, 8 Prozent später, aber auch als Säuglinge, 16 Prozent starben in den ersten Lebensjahren.[6]

Empfängnisverhütung

Doch auch in Anbetracht der Bedeutung, die der Fruchtbarkeit, den Zauberformeln, Gebeten und Ritualen beigemessen wurde,

[5] F. N. Clive Wood, Beryl Suiters: The Fight for Acceptance: a history of contraception. Medical & Technical Publishing Co., 1970.
[6] Isaac Schapera: Married Life in an African Tribe. Pelican, 1971.

mußten Eltern oft feststellen, daß sie zu viele Mäuler zu stopfen hatten. Ihnen wurde klar, daß die Kinder, die sie in die Welt gesetzt hatten, zwar auf lange Sicht Vorteile und ein gesichertes Alter versprachen, jedoch im Moment eine große Belastung darstellten. Auch wenn durch die Einschränkung der Fruchtbarkeit die Götter erzürnt werden könnten und dadurch »wider die Natur« gehandelt wird, besteht manchmal die dringende Notwendigkeit dazu. Deshalb wurden Maßnahmen entwickelt, um die Zahl der Kinder, die eine Frau zur Welt brachte, zu begrenzen. Diese Maßnahmen waren manchmal wirkungsvoll, oft bestanden sie aber aus Zauberformeln, Zaubertrank und magischen Symbolen, die gewiß wenig praktischen Erfolg brachten.

In ägyptischen Papyri werden drei empfängnisverhütende Pasten beschrieben, eine Art Kleber, eine Mischung aus Honig und Natriumkarbonat und Krokodilsmist. Diese Pasten wurden in die Scheide eingeführt und bildeten über dem Muttermund eine Barriere gegen die Spermien. In Papyri aus der Zeit um 1550 v. Chr. wird beschrieben, wie man aus gezupfter Leinwand, die in Honig und fermentierte Akazienblätter getaucht wird, Tampons herstellen kann. Das war wahrscheinlich eine gute Verhütungsmethode, denn Milchsäure, die sich bei der Fermentierung bildet, wird heute noch bei der Herstellung von spermiziden Cremes verwendet. Auch die Sterilisation sowohl von Männern wie von Frauen war bekannt, wurde jedoch selten verwendet.

Der Talmud erlaubte jüdischen Frauen die Verwendung von empfängnisverhütenden Mitteln. Es wurden Tampons aus gezupfter Baumwolle und Verhütungsmittel zum Einnehmen verwendet, die unter anderem aus zerstampften Krokussen bestanden. Eine Frau, die eine Schwangerschaft vermeiden wollte, konnte es auch damit versuchen, daß sie nach dem Geschlechtsverkehr herumsprang – ein ziemlich vergebliches Unterfangen, um die Spermien loszuwerden.

Möglicherweise haben die Griechen ein Intrauterinpessar entwickelt, denn bei ihnen wurde eine Bleiröhre, die mit Hammelfett gefüllt war, in den Muttermund eingeführt, damit er offen war; es ist jedoch nicht bekannt, warum. Auch eine Scheidenspülung mit Essig wurde von den Frauen im alten Griechenland angewendet. Aristoteles riet, den Muttermund und die Scheide mit Öl einzureiben. In Dioscorides' Pflanzenbuch ›Herbal‹, das im ersten oder zweiten Jahrhundert n. Chr. geschrieben wurde, findet sich die Empfehlung, die Früchte des »Keuschheitsbaumes« zu essen, was immer das bedeuten mag, und Weidenblätter zu pulverisieren und mit Wasser einzunehmen.[7] Dioscorides empfahl auch die Verwendung von Pessaren, die aus Pfeffer, Kräutern, Sichelkraut und Pfefferminzsaft bestanden, wobei das ganze mit Honig vermengt und auf den Muttermund gegeben wurde.

Soranus war der Ansicht, daß eine Frau verhindern könne, schwanger zu werden, wenn sie nicht zum Orgasmus käme, und daß sie noch sicherer gehen würde, wenn sie herumspränge, niese, etwas Kaltes tränke und die Scheide nach dem Geschlechtsverkehr auswischte. Er empfahl aber auch Wolltampons, die in Öl, Honig, Harz und den Saft des Balsamstrauches getaucht waren. Eine weitere mögliche Zutat war das Fruchtfleisch von Granatäpfeln, die wie andere säuerliche Früchte eine spermizide Wirkung haben würden. Auch heute noch greift man vereinzelt auf solche Naturprodukte zurück: Bei meiner Arbeit in Lateinamerika fand ich heraus, daß Bäuerinnen in Kolumbien heute manchmal die ausgehöhlte Hälfte einer Orange als Muttermundkappe benutzen.

In islamischen Quellen werden der Coitus interruptus, Pessare aus Kohlblättern, Pech, Ochsengalle und Elefantenmist in verschiedenen Zusammenstellungen sowie Empfängnisverhütungsmittel zum Einnehmen empfohlen. Der Arzt Rhases beschrieb sehr ausführlich, wie eine Abtreibung durch Kurettage ausgeführt wird. Er fügte noch hoffnungsvoll hinzu: »Auch Scherzen wirkt.«

Im Mittelalter waren die Hexen und weisen Frauen Expertinnen in Empfängnisverhütung und Abtreibungen, und die Frauen suchten sie wegen eines Liebestranks, eines Zaubermittels, um Krankheit von ihrem Baby abzuwenden, wegen einfacher Kräutermedizin, aber auch wegen Mitteln zur Empfängnisverhütung und des Abbruchs einer ungewollten Schwangerschaft auf. Die katholische Kirche sah darin eine starke Bedrohung ihrer Autorität, und 1484 wurde eine päpstliche Bulle erlassen, in der es hieß: »Durch ihre Hexerei und Beschwörungen, ihre Magie und Zauberformeln ersticken sie die Geburten von Frau-

[7] Dieses und anderes Material über Empfängnisverhütung stammt von: F. N. Clive Wood, Beryl Suiters: The Fight for Acceptance: a history of contraception, Medical & Technical Publishing Co., 1970; und: Jean Medawar, David Pyke (Hrsg.): Family Planning. Pelican, 1971.

en, löschen sie aus und lassen sie eingehen . . . so daß die Männer nicht mehr zeugen und die Frauen nicht mehr empfangen.« Wir werden das Thema Hexerei später noch behandeln.

Der größte Teil der Informationen, die uns über die Empfängnisverhütung während der Renaissance und im England und Frankreich des 17. und 18. Jahrhunderts überliefert sind, betrifft das Leben von Höflingen und gebildeten Leuten. Es ist schwierig, sich eine Vorstellung darüber zu machen, wie Bauernfamilien gelebt haben oder was sie getan haben, um ungewollte Schwangerschaften zu verhindern.

Wir wissen, daß ausschließliches Stillen, das heißt ohne Beifüttern fester Nahrung oder anderer Milch, bei den meisten Frauen bewirkt, daß sie keinen Eisprung haben, besonders, wenn die Mutter sich nicht ausreichend und gut ernähren kann, und für jede Bäuerin war das Stillen selbstverständlich. In heutigen Agrargemeinschaften wird langes Stillen bewußt zur Verminderung der Fruchtbarkeit eingesetzt, und das bewährt sich besonders deshalb, weil es häufig ein ungeschriebenes Gesetz gibt, nach dem es nicht zu einem gänzlich vollzogenen Geschlechtsverkehr kommen sollte, solange eine Mutter ihr Kind noch stillt. Besonders der Koran lobt jene Frauen, die zwei Jahre lang stillen und während dieser Zeit den Geschlechtsverkehr meiden.

Coitus interruptus ist auf der ganzen Welt die am häufigsten angewendete Methode der Empfängnisverhütung. Doch am bemerkenswertesten dürfte sein, daß vor der Industrialisierung in ganz Europa die Eheschließung für Frauen um Jahre nach dem Eintreten der Geschlechtsreife hinausgeschoben wurde, und daß dies mit religiösen Sanktionen der Kirchen gegen uneheliche Geburten einherging. Mitte des 16. Jahrhunderts und vorher betrug das Durchschnittsalter der Frauen bei der Eheschließung etwa fünfundzwanzig bis dreißig Jahre. Ende des 17. Jahrhunderts lag es eher um die Dreißig.[8] Das Kondom, das aus Schafsdärmen hergestellt wurde, scheint sich im 17. und 18. Jahrhundert in der Mittel- und Oberschicht großer Beliebtheit erfreut zu haben, und es sind viele Gedichte geschrieben worden, in denen seine Verwendung gepriesen wird. Eines dieser Gedichte handelt von einer Frau, die ein Vermögen mit dem Sammeln gebrauchter Kondome machte, die sie reinigte und

[8] E. A. Wrigley: Family Limitation in the Past. In: Jean Medawar, David Pyke (Hrsg.): Family Planning. Pelican, 1971.

wieder verkaufte. Casanova bezeichnete das Kondom als »den englischen Überzieher«. Im 17. Jahrhundert finden sich auch Hinweise auf Vaginalschwämme und Mixturen. Ben Johnson fragte: »Haben Sie jene ausgezeichneten Rezepte, Madame, um das Schwangerwerden zu verhindern?«, und die Lady antwortete: »Wie sonst könnten wir unsere Schönheit bewahren? Viele Geburten lassen eine Frau alt werden, so wie durch viele Ernten die Erde ausgedörrt wird.«

Als 1843 die Vulkanisierung des Gummis erfunden wurde, konnte zum ersten Mal ein sicheres Verhütungsmittel in Massenproduktion hergestellt werden. Dadurch wurde eine Revolution in der Geburtenkontrolle eingeleitet. Die erste Klinik für Familienplanung, die gleichzeitig auch ein Fürsorgeamt für Kinder war, wurde 1882 in Holland eingerichtet, doch die einzige Methode, die dort in den Anfangszeiten empfohlen wurde, war ein Seifenpessar. Später wurde dort das Diaphragma entwickelt, das in England unter der Bezeichnung »holländische Haube« bekannt wurde. Doch dort, wo wirksame Verhütungsmittel unbekannt waren, griffen Frauen immer noch auf die älteren Methoden zurück.

Ein Arzt schrieb 1883 im ›Columbus Medical Journal‹ über »den Mißbrauch von Karbolsäure«, die als Spülung zur Empfängnisverhütung benutzt wurde. Er beschrieb die »dunklen Abstellkammern«, in denen verheiratete Frauen »Flaschen mit Ergotin, Baumwollwurzel, Juniperus sabina, Tanacetumöl etc. aufbewahrten, um eine ›zufällige Abtreibung‹, wie sie das nannten, herbeizuführen«. Erst 1927 dann begann Marie Stopes, sich in England mit ihrer mobilen Klinik für Geburtenregelung auf den Weg zu machen. Sie parkte ihren Wohnwagen draußen vor der Bethnal-Green-Bibliothek und reiste später auch in den ländlichen Gebieten von England und Wales umher. Geburtenregelung wurde eine wichtige Angelegenheit von öffentlichem Interesse, und die Verwendung mechanischer Verhütungsmethoden, die relativ wirksam waren, war allgemein verbreitet. Aber auch hier müssen Einschränkungen gemacht werden. In einer 1970 in England durchgeführten Untersuchung über Verhütungsmethoden stellte Ann Cartwright fest, daß 29 Prozent der befragten Frauen angaben, sie hätten ein Verhütungsmittel angewendet, als sie das letzte Mal schwanger geworden waren.[9]

9 Ann Cartwright: Parents and Family Planning Services. Institute of Community Studies, Routledge 1970.

Einige der Frauen, die ein Diaphragma verwendet hatten (das mit einer Genauigkeit von fünf Millimetern Toleranz angepaßt werden muß) waren zum Anpassen nicht beim Arzt gewesen, sondern hatten es in der Apotheke gekauft, in der Hoffnung, daß es schon passen würde. Die Studie ergab auch, daß weniger als die Hälfte der Frauen, die sieben und mehr Kinder hatten, jemals über das Thema Geburt mit der Schwester vom Gesundheitsamt gesprochen hat, die in England regelmäßig Hausbesuche nach Geburten macht. Daraus muß gefolgert werden, daß in den siebziger Jahren immer noch einige Frauen unwirksame Verhütungsmethoden angewendet haben, selbst aber der Meinung waren, moderne Empfängnisverhütungsmittel zu benutzen. Obwohl im öffentlichen Gesundheitssystem Großbritanniens Hausbesuche vorgesehen sind, um die Gesundheitsfürsorge aller Familienmitglieder zu gewährleisten, war es für die Mütter, die am dringendsten Hilfe benötigten, schwierig, Auskünfte von gutinformierten Leuten zu erhalten. Stattdessen verließen sie sich auf die Ratschläge von Nachbarinnen, Familienmitgliedern (gewöhnlich Schwägerinnen und Schwestern) und Freundinnen.

Sogar dort, wo Eltern »ein ganzes Dutzend« wollten und wo Fruchtbarkeit als etwas sehr Wünschenswertes galt, wurde in Zeiten von Hungersnöten oder bei großer Armut zum Mittel der Kindstötung gegriffen. Man legte sich »versehentlich« im Bett beim Schlafen auf das Baby oder, so fand ich bei der Erforschung meiner eigenen Ahnenreihe väterlicherseits in Quellen über schottische Kleinbauern heraus, Babys wurden »auf den Kopf fallen gelassen« und starben kurz nach der Geburt.

Kindermord wurde im alten Rom praktiziert, wo man zu viele Kinder für lästig hielt. In anderen Gesellschaften werden mißgestaltete Babys oder solche, die nicht bestimmten Normen entsprechen, ertränkt, begraben, erstickt oder ausgesetzt, und in einigen Teilen Afrikas ist ein Zwilling von jeher getötet worden.

Die großen Völkerwanderungen in der afrikanischen Geschichte und Vorgeschichte machten eine Geburtenregelung notwendig, denn es bedeutete zu große Schwierigkeiten, schwangere Frauen und kleine Babys auf lange, anstrengende Reisen ins Landesinnere mitzunehmen. Die Zulu sind zu Zeiten wirtschaftlicher und politischer Krisen regelmäßig zum Sambesi gezogen und später wieder gen Süden zurückgewandert. Als ich in Südafrika war, erklärte mir ein Zuluhäuptling, der auch der oberste Medizinmann war, die Zeremonie, wie die »Gebärmütter der Frauen angehalten werden«. Die Verwendung von Verhütungsmitteln war keine persönliche, sondern eine politische Entscheidung. Die Stammesältesten setzten sich zusammen und besprachen die Situation. Bevor weitere Maßnahmen ergriffen werden konnten, mußten sie Opfer bringen und ihre Vorfahren in Gebeten um Vergebung bitten. Dann wurden in einem besonderen heiligen Fluß Kieselsteine gesammelt, und bei der Zeremonie wurde jeder Frau im gebärfähigen Alter einer dieser Steine in die Gebärmutter eingeführt. Es ist schon längere Zeit bekannt, daß arabische Händler in dieser Weise Steine verwendeten, wenn sie verhindern wollten, daß ihre Kamele auf dem langen Weg durch die Sahara trächtig wurden. Das ist der erste Hinweis auf die Verwendung von Intrauterinpessaren, das Beispiel der Zulu ist jedoch einzigartig in dem Sinne, daß es viele Jahrhunderte lang beim Menschen verwendet wurde, und zwar als bevölkerungspolitische Maßnahme.

Fachleute der Fruchtbarkeitsepidemiologie führen den plötzlichen Geburtenrückgang bei den afrikanischen Stämmen, die sich auf diese langen Wanderungen begaben, auf Hungersnöte zurück. Vielleicht war es aber auch das beabsichtigte Ergebnis einer wohldurchdachten Bevölkerungspolitik, also kein Zufall, sondern Planung.

In allen Gesellschaften und zu allen Zeiten in der Geschichte haben Frauen sich der Fruchtbarkeit ihres Leibes keineswegs nur erfreut. Sie machen sich auch Sorgen darüber, wie sie unerwünschte Fruchtbarkeit regulieren können und ihre Kinder nicht zu dicht hintereinander bekommen.

Schwangerschaft als gesellschaftliche Bindekraft

In vielen Gesellschaften ist es so, daß eine Beziehung zwischen zwei Menschen erst dann als eine richtige Ehe betrachtet wird, wenn ein Kind unterwegs ist, und vorher nur halb anerkannt und für provisorisch gehalten wird. Bei den Kgatla in Südafrika herrscht ein System, nach dem die Eltern bei der Geburt des ersten Kindes einen anderen Namen annehmen und zu neuen Würden und einem neuen Status gelangen. Sie tragen den Namen des Kindes mit der Vorsilbe rra – Vater oder mma – Mutter.[10] Vor der Geburt eines Kindes ist eine Scheidung unkompliziert, doch sobald die Frau schwanger ist, ist sie mit Schwierigkeiten verbunden und zieht langwierige und erbitterte Auseinandersetzungen zwischen den beiden Familien nach sich.

Bei den Mbuti-Pygmäen im Kongogebiet lebt ein Mädchen nach ihrer ersten Menstruation zeitweilig mit ihrem zukünftigen Mann in einer Gruppe mit anderen Gleichaltrigen zusammen. Sie wohnen in einem besonderen Elimahaus, wobei erwartet wird, daß sie sich in begeisterten Liebesspielen beim Sammeln sexueller Erfahrungen als Vorbereitung auf die Ehe zu Paaren zusammenfinden. Die Mädchen können jeden Jungen anlocken, der ihnen gefällt, und zum Zeichen der Einladung peitschen sie ihn mit grünen Zweigen aus. Was als eine Reihe von umfangreichen Flirts beginnt, mündet nach einer Dauer von ein oder zwei Monaten in eine ernsthafte Suche nach dem passenden Ehemann.

Wenn das Elima-Fest vorbei ist, bittet ein Junge, der sich verlobt hat, die Eltern des Mädchens um die Erlaubnis, es zu heiraten. Er besiegelt die Verlobung, indem er sich als guter Jäger beweist, tötet eine Antilope und bringt sie zusammen mit anderen Gaben wie Pfeil und Bogen, einer Machete oder einem Stück Baumrinde den Eltern als Geschenk dar. Zu diesem Zeitpunkt der sich anbahnenden Ehebeziehung zieht das Mädchen entweder zu ihm oder er lebt in ihrer Familiengruppe. Sie baut für beide eine Hütte, in die sie ohne weitere Zeremonien einziehen. Wenn sie schwanger wird, beginnt die eigentliche Ehe. Die Verbindung wird in der Gesellschaft anerkannt und gehört ab jetzt offiziell als Bestandteil des Sozialsystems dazu. Vor der Schwangerschaft wäre eine Trennung einfach und ohne Aufhebens vonstatten gegangen; sie wird jedoch selten vollzogen, nachdem ein Baby erwartet wird. Die Schwangerschaft ist ein Beweis dafür, daß die Ehe »funktioniert«.

Die Einstellung zur Empfängnis vor der Ehe ist unterschiedlich; in einigen Gesellschaften wird die Schwangerschaft als Beweis der Fruchtbarkeit begrüßt, in anderen verurteilt. Überall wird jedoch Wert darauf gelegt, daß für jedes Kind jemand die gesellschaftliche Verantwortung als Vater übernimmt, und als erstes wird in der Schwangerschaft dafür gesorgt, daß das erwartete Kind von einem Mann als seines anerkannt wird, ob er nun der biologische Vater ist oder nicht. In vielen Gesellschaf-

[10] Isaac Schapera: Married Life in an African Tribe, Penguin, 1971.

ten wird ein Kind, das außerehelich empfangen wurde, in die Gesellschaft integriert; wenn eine Mutter jedoch schwanger geworden ist, bevor sie die Initiationsriten absolviert hat und als erwachsen anerkannt wurde, kann das für sie eine große Schande bedeuten und Abscheu hervorrufen.

Das krasseste Beispiel hierfür liefern die Kipsigis in Kenia, wo es als unverzeihliche Versündigung gegen die Geister gilt und eine Befleckung der ganzen Gemeinschaft darstellt, wenn ein Mädchen ein Kind bekommt, bevor sie den Segen als potentielle Mutter empfangen hat. Ein solches Kind muß im Busch zur Welt gebracht werden, wo dieser Schandfleck niemandem Schaden zufügen kann, und sofort erstickt werden. Es wird dann davon ausgegangen, daß es niemals gelebt hat. Das Mädchen durchläuft einen Prozeß ritueller Reinigung, und wenn sie von ihrer Schande befreit ist, kann sie später wieder ohne Makel Mutter werden. Die christlichen Missionsstationen versuchten, diesem Kindermord ein Ende zu setzen, und adoptierten die Babys. Ihre Mütter fielen dadurch jedoch gänzlich in Ungnade und wurden zu Ausgestoßenen der Gesellschaft, die nie mehr heiraten konnten.

Bei demselben Volksstamm wird nichts dagegen eingewendet, wenn ein unverheiratetes Mädchen schwanger wird, vorausgesetzt sie hat die Initiation hinter sich. Dann wird das von dem Mann, der sie heiraten möchte, als glücklicher Beweis ihrer Fruchtbarkeit akzeptiert. Er nimmt das Kind sofort als sein eigenes an, indem er den Brautpreis zahlt, das heißt, er macht der Familie der Frau und manchmal auch noch bestimmten anderen ihrer Verwandten als Gegenleistung für ihre Fruchtbarkeit ein Geschenk, das aus Kühen besteht. Damit hat er das Recht der Vaterschaft für sich beansprucht.

In einigen afrikanischen Kulturen werden unverheiratete Mütter jedoch sehr grausam behandelt. Bei den Kgatla wird ein Mädchen ausgestoßen, und die Nachbarn versammeln sich vor ihrem Haus und singen obszöne Lieder. Früher wurde das Baby wahrscheinlich bei der Geburt getötet.

Die Xhosa in der Transkei in Südafrika billigen eine Schwangerschaft vor der Ehe nicht, und wenn ein Mädchen schwanger wird, ohne verheiratet zu sein, dann weiß sie, daß sie keine Hoffnung mehr auf eine Ehe hat.

In der Schwangerschaft wird die Identität des Vaters weiterhin betont und durch Rituale und zu erfüllende Pflichten oder Dinge, die zu unterlassen sind, öffentlich bekannt gemacht.

Wenn er zum Beispiel Ehebruch begeht, wird das Kind krank. Die Verwandtschaft der Mutter mit dem Kind liegt aus biologischen Gründen sofort auf der Hand. Die des Vaters ist insgesamt eher unsicher. Deshalb gibt es in allen Gesellschaften Mittel, um den Vater erkennbar zu machen und zu identifizieren. Viele an sich unverständliche Gebräuche bekommen einen Sinn, wenn sie unter diesem Aspekt betrachtet werden.

Wenn feststeht, daß eine Frau schwanger ist, kommt es zwischen zwei gesellschaftlichen Gruppen, der der Mutter und der des Vaters, zu festeren Bindungen. Und durch diese neuen Bindungen, die während der Schwangerschaft entstehen, findet die Schwiegermutter der zukünftigen Mutter ihre wahre Bestimmung. In den meisten Gesellschaften mit patrilinearer Erbfolge ist sie diejenige, der die Pflicht obliegt, Ratgeberin zu sein, darauf zu achten, daß die junge Frau sich nicht übernimmt und in einer angemessenen Weise Vorbereitungen für das Baby trifft. In einer traditionellen Gesellschaft weiht sie die Schwangere in Bräuche ein, die sie sicher durch Schwangerschaft und Geburt geleiten sollen. Bei den Arapesch in Neu-Guinea geben die älteren Frauen der Schwangeren die Anweisung, ja kein Beuteltierfleisch zu essen, sonst könnte sie bei einer schweren Geburt sterben, keine Frösche, sonst würde die Geburt zu schnell gehen, und keinen Aal, damit sie keine Frühgeburt hat. Sie machen sie darauf aufmerksam, daß sie nichts in der Mitte durchschneiden darf, wenn sie sich einen Jungen wünscht.

In Guatemala werden schwangere Frauen von den älteren Frauen davor gewarnt, daß die Göttin des Sees aus der Tiefe auftauchen würde, wenn sie sich zu lange im See beim Baden, Schwätzen und Kämmen ihrer langen schwarzen Haare vergnügen, und ihnen den Mund anschwellen und ihre Zähne ausfallen lassen würde.[11] In Guatemala überwacht und leitet die Schwiegermutter die Schwangerschaft, die werdende Mutter soll nicht einmal wissen, daß sie schwanger ist. Die Schwiegermutter sorgt dafür, daß die Hebamme regelmäßig hereinschaut, um »die Krankheit zu heilen« und dafür zu sorgen, daß sie ihre Regel wiederbekommt, und diese erfundene Geschichte wird von allen aufrechterhalten. Wenn die schwangere Frau die An-

[11] Lois Paul: Work and Sex in a Guatemalan Village. In: Michelle Zimbalist Rosaldo, Louise Lampierre (Hrsg.): Women, Culture and Society. Stanford University Press, 1974.

weisungen ihrer Schwiegermutter nicht befolgt und ihre Pflichten als gute Ehefrau und Tochter nicht erfüllt, bringt sie zudem den Fötus in Gefahr, und das Kind könnte sterben. Die Schwiegermutter ermahnt das Mädchen dazu, auf die Hebamme zu hören, beide zusammen bemühen sich darum, sie von Gefühlsaufwallungen abzuhalten und alle ihre Schwangerschaftsgelüste zu befriedigen. Sie darf nicht aus dem Haus gehen, wenn die Sonne im Zenith steht, darf keinen Vollmond und keine Mondfinsternis sehen und auch nicht auf einen Regenbogen zeigen, sonst könnte ihr Kind mißgebildet werden. Auch darf sie nicht draußen von einem Gewitter überrascht werden, sonst bekommt ihr Kind einen Klumpfuß.

Wenn die Rolle der Schwiegermutter darin besteht, die Schwangere auf diese Art zu unterweisen und zu geleiten, dann gibt sie nicht einfach familiäre oder ortsübliche Traditionen weiter. Ihre Funktion ist, was die gesellschaftliche Kontinuität angeht, sehr viel umfassender und bedeutungsvoller. Sie ist das rituelle Bindeglied zwischen Vergangenheit, Gegenwart und Zukunft.

Schwangerschaft als ritueller Zustand

In vielen Gesellschaften sorgt für die Bedürfnisse der Frauen ein ganzes medizinisch-religiöses System, das oft neben dem etablierten System existiert und im Verborgenen dagegen wirkt. Die Geburtenkontrolle liegt zum größten Teil in den Händen von zur Gemeinschaft gehörenden, in der Hexenkunst bewanderten Hebammen oder »Omas«, die die Kinder zur Welt bringen und die Fruchtbarkeit fördern oder eindämmen. Diese Dinge fallen in den Bereich der weiblichen Geheimlehre und haben bei den Männern schon immer ein großes Mißtrauen hervorgerufen und Ängste in ihnen ausgelöst. Der Grund besteht zum Teil darin, daß die Hexerei nicht nur über Empfängnis und Geburt, sondern auch über die Potenz der Männer und ihre Zeugungsfähigkeit Macht hat. Hexen sind schon immer dafür gebrandmarkt worden, daß sie den Penis des Mannes zum Schrumpfen bringen, unsichtbar werden oder sogar abfallen lassen könnten, und im ›Hexenhammer‹ wird über den »Zauberbann« berichtet, der über den Penis verhängt wird und ihn zum Verschwinden bringt und auch über »die Impotenz des Gliedes, das nicht zur Vollziehung des Aktes in der Lage ist«.[12] Die geheime Hexenkunst ist eng mit der Verehrung der Mutter Erde verbunden. Diese Macht über die Fruchtbarkeit entspricht der Beherrschung der Natur durch den Mann in der Landwirtschaft, beim Säen und Ernten und ist nicht weniger bedeutsam.

Die Schwangerschaft ist in den meisten Gesellschaften ein ritueller Zustand. Die werdende Mutter steht in einer besonderen rituellen Beziehung zur Gesellschaft, einschließlich dem Vater des Kindes und der Verwandtschaft der beiden sowie zur Vergangenheit, durch die Personen der Vorfahren, und zum Kosmos, der durch die Götter repräsentiert ist.

In Sumatra zum Beispiel führen die werdende Mutter und der Vater des Kindes rituelle Handlungen aus, um die Schwangerschaft bekannt zu geben. Diese Rituale beginnen im fünften Monat und dienen dazu, eine engere Verbindung zwischen den beiden Familien herzustellen. Die Mutter der Frau bringt der Mutter des Mannes einen Reiskuchen und macht ihm oder seiner Mutter ein Geldgeschenk. Im nächsten Monat erwidert die Mutter des Mannes den Besuch und bringt der Mutter der Frau Reis und später auch der schwangeren Frau Reiskuchen. Im siebten Monat bringt sie ihr Reis, Gewürze, Seife, Talkumpuder und einen neuen Sarong. Sie wird von einer auf islamisches Brauchtum spezialisierten Person begleitet, die einen Fruchtsalat zubereitet und Räucherstäbchen abbrennt, um damit die Seelen der Vorfahren und andere Geister zur Mahlzeit einzuladen.[13]

Den Schwangerschaftszeremonien kommt also eine wichtige integrative Funktion innerhalb des Gesellschaftssystems zu. Sie bewirken jedoch darüber hinaus noch mehr. Durch sie entsteht eine Verbindung zwischen der Vergangenheit und der Gegenwart und zwischen den Menschen und dem Göttlichen.

Der Geburt kommt nicht nur wegen ihrer Auswirkungen auf die Ehe und den engeren Familienkreis große Bedeutung zu, sondern auch als Verbindungsglied zwischen den Generationen. Über die Wirkung hinaus, die sie emotional auf alle Beteiligten

[12] Jakob Sprenger, Heinrich Institoris: Der Hexenhammer (Malleus maleficarum; Erstdruck: 1487). München 1983, 2. Teil, S. 78–87, zitiert nach: F.N. Clive Wood, Beryl Suiters: The Fight for Acceptance: a history of contraception. Medical & Technical Publishing Co., 1970.

[13] Nancy Towner: Matrifocality in Indonesia & Africa and among Black Americans. In: Michelle Zimbalist Rosaldo, Louise Lampierre (Hrsg.): Women, Culture & Society. Stanford University Press, 1974.

ausübt, besitzt die Geburt eine spirituelle Bedeutung – und vielleicht leitet sich zumindest ein Teil der persönlichen Gefühlswerte, die mit einer Geburt verbunden sind, aus dieser umfassenderen gesellschaftlichen Bedeutung ab.

Wo Ahnenverehrung die religiöse Grundlage darstellt, sind die Ahnen bei der Empfängnis und der Schwangerschaft intensiv miteinbezogen. Die Mossi im Sudan bitten ihre Vorfahren an Heiligengräbern aus Erde, die sich an Geländepunkten wie Bäumen, Bergen, Felsen oder Flüssen befinden, um große Familien. Die Priester der Heiligengräber legen für die Leute Fürsprache ein, und wenn das richtig durchgeführt wird, dann gehen die spirituellen Kräfte der Vorfahren in die Gebärmutter der Frauen über und werden als Kinder geboren.[14]

Die Schwangere befindet sich in ritueller Gefahr. Das heißt, es wird davon ausgegangen, daß sie selbst einem Risiko ausgesetzt ist, weil sie sich in einem »Zwischenstadium« befindet, in dem sie noch keine Mutter, aber auch keine Jungfrau oder einfach eine Braut ist. Sie hat ein Stadium hinter sich gelassen, ist aber in dem anderen Stadium noch nicht akzeptiert. Deshalb befindet sie sich in einem Grenzstadium ihrer Existenz. Die Franzosen gebrauchen für diesen Zustand das Adjektiv »liminaire« – an der Schwelle« –, um die Rituale zu beschreiben, die ihr bei diesem schwierigen Prozeß helfen und andere in die Lage versetzt, sich selbst wiederum vor den Gefahren zu schützen, die von ihr ausgehen, denn oft kommt in diesem Zustand noch ein zusätzliches Element, das der Ansteckung, hinzu. Wenn sie diese Übergangsphase in ihrer eigenen Identität durchmacht, stellt sie ebenso auch eine Bedrohung für andere dar.

Auch das ungeborene Kind ist in ritueller Gefahr. Es hat keinen Platz in der Gesellschaft. Niemand weiß, was für ein Geschlecht es haben wird, wie es aussehen wird und ob es überlebt. Also befindet sich auch das Kind in einem Grenzstadium. Daher wird es nicht nur so behandelt, als befände es sich selbst in Gefahr, sondern auch als etwas, von dem Gefahr ausgeht.

Die Lele in Zentralafrika halten das Kind im Mutterleib für sehr verletzlich und glauben, daß auch seine Mutter sich ständig in Gefahr befindet, sie gehen jedoch auch davon aus, daß es

---

[14] Elliott P. Skinner: Christianity and Islam among the Mossi. In: John Middleton (Hrsg.): Gods and Rituals. University of Texas Press, 1976.

böswillig sein könnte. Eine schwangere Frau bei den Lele meidet kranke Menschen, auf die ihr Kind einen schlechten Einfluß haben könnte, so daß sich der Zustand noch verschlimmert. Bei den Nyakyusa sollte eine schwangere Frau nicht in die Nähe des Getreides kommen, das auf den Feldern wächst, denn ihr ungeborenes Kind könnte es an sich nehmen, so daß es eine magere Ernte gäbe. Wenn sie mit Leuten spricht, die gerade bei der Ernte oder beim Bierbrauen sind, so kann sie einen schlechten Einfluß auf die Qualität der Produkte haben, wenn sie nicht sogleich eine Geste des guten Willens macht, um die Bedrohung aufzuheben. Es wird gesagt, daß das ungeborene Kind ständig »den Rachen offen« hat und nach Essen schnappt, weil es so hungrig ist. Das Essen verdirbt, die Pflanzen wachsen nicht, der Schmied kann das Eisen nicht bearbeiten und die Milch wird sauer. Der Vater des Kindes setzt sich einem besonders großen Risiko aus, wenn er zur Jagd oder in den Kampf geht.

Die Bedeutung des Tabus

In agrarischen Gesellschaften machen junge Frauen im allgemeinen das gleiche, was ihre Mütter vor ihnen gemacht haben; es ergeben sich also keine großen Neuerungen bei der Babypflege oder im Verhalten während der Schwangerschaft. In primitiven Gesellschaften ist diese Beständigkeit noch ausgeprägter. In der westlichen, hochindustrialisierten Gesellschaft, in der ständig soziale Veränderungen stattfinden, sind Meinungsverschiedenheiten zwischen den Generationen über diese Dinge beinahe unvermeidbar. Verhaltens- und Vermeidungsregeln, die früher Teil eines logischen und zusammenhängenden Systems waren, sind zu »Ammenmärchen« geworden. Solche Vorstellungen zum Beispiel, daß eine Schwangere ihre Arme nicht über den Kopf heben sollte, damit sich die Nabelschnur nicht um den Hals des Kindes wickelt, und daß das Kind mit einem mausförmigen Muttermal auf die Welt kommen würde, wenn sie wegen einer Maus einen Schreck bekommen hat, oder daß es mit einem erdbeerförmigen Muttermal geboren würde, wenn sie nicht die Nahrungsmittel bekommen habe, nach denen es sie gelüstet hatte, zum Beispiel Erdbeeren, sind alles Überbleibsel eines einstmals ausgewogenen Systems von Verboten und Verhaltensmaßregeln.

In der Schwangerschaft haben Verbote und Gebote dieser Art oft die Macht eines Tabus. Dieser Begriff ist von einem polynesischen Wort abgeleitet, das »verbieten« oder »verboten« bedeutet. Die Vorstellung des Tabus gibt es in irgendeiner Form überall auf der Welt. Bei den Ila in Rhodesien ist es das »Touda«, bei den Bemba erfüllt das »Bwanga« die gleiche Funktion, in den arabischen Ländern hat das »Haram« diese Bedeutung. Die Mißachtung eines Tabus hat schlimme Folgen für die Person, die dagegen verstoßen hat, und diese Folgen können auch andere Leute betreffen, so daß der Missetäter eine Gefahr für seine Umgebung darstellt. Die Konsequenzen, die es nach sich zieht, wenn ein Tabu gebrochen wird, sind ganz anderer Art als die Bestrafung durch andere Menschen, denn es erfolgt eine automatische Bestrafung durch spirituelle Mächte oder Götter.

Der Begriff des Tabus ist eng mit einer Vorstellung von Verunreinigung und Reinheit verbunden. Die Verunreinigung ist als ein Zustand beschrieben worden, bei dem »die Dinge nicht an ihrem Platz sind«.[15] In vielen Kulturen wird der menschliche Körper als ein Gefäß angesehen, dessen Ausgänge und Öffnungen normalerweise geschlossen sein müssen, und das nicht verunreinigt werden darf. Alle Körperprodukte – alles, was aus dem Körperinneren hinausströmt, Blut, Eiter, Speichel, Sperma, Fäkalien, Urin oder Schleim, sogar der Atem und die Körperwärme – dürfen die Körpergrenzen von anderen Menschen nicht durchdringen. In einigen Gesellschaften einschließlich denen innerhalb der Kulturen des Judentums und des Christentums stellt die Vermengung des männlichen und des weiblichen Prinzips, zum einen durch das Sperma und zum anderen durch das Menstruationsblut, die Essenz aller dieser Verunreinigungen dar.

Die menstruierende Frau sollte sich nicht nur von Männern und allen wichtigen Tätigkeiten fernhalten (in Agrargesellschaften wurde zum Beispiel angenommen, daß die Butter sauer und der Speck schlecht werden würde, wenn eine menstruierende Frau butterte oder räucherte), sondern in einigen Gesellschaften mußten sich alle, die in einem besonders schwachen oder verletzlichen Zustand waren, vor der Anwesenheit menstruierender oder schwangerer Frauen sehr in acht nehmen. Wenn in Guatemala eine Schwangere ein Baby, ein Tier

[15] Mary Douglas: Purity and Danger. Penguin, 1970.

und sogar eine Pflanze intensiv anstarrt, bringt ihr »heißes«, »starkes« Blut ihnen den Tod.[16]

Der Körper der Schwangeren gehört zu einer Kategorie von Erscheinungsformen, die grundlegend weiblich und gefährlich sind; sie müssen von den anderen Erscheinungsformen, die das männliche Prinzip repräsentieren, getrennt werden. Wenn das Leben eine Ordnung haben und die Gesellschaft funktionieren soll, wenn das Wertsystem weiterbestehen soll, dann müssen das männliche und das weibliche Prinzip, von Ausnahmesituationen abgesehen, getrennt voneinander bleiben.

Bei uns gehen werdende Mütter, die sich eine natürliche Geburt wünschen, davon aus, daß bei Naturvölkern alles, was mit Schwangerschaft und Geburt zusammenhängt, sehr viel einfacher vor sich geht als in hochindustrialisierten Gesellschaften. Das trifft nicht zu. Anstatt die Zeit ihrer Schwangerschaft erfüllt von Freude zu erleben, gehört eine Frau in einer vorindustriellen Gesellschaft vielleicht einer Kultur an, in der die Schwangerschaft mit Gesetzen und Verhaltensmaßregeln verbunden ist, die beiden Eltern ein normales Leben unmöglich machen. Das ist offensichtlich bei den Mundugumor der Fall.[17] In diesem Kannibalenstamm in Neu-Guinea wird eine Schwangerschaft nicht begrüßt, und die Tabus, die der Vater einhalten muß, wenn ein Baby unterwegs ist, dienen einzig und allein dazu, ihn noch mehr gegen seine Frau aufzubringen. Wenn er sich zu Männern gesellt, die einen Gong herstellen, dann fegen sie sorgfältig die Späne beiseite, damit er nicht darauftritt und den Gong dadurch beschädigt, und sollte das doch passieren, bedeutet es einen Schaden für das ungeborene Kind. Er kann auch keinen Zaun um seinen Garten ziehen, wenn nicht ein anderer Mann dazukommt und die Pfosten in die Erde rammt. Wenn er in den Wald geht, um Ratan zu holen, muß er darauf achten, daß er nur grünen Ratan einsammelt, weil sonst das Baby in der Gebärmutter steckenbleibt. Er darf keinen Geschlechtsverkehr haben, weil sie sonst Zwillinge bekommen könnte, und das wäre noch schlimmer als ein Kind. In der Gesellschaft der Mundugumor sind also die Voraussetzungen für die Feindschaft, die ein Mann seinen eigenen Söhnen gegen-

[16] Lois Paul: Work and Sex in a Guatemalan Village. In: Michelle Zimbalist Rosaldo, Louise Lampierre (Hrsg.): Woman, Culture and Society. Stanford University Press, 1974.
[17] Margaret Mead: Sex and Temperament, W. W. Morrow, New York 1935.

über empfindet, schon geschaffen, bevor das Kind geboren ist. Die Mundugumor sind auf jeden Fall eine Ausnahme. In den meisten Gesellschaften sollen Rituale in der Schwangerschaft die Frau unterstützen und nicht einfach nur eine zusätzliche Belastung für sie sein. Bei meinen eigenen Feldforschungen in Jamaika habe ich eine ganze Reihe von Regelungen vorgefunden, durch die eine Schwangere angeleitet wird und die ihr tägliches Leben bestimmen. Sie darf nicht über das Seil steigen, mit dem der Esel angebunden ist, damit sie das Kind nicht überträgt, oder Flaschen verkorken für den Fall, daß sie eine schwierige, langwierige Geburt hat und sich nicht »öffnet«. Sie darf keinen Leichnam zu Gesicht bekommen, sonst würde ihr Blut erkalten, und auch das Baby in ihr würde kalt werden und sterben, denn in der Schwangerschaft ist das Blut heiß, und es muß eine rituelle Trennung zwischen den Kategorien eingehalten werden, die »heiß« sind und anderen, die »kalt« sind. Schwangere dürfen nur mäßig trinken, weil in zu viel Wasser das Baby ertrinken könnte. Sie dürfen nicht allzu umfangreiche Vorbereitungen vor der Geburt treffen, sonst könnte das Kind tot geboren werden. Diese Auffassung entspricht dem englischen Aberglauben, daß eine Mutter den Kinderwagen nicht vor der Geburt kaufen sollte, weil sonst das Baby vielleicht nicht überlebt.

Eine schwangere Frau in Jamaika darf keinen Saft der Saueren Sobbe trinken, weil sie sonst bei der Geburt starke Schmerzen haben wird, und auch nicht aus Flaschen oder aus Kokosnußschalen trinken, weil das Baby sonst schielt. Auch darf sie nicht durch Seifenwasser waten, wenn jemand den Flur schrubbt, damit sie keine Bauchschmerzen bekommt. Sie darf die Arme nicht über den Kopf heben, weil sonst der Hals des Babys gestreckt wird, und wenn er in seine ursprüngliche Stellung zurückkehrt, weil sie ihre Arme wieder sinken läßt, wird er versengt, so daß das Baby mit einem Muttermal am Hals geboren wird. Sie darf keine Kokosnüsse essen, sonst wächst das Baby zu schnell. Wenn sie etwas Häßliches oder Schreckliches beobachtet oder sich über etwas aufregt, bekommt das Baby davon einen Fleck oder ein Mal. Wenn sie zum Beispiel jemandem begegnet, der nur ein Bein hat, wird ihr Kind möglicherweise nur mit einem Bein geboren, oder wenn sie einem Huhn den Hals umdreht und ihr das Tier dabei leid tut, dann kann sie ein Kind bekommen, das einem Huhn ähnlich sieht. Sie muß auch sehr auf ihre Bewegungen achten. Als besonders gefährlich gilt es, die Beine beim Sitzen unterzuschlagen.

Schwangere Frauen in Jamaika sind dem Wirken der Totengeister, der Duppies, ausgesetzt. Wenn Frauen unter Eklampsie (Krämpfe als Folge einer Schwangerschaftsvergiftung) leiden, wird angenommen, daß sie von den Geistern besessen sind. Im hinduistischen Indien wird die Eklampsie ebenfalls für eine Besessenheit von den Geistern gehalten, und da dies sehr viel häufiger in der Regenzeit vorkommt und mit einem allgemein schlechteren Gesundheitszustand in dieser Jahreszeit in Zusammenhang gebracht wird, herrscht der Glaube, daß Geister, die für eine Reinkarnation bereit sind, zu dieser Jahreszeit herüberkommen und die Körper schwangerer Frauen bewohnen.

Positive Anweisungen enthalten in Jamaika auch den Rat, »Bitteres« in der Form von Buschtees zu trinken. Das hat den Zweck, daß das Blut daran gehindert wird, sich zu überhitzen und dadurch eine Gefahr für das Kind darzustellen. Die werdende Mutter ißt Callalu, das dem Spinat gleicht, damit ihr Blut »reichhaltig« wird. Sie soll auch Okra essen, ein Gemüse, das innen sämig ist, damit ihr Baby leicht herausgleitet.

Tabus können eine große Macht haben. Auf den Andaman-Inseln erhält das Baby vor der Geburt einen Namen, und von diesem Moment an bis zur Geburt und einige Wochen danach darf niemand den Namen der Mutter oder des Vaters aussprechen. Es darf nur gesagt werden: »Der Vater von« und der Name des Kindes angehängt werden. Auch dürfen die Eltern bestimmte Nahrungsmittel nicht essen, weil sie sonst krank werden könnten und das Baby sterben würde. Es ist von Bedeutung, daß die Andamanesen die gleichen Tabus beachten, wenn sie ihre Toten betrauern. Sie nennen niemals die Namen der Toten, und die Verwandten dürfen kein Schweine- oder Schildkrötenfleisch essen. Die Eltern eines ungeborenen und neugeborenen Kindes befinden sich ebenso wie gerade Gestorbene in einem außergewöhnlichen rituellen Zustand und sind deshalb Unglücksfällen stärker preisgegeben.

Was den Geschlechtsverkehr während der Schwangerschaft angeht, so mag er zwar in einigen Gesellschaften ermutigt werden, um »den Leib zu nähren« oder »das Baby zu füttern« – in einigen Gesellschaften gilt er jedoch als tabu. Bei den Mbuti im Kongogebiet ist der Geschlechtsverkehr während der Schwangerschaft mit einem Tabu belegt. Auch vor der Jagd gilt er als tabu.[18] Die Mbuti sind in ihrer Ernährung vom Jagen abhängig, und durch das Verbot des Geschlechtsverkehrs vor der Geburt und vor der Jagd kommt die Bedeutung dieser beiden Ereignisse zum Ausdruck. Überdies ist es Frauen nicht gestattet, bei der Jagd dabei zu sein. Für diese Jäger und Sammler stellt der Wald nicht nur eine landschaftliche Umgebung dar, sondern er ist ein Lebewesen mit natürlichen und übernatürlichen Kräften, von dem sie abhängen, dem sie gehorchen und das sie lieben, in dem sie aber auch Furcht empfinden.

Durch Tabus dieser Art wird dafür gesorgt, daß die Bedeutung von Schwangerschaft und Geburt auf symbolische Weise öffentlich durch die Eltern und die Gemeinschaft, zu der sie gehören, anerkannt wird. Das ist die Grundlage aller Rituale, welcher Art sie auch sein mögen: Begebenheiten und das Natürliche und das Übernatürliche, von dem sie abhängig sind, dem sie gehorchen und das sie lieben, vor dem sie sich aber auch fürchten, bekommen einen rituellen Wert verliehen.

In den meisten Gesellschaften wird die Schwangerschaft als besonderer ritueller Zustand angesehen, durch den die Frau und ebenso auch das erwartete Kind in Verbindung mit der Erde und den Göttinnen und Göttern tritt, doch fast nie gilt sie als Krankheit. Bäuerinnen üben weiterhin ihre gewohnten Tätigkeiten aus und bleiben so lange aktiv, bis die Geburt beginnt, häufig auch noch die meiste Zeit während der Eröffnungsphase. Die Frauen des Keneba-Stammes in Gambia tragen weiterhin Lasten, zum Beispiel Lehm oder Salz, auf dem Kopf, die bis zu zwanzig Kilogramm wiegen. Sie mahlen auch Getreide, kochen, waschen, machen sauber, holen Wasser aus Brunnen, die manchmal achtzehn Meter tief sind, sie sammeln Feuerholz, suchen eßbare Blätter und Schnecken, hüten Hühner und Ziegen, fördern Salz an Orten, die mehr als einen Kilometer vom Dorf entfernt sind, graben Lehm zum Töpfern, stellen Seife her, verfestigen die Sandfußböden der Hütten, die neu gebaut werden und arbeiten auf den Reisfeldern, die bis zu zehn Kilometer vom Dorf entfernt liegen.[19] Überall auf der Welt gelten solche Tätigkeiten für Schwangere als angemessen, vorausgesetzt, daß die Frau die Tabus genau einhält, durch die ihr eigenes Wohlergehen und das des Babys geschützt sind.

[18] Colin Turnbull: Wayward Servants. Eyre and Spottiswoode, 1966.
[19] Barbara Thompson: Infant feeding and Child Care in a West African Village. In: Journal of Tropical Pediatrics. Vol. 13, 3, 1967.

In unserer Gesellschaft gibt es solche rituellen Handlungen, oder etwas anderes, durch das der entstehende Prozeß der Schwangerschaft wirklich gefeiert wird, wo sich die zukünftigen Eltern mit ihren Familien in froher Vorbereitung auf das Baby zusammenfinden und die Geburt dieses einen Babys mit universellen Kräften in Verbindung gebracht wird, nicht. Wir haben zukünftigen Eltern, aus denen Mütter und Väter werden sollen, nur eine sehr unzulängliche Unterstützung zu bieten, und noch viel weniger sorgen wir für einen gesellschaftlichen Bezug im weiteren Sinne.

Die Schwangere wird zur »Patientin«. Wie jeder andere, der krank ist oder Beschwerden hat, wird sie ein Objekt der Medizin. Die Beobachtung und Überwachung der Schwangerschaft wird von Fachleuten übernommen, die selbst nicht zu der Gemeinschaft gehören, in der die Mutter lebt. Die Familie und Freunde haben keine Macht, um in irgendeiner Weise Einfluß zu nehmen. In primitiven Gesellschaften mag die Schwangerschaft eine Zeit sein, in der die Schwangere alarmierende Warnungen darüber zu hören bekommt, was sie zu tun und zu lassen hat. Unsere Gesellschaft hat die Schwangerschaft jedoch zu einer Zeit gemacht, die mit ebensolchen oder größeren Ängsten verbunden ist, indem die Entwicklung der Schwangerschaft Ziel ständiger geburtshilflicher Untersuchungen, Bewertungen und Eingriffe geworden ist.

Für viele Frauen, besonders wenn sie ihr erstes Kind bekommen und achtundzwanzig Jahre oder älter sind und deshalb als »späte Erstgebärende« eingestuft werden, kann die Schwangerschaft zu einem Spießrutenlauf durch verborgene Gefahren werden. Nehmen sie zuviel an Gewicht zu, bekommen sie hochgezogene Augenbrauen zu sehen, nehmen sie nicht genug zu, befürchten die Ärzte eine Unterfunktion der Plazenta. In einer Untersuchung über die subjektiven Erfahrungen von Frauen bei einer eingeleiteten Geburt[20] ergab sich, daß man den Frauen die Notwendigkeit der Einleitung damit erklärt hatte, daß sie zuviel oder nicht genug zugenommen hatten. Was als »normale« Gewichtszunahme betrachtet wurde, war von einigen Gynäkologen so eng definiert worden, daß nur ein geringer

[20] Sheila Kitzinger: Some Women's Experience of Induced Labour. National Childbirth Trust, London ²1978.

Prozentsatz von Frauen darauf hoffen konnte, die Bedingungen für eine Geburt zu erfüllen, die nicht künstlich eingeleitet werden würde. Der Blutdruck darf bestimmte, genau festgelegte Grenzen nicht überschreiten, doch bisher sind noch keine Untersuchungen durchgeführt worden, um festzustellen, ob nicht auch häufig Streßsituationen, denen eine Schwangere heutzutage ausgesetzt ist, zu hohem Blutdruck führen. In Diskussionen bei der Geburtsvorbereitung haben werdende Mütter selbst darauf hingewiesen, daß schon der Gang in die Klinik oder in die Arztpraxis ein Steigen ihres Blutdrucks bewirkt. Einige haben angegeben, daß ihr Blutdruck niedriger ist, wenn er beim Besuch ihres Frauenarztes, den sie gut kennen, gemessen wird, und noch niedriger, wenn die Hebamme zu ihnen ins Haus kommt und den Blutdruck in einer ihnen vertrauten Umgebung mißt. Wenn der Blutdruck sehr stark ansteigt, ist das natürlich gefährlich, doch häufig muß ein zu hoher Blutdruck als das überzeugende Argument für eine Geburtseinleitung herhalten und wird auch als Grund angegeben, weshalb eine Frau ihr Kind in der Klinik zur Welt bringen sollte – einer von vielen Gründen, die manchmal nicht gerade stichhaltig erscheinen. Eine Hebamme erzählte, daß ein Frauenarzt ihr bezüglich einer Frau, die eine Hausgeburt machen wollte, folgendes sagte: »Das geht schon in Ordnung. Lassen Sie sie ruhig in dem Glauben. In der letzten Woche oder so sage ich ihr dann, daß ihr Blutdruck gestiegen ist und sie in die Klinik gehen muß.«

Feststellung des Leibesumfanges, Lage des Fötus, Hämoglobinwerte und andere Blutuntersuchungen, Urintests zur Feststellung von Eiweiß, andere Blut- und Urinuntersuchungen zur Feststellung der Östriolproduktion durch die Plazenta, Messung der Beckenweite, Bauch- und Vaginaluntersuchungen, Ultraschall und womöglich eine Amniozentese zur Feststellung, ob der Fötus Chromosomenanomalien, Spina bifida oder Mikrozephalie aufweist oder ... die Aufzählung der faszinierenden Untersuchungen, die alle durchgeführt werden können, scheint kein Ende zu nehmen. Wenn sie sparsam angewendet werden, weil eine Notwendigkeit dafür besteht, sind sie zweifellos von großem Wert. Wenn sie jedoch unterschiedslos und routinemäßig durchgeführt werden, weil die Geräte zur Verfügung stehen oder eine Forschungsarbeit durchgeführt wird, ohne daß die Frau ausführliche Erklärungen über die einzelnen Untersuchungen erhält oder wie ein Untersuchungsobjekt anstatt wie eine Person behandelt wird, dann führen sie zu Zweifeln und Sorgen.

Eine der Folgen ist, daß wahrscheinlich der größte Teil der werdenden Mütter kein Vertrauen in ihre Fähigkeit hat, ein lebendiges gesundes Baby ohne medizinische Hilfe auf die Welt zu bringen. Die Frauen vertrauen ihren eigenen Körpern nicht mehr. Das ist kein Zufall, sondern ein direktes Ergebnis der Entwicklung der Gynäkologie zu einer Domäne der Männer. Mit Suzanne Arms Worten ausgedrückt: »Die Geschichte der Geburtshilfe kann als ein allmählich vonstatten gegangener Versuch der Männer angesehen werden, den Geburtsprozeß dem Einfluß der Frauen zu entziehen und als zu ihnen gehörig zu bezeichnen ... Männer sorgten dafür, daß die Frau bei der Geburt auf dem Rücken liegt, sie erfanden metallene Instrumente, um ihr Kind herauszuziehen und beförderten sie dann mit Betäubungsmitteln in die Bewußtlosigkeit. Und Männer waren es, die im Verlauf der Geschichte all das im Namen der Notwendigkeit taten, ›die Frau vor ihrem eigenen Körper zu erretten‹ ...«[21]

Nachdem die meisten Frauen für diese Fürsorge dankbar sind und von der hochentwickelten Technologie gebührend eingeschüchtert werden, ist es sehr verständlich, daß eine Frau das Gefühl bekommen kann, lediglich das Behältnis für einen Fötus zu sein, dessen Entwicklung und sichere Entbindung von den Geburtshelfern und Maschinen überwacht wird, und daß ihr Körper ein unbequemes Hindernis gegenüber dem Zugang und den Untersuchungen der gummibehandschuhten Finger und der glänzenden Instrumente darstellt. Vielleicht empfindet sie sogar, daß die Schwangerschaft effizienter vonstatten gehen würde, wenn sie nicht dabei wäre, so grotesk sich das auch anhören mag, geht es doch hier um Gefühle. Die werdende Mutter ist das Objekt geburtshilflicher Fachkenntisse geworden. In England macht sie zum Beispiel bei der Schwangerenvorsorge häufig die Erfahrung, daß sie durch die Untersuchungen in den Entbindungskliniken »geschleust« wird, zusammen mit anderen Frauen »eingepfercht« ist, die ebenso wie sie mit ihren Urinflaschen in der Hand und ihren Miederhosen und Schlüpfern in Plastiktüten warten; und niemandem können sie ihre Fragen stellen, ohne sich gedrängt zu fühlen, oder Dinge besprechen, die sie sehr beschäftigen. Manchmal funktioniert das System sehr gut: »›Wir wurden alle reibungslos durch die

[21] Suzanne Arms: The Immaculate Deception. Houghton Mifflin, Boston 1975.

Maschinerie abgefertigt ... Man ist dort nur eine Nummer auf einer Karteikarte. Ich wurde fast jedesmal von einem anderen Arzt untersucht.‹ Manchmal quietscht die Maschinerie und kommt zu einem Stillstand. ›Die Wartezeit betrug bis zu drei Stunden, anderthalb Stunden mußte man fast immer warten.‹ Manchmal lösen die Vorgänge richtiggehende Ängste bei den Müttern aus: ›Es bestand Unklarheit über den Geburtstermin, weil zu viele Ärzte ihre Angaben gemacht und meinen Vorgang in Händen gehabt hatten. Das hat mich sehr beunruhigt‹ ... ›Der Arzt stand zwischen mir und dem Ultraschallbildschirm – dann sagte er: ›Merkwürdig.‹ Als ich fragte, was los sei, sagte er: ›Nichts. Gar nichts.‹ Ich nahm also an, daß mein Kind nicht die richtige Anzahl von Armen und Beinen hätte.‹«[22]

Jede Frau, die bei der Schwangerenvorsorge in einer großen, modernen Klinik betreut wird, ist in Gefahr, sich nicht mehr als aktiv am Werdeprozeß beteiligt zu empfinden, als das »Ich«, als das sie auf einzigartige Weise ihr einzigartiges Kind hervorbringt. Was menschliche Werte anbelangt, ist das ein Verlust, der nur schwer oder gar nicht abzuschätzen ist.

Die Schwangerschaft kann in unserer Gesellschaft auch eine Zeit der Einsamkeit sein. Eine Frau unterbricht ihre Berufstätigkeit, wenn der Geburtstermin herannaht, und ist auf sich selbst gestellt. Grete Bibring[23] hat darauf hingewiesen, daß sie sich dann an ihren Mann wendet, um von ihm das Verständnis und die Unterstützung zu bekommen, die sie braucht, und die ihr die Gesellschaft nicht entgegenbringt. Er ist aber vielleicht noch weniger in der Lage, ihr zu helfen, als sonst, weil ihre Beziehung durch die Schwangerschaft beeinträchtigt ist und eine Veränderung durchmacht. Als Jane und Bill haben sie ihre Beziehung begonnen, und nun sollen sie »Mami« und »Papi« werden. Die zukünftigen Großeltern wohnen vielleicht Hunderte von Kilometern entfernt, und selbst wenn sie in der Nähe sind, kommt ihnen keine genau definierte Aufgabe zu, und sie haben vielleicht Angst, sich einzumischen. Auch ist es so, daß viele werdende Mütter beweisen wollen, wie unabhängig sie sind, und daß sie in der Schwangerschaft und mit dem Baby

[22] Aus einer Untersuchung über die Erfahrungen von Frauen in Entbindungskliniken: Sheila Kitzinger: The Good Birth Guide. Fontana, 1979.
[23] Grete Bibring: Some considerations of the psychological processes in pregnancy. In: R. Eissler u. a.: The Psychoanalytic Study of the Child. Vol. 16, International University Press, New York.

schon zurechtkommen, ohne ihre Mütter um Hilfe zu bitten. Deshalb besteht oft eine gefühlsmäßige Barriere, durch die ihnen die Hilfe der Mütter verwehrt wird.

Werdende Väter

Bei den Arapesh in Neu-Guinea[24] wird davon ausgegangen, daß der zukünftige Vater seinen Beitrag durch rücksichtsvolles Verhalten zur Gesundheit und zum Wohlergehen des ungeborenen Kindes leistet, indem er in den ersten Wochen der Schwangerschaft überlegt Geschlechtsverkehr mit seiner Frau hat und sehr vorsichtig ist und indem er sich darum bemüht, für die Schwangere eine Atmosphäre zu schaffen, in der sie sich wohlfühlt und keinen Belastungen ausgesetzt ist. Es ist sogar so, daß der Ausdruck »schwanger sein« sowohl auf die Frau wie auch auf den Mann angewendet wird, und die Schwangerschaft gilt gleichermaßen als Belastung für den Mann, wie sie es auch für die Frau darstellen kann. Er ist von Anfang an in die Schwangerschaft miteinbezogen, denn die Arapesh glauben, daß ein Mann beim Geschlechtsverkehr wirklich Arbeit leisten muß, damit ein Kind empfangen wird, und daß er sich weiterhin dabei einsetzen muß, bis die Periodenblutungen aufhören. Wenn sich jedoch die Brüste der Frauen vergrößern, ist das Kind in Miniaturgröße fertig, und von nun an ist der Geschlechtsverkehr untersagt.

Gemeinsame Tabus und geteilte Verantwortung, die innerhalb einer gesamten Kultur als normal und unausweichlich akzeptiert werden, ob es sich nun darum handelt, daß Geschlechtsverkehr in der Schwangerschaft verboten ist oder das Paar miteinander schlafen soll, um »den Leib zu nähren«, können dazu dienen, den Mann in die Vorbereitung auf das Kind miteinzubeziehen, und er erkennt auf diese Weise seine Vaterschaft an. Sein Leben ist eng mit dem Leben des Babys verbunden, noch ehe es geboren ist.

Wie großzügig man auch in unserer Gesellschaft sein mag, wenn es darum geht, ob der Vater bei der Geburt dabei sein »darf« oder sogar dabei sein sollte, so hat er bei uns doch nur eine untergeordnete Rolle gegenüber den Ärzten und dem Kli-

[24] Margaret Mead: Sex and Temperament. W. W. Morrow, New York 1935.

nikpersonal, und seine Rolle ist längst nicht so wichtig. Der Mann ist wirklich zu bewundern, der den Mut aufbringt, seine Frau zur Vorsorgeuntersuchung in die Entbindungsklinik zu begleiten und, dort angekommen, in das Allerheiligste, den Untersuchungsraum, vorzudringen, um mit dem Arzt zu reden. Wenn der Ehemann zu einem »Informationsabend für Väter« in die Klinik eingeladen wird, so höchstwahrscheinlich deshalb, um ihm die wichtigsten Informationen darüber mitzuteilen, was mit seiner Frau alles geschehen wird, damit er nicht störend in die »Geburtsleitung« und »Schwangerschaftsüberwachung« (das sind gebräuchliche Ausdrücke) durch die Institutionen eingreift. Keine seiner Beiträge werden für nötig gehalten, um zu einem sicheren Ausgang der Schwangerschaft beizutragen. Es gibt keine Tabus, die er beachten müßte und keine Familienzeremonien, die von ihm durchgeführt werden könnten. Wenn er das erste Mal Vater wird, befindet er sich auf ausgesprochen unbekanntem Territorium. Und wegen der raschen gesellschaftlichen Veränderungen ist ihm klar, daß es sinnlos ist, seinen Vater um Rat zu fragen.

In unserer Kultur gibt es sicherlich genauso viele Witze über werdende Väter wie über Schwiegermütter. Die Geschichten über ohnmächtige Ehemänner werden von Ärzten und Hebammen immer wieder aufgewärmt, auch wenn sie schon einen langen Bart haben: »Wir möchten sie nicht vom Fußboden aufsammeln müssen«, »bisher habe ich noch keinen Verlust eines Vaters zu beklagen gehabt!« Auf diese Weise werden Väter lächerlich gemacht und der Möglichkeit beraubt, ihre Frauen zu unterstützen, wenn sie sie vielleicht am allernötigsten brauchen.

Es sind Untersuchungen über das »Couvade-Syndrom«[25] durchgeführt worden, ein Begriff, der der Sitte der Couvade entlehnt ist, bei der es sich, wie wir im Kapitel ›Rituale und Technologie in der gegenwärtigen Klinikgeburt‹ sehen werden, um die Beteiligung des Vaters an der Geburt handelt. Manchmal geht das so weit, daß der Mann so tut, als würde er und nicht seine Frau das Kind bekommen. In westlichen Kulturen kommt durch das »Couvade-Syndrom«, das sich normalerweise in einer psychosomatischen Krankheit äußert, die Identifizierung des Vaters mit den Erfahrungen zum Ausdruck, die seine Frau durchmacht. Es ist ein Versuch, daran teilzuhaben – entwe-

[25] W. H. Trethowan, M. F. Counlon: The Couvade Syndrome. In: Br. Journal of Psychiatry. Vol. III, 1965, S. 470.

der durch Besorgnis über den möglichen Geburtsausgang oder durch Neidgefühle bezüglich der weiblichen Gebärfähigkeit.

Vielleicht ist die Ursache, daß bei werdenden Vätern eine ganze Reihe psychosomatischer Krankheiten festgestellt wurden, darin zu suchen, daß der Mann mit seinen Gefühlen so oft vergessen wird und daß seine Schwierigkeiten bei der Umstellung auf die Vaterschaft negiert werden. Wenn Männer mit solchen Beschwerden zum Arzt gehen, bemerken beide oft nicht, daß die Erkrankung mit der Schwangerschaft zusammenhängen könnte. Es handelt sich dabei um Rückenschmerzen, Zahnschmerzen, einen aufgeblähten Bauch, ein merkwürdiges Gefühl, daß das Baby sich in ihnen bewegt und um Appetitlosigkeit. In einer englischen Stadt entwickelten 57 Prozent einer Gruppe von 221 Männern, deren Frauen schwanger waren, solche Symptome, die abklangen, sobald das Baby geboren war. Von Bedeutung ist hierbei, daß diese Männer keine psychiatrischen Fälle waren, sondern einen ganz normalen Bevölkerungsdurchschnitt werdender Väter darstellten. Vielleicht sind psychosomatische Symptome wie diese ein Ersatz für die Rituale und Tabus, die von werdenden Eltern in vielen Gesellschaften eingehalten werden. Für viele Paare sind sie, vielleicht abgesehen von der Einrichtung des Kinderzimmers, die einzige Möglichkeit, wie sie in Vorbereitung auf das Kind in gegenseitigem Verständnis miteinander vereint sein können.

Angst in der Schwangerschaft

Die gesellschaftliche Funktion einer Frau kann sich zwar ausschließlich auf ihre Rolle als Gebärerin und Erzieherin konzentrieren, dennoch werden in den meisten Gesellschaften Vorkehrungen für möglicherweise auftretende Ängste getroffen, und es wird auch akzeptiert, daß werdende Mütter einer Schwangerschaft in bestimmten Situationen sehr zwiespältig gegenüberstehen. Eine Frau mag sich noch so sehr wünschen, Mutter zu werden, eine Schwangerschaft ist aber dennoch häufig mit Beschwerden und Müdigkeit und dem Gefühl verbunden, von einem unbekannten und sogar feindlichen Fremdling vereinnahmt worden zu sein. Bei den Dakota-Indianern kommt diese Zwiespältigkeit durch die Annahme zum Ausdruck, daß schwangere Frauen einschneidende charakterliche Veränderungen durchmachen können, und daß vormals sanftmütige Frauen plötzlich aggressiv, streitsüchtig oder sogar tätlich werden können. Normalerweise schlagen Mütter ihre Kinder zwar nicht, bei einer Schwangeren gilt es aber als verständlich, wenn sie ihren Kindern einen Klaps gibt. In unserer Gesellschaft werden die Ängste der Frauen meistens heruntergespielt. Ärzte und Hebammen sind oft mit Beschwichtigungen zur Hand; für die Frau wäre es jedoch wichtig, wenn ihre real vorhandenen Ängste akzeptiert und ernstgenommen würden. Schmerzen werden häufig als »unangenehme Gefühle« bezeichnet, in bezug auf eine komplizierte Geburt ist davon die Rede, daß »wir Sie ein wenig unterstützen«, und den Frauen sagt man, sie sollten sich »lieber nicht mit unangenehmen Gedanken beschäftigen« oder ihre Sorgen »vergessen«. In Vorbereitungskursen und Kliniken funktioniert dieses Beschwichtigungssystem manchmal so gut, daß eine ängstliche oder emotional unausgeglichene Frau den Eindruck bekommt, die einzige zu sein, die solche ängstlichen Gedanken hat.

Bei manchen Frauen finden Schwangerschaftsängste, Angst vor der Geburt und dem Muttersein, in Träumen ihren Ausdruck, und viele träumen in der Schwangerschaft sowohl häufiger als auch lebhafter als sonst. In vielen Gesellschaften wird Träumen besonders in Übergangsphasen des Lebens wie der Schwangerschaft besondere Bedeutung beigemessen. In Jamaika rechnet eine Frau damit, daß sie einen Fruchtbarkeitstraum hat, wenn sie schwanger geworden ist, und Gewißheit darüber, ob sie schwanger ist, erhält eine Frau eher durch diesen Traum als durch eine ärztliche Untersuchung. Die Symbole für Schwangerschaft sind reife Früchte, wie zum Beispiel Kürbisse, Zimtäpfel, Melonen, aus denen die Samen hervorquellen, und Fischschwärme. Im Gegensatz zu den Träumen werdender Mütter in England, die ich aufgezeichnet habe, waren die, von denen mir Bäuerinnen in Jamaika berichteten, oft sehr angenehm und sehr sinnlich. Es erschienen in ihren Träumen »gute Geister«, die die Träumende mit Öl einrieben oder wie die bäuerliche Hebamme massierten, oder Nana, die die wichtige Aufgabe hat, die Mutter zu bemuttern. Sowohl die Jamaikanerinnen wie auch die Engländerinnen träumten von kleinen, pelzigen Tieren – zum Beispiel jungen Katzen oder jungen Hunden – und manchmal brachten sie diese Tiere im Traum auch auf die Welt. Zwar hatten auch die Jamaikanerinnen Angstträume, in denen sie am Rand eines Abgrunds standen oder abstürzten oder in einem Feuer umkamen, doch die Träume der englischen Frauen waren sehr viel häufiger äußerst beunruhigend und mit Gefahr verbunden. Es kamen sehr oft Situationen vor, in denen sie sich bloßgestellt und beleidigt fühlten und Kräften ausgesetzt waren, die sich ihrer Kontrolle entzogen: es gab Träume über körperliche Verletzungen, in denen häufig die Amputation eines Gliedes oder eine Operation vorkam, bei der ein Zahn gezogen wurde. Die Geburt eines Babys erschien häufig als Verlust eines Teils von einem selbst, und nicht nur das, sie stellte einen operativen Eingriff dar.

Im Gegensatz zu den Frauen in Jamaika hatten die Träume der englischen Mütter meistens mit der Klinik zu tun. Häufig wurden sie in ihren Träumen auf dem Entbindungsbett festgeschnallt oder gegen ihren Willen betäubt. Einige Frauen hatten wiederholt solche Alpträume. In anderen Träumen mußten sie einen sehr engen, Widerstand bietenden Durchgang passieren, offensichtlich eine symbolische Versinnbildlichung des sich nicht öffnenden Geburtskanals. Die englischen Frauen träumten häufiger davon, daß sie ein ausgewachsenes Kind von etwa drei oder vier Jahren zur Welt brachten, worin gewöhnlich ein unbewußter Versuch gesehen werden kann, den ganzen Geburtsvorgang und den Umgang mit dem neugeborenen Baby so einfach zu machen, daß daran nichts Beängstigendes mehr ist. Solche Träume haben Frauen häufig unmittelbar vor oder bei Beginn eines Vorbereitungskurses, und wenn sie die Möglichkeit haben, sich im Gespräch darüber zu äußern und über die Ängste anderer Frauen zu erfahren, nehmen ihre Träume über Bedrohungen und Gefahren an Deutlichkeit zu. Sehr häufig werden sie dann von Träumen abgelöst, in der sie die Geburt positiv und lebhaft als eine befriedigende und äußerst bereichernde Erfahrung empfinden.

Werdende Mütter in Agrarkulturen mögen beim Gedanken an die Geburt vielleicht ängstlich sein, doch sie wissen, daß sie im Grunde eine wenig bedrohliche, sondern eine befriedigende weibliche Erfahrung ist und daß die Schwangerschaft einen normalen Zustand des weiblichen Organismus darstellt, obwohl die Geburt in diesen Gesellschaften mit mehr Gefahren verbunden ist. Eine alte chinesische Bezeichnung für eine werdende Mutter lautet »die Frau, die Glück in sich trägt«. Schwangerschaft gehört ebenso zum Rhythmus des Lebens einer Frau wie die Aufeinanderfolge der Jahreszeiten, Frühling und Ernte, im Jahresverlauf.

Schwangere Frauen träumen häufig von ihren Müttern. Eine Schwangere in Jamaika glaubt manchmal, daß eine verstorbene Mutter oder Großmutter sie als Geist besucht und sie schützen und beraten will. Sie nimmt die Ratschläge, die sie im Traum erhält, dankbar an und bemüht sich, sie zu befolgen. Die Amerikanerin Jean Lazarre,[26] deren Mutter starb, als sie noch ein Kind war, berichtet über eine ähnliche Erfahrung: »Ich wurde schwanger und sie kehrte zu mir zurück, jedoch auf eine ganz neue Art. Als mein erstes Baby in mir nicht größer als eine Kaulquappe war, erschien sie in meinen Träumen. Sie kam als weise Priesterin und bot mir Liebe und Unterstützung.« Es hat den Anschein, als würden Schwangere in ganz unterschiedlichen Kulturen sich mit ihren eigenen Müttern identifizieren und ihnen gefühlsmäßig sehr viel näher kommen. In unserer eigenen Kultur berichten Frauen in meinen Geburtsvorbereitungskursen, die bisher ständig Auseinandersetzungen mit ihrer Mutter hatten, daß sie jetzt mehr Verständnis für sie hätten und die Beziehung zu ihr partnerschaftlicher geworden sei. Eine Schwangerschaft stellt eine Verbindung zwischen den Generationen her. Die werdende Mutter beginnt, durch ihren Körper eine Erfahrung zu machen, die universal ist und von den meisten Frauen geteilt wird, und die ältere Frau durchlebt in ihrer Erinnerung wieder ihre Gefühle bei der Geburt ihrer Kinder.

Die Erfahrung mit anderen Frauen teilen

Ebenso wie die Mitglieder der Großfamilie und Nachbarn zusammen eine Arbeitsgemeinschaft auf dem Feld, beim Fischen, Jagen oder Kochen oder beim Tanzen bilden, damit der Regen kommt, hängt auch der erfolgreiche Verlauf einer Schwangerschaft von den gesamten guten Wünschen und den richtigen Handlungen aller, sowohl der toten wie auch der lebenden Mitglieder der Gesellschaft ab. Es besteht eine gemeinsame Verantwortlichkeit dafür, daß die Schwangere und das erwartete Kind unterstützt werden. Für die Chinesen beginnt das Leben mit der Schwangerschaft und nicht mit dem Moment der Geburt.

[26] Jean Lazarre: The Mother Knot. McGraw-Hill, 1976.

Die Schwangerschaft ist nicht nur eine Zeit des Wartens, sondern auch eine Vorbereitungszeit.

Wir in unserer eigenen Gesellschaft haben die Bedeutung, die andere Frauen haben können, wenn die Erfahrung mit der Mutter geteilt und dafür gesorgt wird, daß die Schwangere sich sicher und umsorgt fühlt, beinahe vergessen. Eine Mutter, die gerade geboren hatte, bezeichnete ihre Hebamme als »die Hirtin« der Geburt. Früher kam der niedergelassenen Hebamme diese wichtige Funktion zu, die Mutter und das Baby während der Geburt und im Wochenbett zu behüten. Sie kümmerte sich nicht nur um die Gebärmutter, sondern um die Person der werdenden Mutter im Umfeld ihrer Familie. Wenn sie einer Mutter half, dann fungierte sie nicht als Geburtstechnikerin, sondern als ein Mensch mit der Fähigkeit, sie emotional bei der Geburtserfahrung zu unterstützen. In den USA versuchen Frauen heute wieder, diese liebevolle Fürsorge aufs Neue aufleben zu lassen, indem sie einander in der Schwangerschaft und während der Geburt helfen, und wenn keine entsprechend ausgebildeten Hebammen zur Verfügung stehen, übernehmen Laien-Geburtshelferinnen die Betreuung in der Schwangerschaft und bei der Geburt.

Der Geburt kommt eine Schlüsselrolle im Gesellschaftssystem zu. Wenn ein Kind erwartet wird, übernimmt die Schwangere eine der wichtigsten Rollen beim Integrationsvorgang in die Gesellschaft, durch den bisher ungleiche Elemente miteinander vereint und schwache Glieder in der Interaktionskette verstärkt werden. Ein Kind zur Welt zu bringen, ist nicht nur eine persönliche Privatangelegenheit, sondern ein Ereignis, durch das der Zusammenhalt der Gesellschaft aktiv gefördert wird.

In den meisten Kulturen bilden Frauen in ihrer beschützenden und umsorgenden Rolle den Mittelpunkt dieses ganzen Netzwerkes von Leuten, die einem neuen Mitglied der Gesellschaft zu einem sicheren Geborenwerden verhelfen, indem sie zusammenarbeiten, einander ihre Gefühle mitteilen und gemeinsam handeln. Vielleicht stellt das einen ebenso wichtigen gesellschaftlichen Beitrag dar, wie die allgemein mit sehr viel mehr Anerkennung verbundenen politischen Funktionen, die gewöhnlich von Männern ausgeübt werden.

Instinkt, Kultur und Gesellschaft

Die Geburt selbst ist nicht nur ein biologischer Vorgang, sondern auch ein gesellschaftlicher. Wir haben bereits festgestellt, daß es bei einigen Gesellschaften die Geburt, also nicht der Geschlechtsakt ist, durch die eine Ehe vollzogen wird, und daß in vielen Teilen der Welt ein Mädchen den Erwachsenenstatus erst erhält, nachdem sie geboren hat. Die Geburt ist ein gesellschaftlicher Vorgang, denn sie wirkt sich nicht nur auf die Wechselbeziehung zwischen Mann und Frau aus, sondern auch auf die Wechselbeziehung zwischen den Mitgliedern der Gruppe, der sie angehören oder von der sie abstammen und nach der sich beide ausrichten. Es handelt sich auch deshalb um einen gesellschaftlichen Vorgang, weil die Identität der Frau neu definiert ist: sie ist jetzt eine Mutter. In einer streng nach Schichten getrennten Gesellschaft, wie in Indien oder Südafrika oder anderen Ländern, in denen extreme Unterschiede zwischen Armut und Reichtum wie zum Beispiel in Lateinamerika herrschen, gibt ein Wissen darüber, wie Geburten in den verschiedenen sozioökonomischen Schichten oder Kasten vor sich gehen, auch sehr viel Aufschluß über den Status all derer, die daran beteiligt sind.

Zum Teil läuft das, was bei einer Geburt passiert, natürlich auf rein instinktiver oder physiologischer Ebene ab. Eine Frau braucht kein Buch zu lesen oder Unterricht zu nehmen, um ungefähr zu wissen, was sie zu tun hat, damit das Baby auf die Welt kommt. Außerdem sind in der Geburt auch Elemente enthalten, die bei einer Menschenmutter und anderen Säugetiermüttern, besonders den Primaten, gleich sind. Im menschlichen Verhalten werden bestimmte Aspekte dieser biologischen Elemente häufig ignoriert, und durch die Kultur werden sie oft umgewandelt, so daß die sich daraus ergebenden Handlungen diesen Elementen nicht mehr entsprechen. Das kommt in einfachen Gesellschaften ebenso vor wie in hochentwickelten. Je stärker die Geburt von Experten beeinflußt wird, ob das nun Gynäkologen, Schamanen oder Medizinmänner sind, um so wahrscheinlicher ist es, daß das Verhalten der Mutter von äußerlichen, gesellschaftlichen Anzeichen bestimmt wird und sich nicht nach inneren Impulsen richtet, die aus ihrem eigenen Körper stammen.

Wie viele andere physiologische Vorgänge ist die Geburt niemals einfach nur »natürlich«. Ebenso wie Essen, Trinken, Stuhlentleerung und Urinieren, Körperbewegungen, Geschlechtsverkehr, Pubertät, Reife, Alter und Sterben kulturell definiert sind, spiegelt auch die Geburt gesellschaftliche Werte wider und ist in jeder Gesellschaft wieder anders.

Eine gebärende Frau scheint mit einer rein physiologischen und in vielerlei Hinsicht einsamen Tätigkeit beschäftigt zu sein. Wenn alles gut vonstatten geht, hat sie vielleicht das Gefühl, daß alle ihre Handlungen rein instinktiver Natur sind. Aber auch wenn sie ihr Kind allein und ohne Hilfe zur Welt bringt, finden die Wertvorstellungen über Schwangerschaft und Geburt, die Wichtigkeit, die Risiken und der Sinn, die diese Vorgänge in der Gesellschaft beinhalten, durch sie ihren Ausdruck.

Die Geburt ist beim Menschen ein kultureller Akt, bei dem spontane physiologische Vorgänge in Sitten und Gebräuche eingebunden sind, deren Einhaltung für ein gutes Ergebnis als unbedingt notwendig oder wünschenswert erachtet wird.

Von Anthropologen wird über Geburten nicht viel berichtet – möglicherweise liegt das daran, daß es sich gewöhnlich um Männer handelt und es ihnen verwehrt ist, den Ritualen um die Geburt herum beizuwohnen. Sie haben jedoch so ausführlich über die Verwendung der Plazenta berichtet, daß man leicht glauben könnte, dieses sei eines der wichtigsten Rituale bei Geburten in primitiven oder agrarischen Gesellschaften. Man kann vermuten, daß der männliche Anthropologe, der bei der Geburt nicht dabei sein darf, draußen vor der Geburtshütte auf den Moment wartet, wenn jemand mit der Plazenta auftaucht und er seinen Aufzeichnungen endlich einige nützliche Bemerkungen hinzufügen kann.

Aus den greifbaren Zeugnissen von Anthropologinnen wird klar, daß die Geburt selten ein Vorgang ist, bei dem das Baby »so nebenbei herausfällt«, wie das allgemein bei einfacheren Gesellschaften angenommen wird. Sie ist vielmehr von Ritualen und Mythen, Verhaltensanweisungen, Verboten und Tabus umgeben und strukturiert.

Ebenso wie Tischmanieren und Verhaltensweisen bei der Stuhlentleerung gesellschaftlich geregelt sind, so daß Leute auf eine bestimmte Art, an bestimmten Orten und zu bestimmten Zeiten essen und ihren Darm entleeren, es also ungeschriebene

Regeln, Konventionen und Benimmvorschriften bei der Ausübung dieser Tätigkeiten gibt, so sind auch die Einstellung und das Verhalten bei der Geburt von der Gesellschaft bestimmt.

Bei jedem physiologischen Vorgang, der mit den Körperöffnungen zu tun hat, hängt die Art und Weise, wie wir unseren Körper gebrauchen, eng mit unserer Vorstellung über deren Platz, deren Wert und deren Funktionsweise zusammen. Diese Vorstellungen sind zum größten Teil Phantasien über die innere Geographie des Körpers – über Lage, Größe, Bau und Funktion der einzelnen Organe, und diese Phantasien haben vielleicht nur einen vagen Bezug zu den Tatsachen. Ebenso haben wir auch Vorstellungen über unsere Körpergrenzen, die ein wichtiger Bestandteil unseres Ganzheitsgefühls und unserer Identität sind.

In jeder Gesellschaft existieren kulturell anerkannte Vorstellungen darüber, wie die Entwicklung des Babys im Uterus vor sich geht, wie es geboren wird und auf welche Weise die Mutter oder andere Personen diesen Vorgang unsütsen oder behindern. Wenn die Geburt beginnt, erwarten alle, die daran beteiligt sind, daß bestimmte Dinge getan werden. Oft wird ihnen gar nicht bewußt, was für Maßnahmen sie treffen und warum sie das tun.

Vor einiger Zeit besuchte ich eine junge arabische werdende Mutter, deren Ehemann wünschte, daß sie bei sich zu Hause eine private Vorbereitung auf die Geburt erhielt. Der Unterricht gestaltete sich relativ schwierig, da der Ehemann und eine ältere Frau dabei anwesend waren und unmißverständlich klarmachten, daß sie alles über Geburt wußten, und daß der einzige Zweck meiner Unterweisungen darin bestehen sollte, die junge Frau stark zu machen, damit sie das Baby herauspressen konnte. Jedes meiner Worte mußte vom Mann übersetzt werden. Schließlich wurde er ungeduldig, weil ich überhaupt nicht zur Sache kam, nahm sie bei den Schultern und richtete ihre ganze Aufmerksamkeit auf sich selbst. Dann nahm er einen tiefen Atemzug und begann, mit aller Gewalt zu pressen, wobei er sich abmühte und stöhnte, nach Luft schnappte und sich wieder abmühte, als ginge es um sein Leben. Sogar einem Mann war klar, daß Geburt Pressen bedeutete, und genau das sollte sie lernen!

Es gibt eine ganze Reihe von Handlungen, die bei einer Geburt dazugehören. Während jedoch die Geburt in einigen Gesellschaften zu einem dramatischen Ereignis wird, gilt sie in anderen als ein gewöhnlicher und ganz alltäglicher Vorgang.

Wir sollten nicht meinen, daß die Geburt in weniger fortschrittlichen Gesellschaften immer leicht ist oder daß Frauen unbedingt ohne Schmerzen gebären. Viele gesunde Frauen bringen ihr Kind zwar auf dem Feld auf die Welt oder unterbrechen deswegen nur für kurze Zeit ihre Hausarbeit, es kommt jedoch sehr häufig zu Fehlgeburten (jede achte Schwangerschaft in einem afrikanischen Dorf zum Beispiel endete mit einer Fehlgeburt).[1] Einige Mädchen, die Anämie haben, unter Eiweißmangel oder an endemischen Krankheiten wie Malaria leiden, erreichen gar nicht erst das gebärfähige Alter oder sterben, bevor sie ihr erstes Kind zur Welt gebracht haben. Durch natürliche und kulturelle Begebenheiten ergibt sich so eine Auswahl der gesunden Frauen, die überleben und Mütter werden.

Für das Verhalten der Frau bei der Geburt kann es sehr strenge Regeln geben, so zum Beispiel, daß es eine Schande für ihren Mann ist, wenn sie vor Schmerzen schreit. Die Geburt kann eine Zeit der Prüfung sein wie die Initiation in der Pubertät. In einem westafrikanischen Dorf, wo Barbara Thompson Frauen bei der Geburt sehr aufmerksam beobachtet hat, wurde erwartet, daß sie ihre Kinder ohne einen Laut zur Welt bringen. Wenn eine Frau schrie, wurde sie als Feigling bezeichnet und ihr klargemacht, daß ihre Geburt dadurch nur noch länger würde.

Auch die Folgen der Geburt können für die Mutter traumatisch sein. Es kann vorkommen, daß das verletzte Gewebe um die Vagina nicht behandelt wird, und in Teilen Südafrikas wird eine Frau, deren Gewebe verletzt ist und bei der der Dammriß bis in den Anus hineinreicht, von der Gesellschaft ausgestoßen und muß in einer Hütte für sich leben.

Körperphantasien bei der Geburt

Bei meinen eigenen vergleichenden soziologischen Untersuchungen über die Geburt konnte ich feststellen, daß in agrarischen Gesellschaften die Körperphantasie am weitesten verbreitet ist, daß das Kind in den Brustkorb der Mutter gelangen kann und sie dadurch erstickt. Um das zu verhindern, wird der Körper der Mutter geklopft und massiert, so daß das Kind nach

[1] Barbara Thompson: Infant Feeding and Child Care in a West African Village. In: Journal of Tropical Pediatrics. Vol. 13, 1967.

unten geleitet wird. Sie wird mit langen Schals oder Stofftüchern umwickelt, um dadurch Druck auf den Fundus der Gebärmutter auszuüben, damit das Kind auch wirklich nach unten rutscht. In Amerika wurde in der Kolonialzeit ein Stück Stoff um den oberen Bauch und den Rücken gewickelt. Zu beiden Seiten der Gebärenden zogen Frauen abwechselnd daran, wodurch sie Druck auf die Gebärmutter ausübten und gleichzeitig den Bauch und den Rücken der Frau massierten. Bäuerinnen in Lateinamerika wenden diese Methode heute noch an. Der Hauptgrund für diese Maßnahmen scheint darin zu bestehen, dafür zu sorgen, daß das Baby sich nach unten und nicht nach oben bewegt. In Gesellschaften ohne medizinische Versorgung kann es passieren, daß es bei einer langen Geburt und einem unüberwindlichen Geburtshindernis zu einem Gebärmutterriß kommt und Kind und Mutter sterben. Für die Helferinnen sieht das so aus, als wäre das Kind aus dem Mutterleib herausgeplatzt.

Dieser Vorstellung entspricht die Körperphantasie, daß eine lange Röhre vom Mund durch die Kehle und die Brust in den Bauch und die Gebärmutter führt und sich dann gabelt und die unteren Öffnungen bildet. Es besteht häufig wie zum Beispiel bei den Bauern auf Jamaika, der Glaube, daß alles, was durch die Vagina eingeführt wird, durch die Kehle und den Mund wieder zum Vorschein kommt, und wahrscheinlich mit schlimmen Folgen. Das ist ein Grund dafür, weshalb mechanische Verhütungsmittel manchmal nicht in Frage kommen. Als ich mich in Jamaika aufhielt, ging gerade das Gerücht um, daß sich ein Kondom lösen könnte und den Körper der Frau hinaufwandern würde, bis sie am Ende erstickt.

Eine Hauptsorge der Helferinnen, die der Frau bei der Geburt beistehen, besteht darin, der Frau und allen, die dabei sind, zu versichern, daß das Kind sich den Geburtskanal hinunter bewegt, ganz so, wie es sein soll. Das geschieht nicht nur durch Zuspruch und Beistand, sondern häufig auch durch magische Handlungen und Gebete, um übernatürliche Mächte anzurufen, damit alles gut verläuft.

Wenn eine wissenschaftliche Überwachung der Geburt nicht vorhanden ist, wird die Hoffnung gehegt, die physiologischen Vorgänge durch magische Handlungen beeinflussen zu können, indem man sich die Geister der Vorfahren, die Götter oder andere spirituellen Mächte zunutze macht. Diese Handlungen haben eine eigene Logik. Jede Magie enthält ein inneres logisches Schema, und aus allen magischen Systemen erhalten wir Hinweise auf die Dinge, die in dieser Gesellschaft von Bedeutung sind.

In Teilen Ostafrikas zum Beispiel wird einer Frau, die eine lange und anstrengende Geburt hat, Kuhmist in die Scheide gegeben. Eine solche Handlung ist in Hirtengesellschaften von Bedeutung, wo Vieh den größten wirtschaftlichen Wert darstellt. Der Mist dient dazu, die Geburt des Kindes zu beschleunigen, indem man es riechen läßt, wie reich sein Vater ist. In anderen vorindustriellen Gesellschaften werden der Frau dramatische Mythen erzählt oder bei der Geburt vorgespielt. In diesen Mythen kommen die grundlegenden Vorstellungen über den menschlichen Körper und die Beziehung seiner Teile und Funktionen untereinander zum Ausdruck, und der Geburtsvorgang im besonderen wird mit allgegenwärtigen Mächten in Verbindung gebracht. Es kann vorkommen, daß das Geburtshaus voller Männer ist, die ihre Trommeln schlagen und Gesänge intonieren. Was auf den Beobachter wie kakophonischer Höllenlärm wirken mag, hat für alle, die an dem Vorgang beteiligt sind, einschließlich der Mutter, eine ganz andere Bedeutung. Durch das Schauspiel wird das Zusammentreffen von guten und bösen Mächten und von Leben und Tod im Körper der Frau versinnbildlicht. Der Zweck solcher dramatischen Mythen besteht darin, Harmonie zwischen der geistigen und der physischen Welt herzustellen, um so die Frau zu befreien, damit sie ihr Kind normal gebären kann.

Das wohl anschaulichste Beispiel hierfür finden wir bei den Cuna-Indianern in Panama, bei denen ein Schamane auf Veranlassung der Hebamme bei schwierigen Geburten einschreitet und dem Kind den Weg aus dem Körper der gebärenden Frau weist.[2] Die Frau liegt in ihrer Hängematte und der Schamane hockt darunter. Das Lied beginnt mit einer Beschreibung der Schwierigkeiten, die die Hebamme festgestellt hat, ihrer Bitte an den Schamanen um Hilfe und seiner Ankunft am Ort der Handlung. Dann folgt eine Beschreibung der Dinge, die er in der Hütte der Frau in Vorbereitung auf das Lied-Schauspiel ausgeführt hat: das Ausräuchern mit brennenden Kakaobohnen, Gebete und die Anfertigung heiliger Figuren aus Holz. Das ganze Lied stellt mit Hilfe der heiligen Figuren eine Suche nach Muu dar, dem Gott, der das Kind erschaffen hat. Muu

---

[2] Claude Lévi-Strauss: Strukturale Anthropologie. Frankfurt am Main 1978.

wohnt in der Scheide und der Gebärmutter, »dem dunklen, tiefen Strudel« der gebärenden Frau, und im Körper der Mutter findet der Kampf statt, bei dem Muu die Lebensessenz abgerungen wird, die der Gott gestohlen hat, damit das Kind geboren werden kann. Jedes Organ besitzt eine eigene Seele, und die Lebensessenz eines jeden Menschen besteht in der harmonischen Zusammenarbeit aller dieser verschiedenen Seelen im Körper.

Der Schamane ruft die Geister von alkoholischen Getränken, von den Winden, den Wassern und den Wäldern herbei und sogar den Geist »des silbernen Dampfers des weißen Mannes«, und der Körper der Frau wird mit Worten beschrieben, die sich auf die ganze Erde und alle Kräfte der Natur beziehen. Dann berichtet der Schamane, wie die Medizinmänner ihren Körper durchdringen, um mit Muu zu kämpfen und den Weg zu erleuchten. Er verfolgt den Weg dieser inneren Reise durch eine Art emotionaler Geographie der inneren Organe, die von Ungeheuern und wilden Tieren bewohnt sind. Fasern, die wie ein Spinnennetz die Gebärmutter durchziehen, versperren den Weg. Der Schamane ruft die Herren der holzzerfressenden Insekten an, damit sie die Fäden durchtrennen. Darauf folgt ein Wettkampf, den der Schamane und seine Helfer schließlich gewinnen. Dann muß er mit Hilfe der Höhlentiere den schwierigen Rückweg antreten. Als sie in ihren Körper eintraten, mußten sie »einer hinter dem anderen« gehen, auf dem Rückweg können sie »in Viererreihen« marschieren. Die Zervix (der Muttermund) öffnet sich so, wie es sein sollte.

Durch das Psychodrama der Mythen bietet der Schamane der gebärenden Frau eine bildhafte Sprache an, durch die ihre Leiden einen Ausdruck finden können und Sinn bekommen. Das ist eine äußerst weit entwickelte Form der Psychotherapie, und es werden keine anderen Behandlungsmittel angewandt. Die Sia in Neu-Mexiko verleihen den Vorgängen bei der Eröffnung des Muttermundes und der Geburt auf eine andere Weise im Ritual Ausdruck. Der Vater der gebärenden Frau taucht Adlerfedern in Asche und verstreut die Asche in alle vier Himmelsrichtungen. Dann streicht er mit den Aschenfedern den Körper der Frau an beiden Seiten und in der Körpermitte hinunter, wobei er um eine sichere Geburt des Babys bittet. Die Hebamme verfährt ebenso, indem sie dafür betet, daß das Kind den Weg ins Leben schnell und sicher hinter sich bringt. Die Schwägerin der Frau legt einen Maiskolben neben den Kopf der Gebärenden und bläst ihn bei der nächsten Wehe an. Das Gebet, das auf den Mais geblasen wurde, weht durch das Tor zum Leben.

In Indien ist es Sitte, einen Topf mit Getreide zu zerbrechen, so daß das ganze Korn herausströmt, so wie das Kind, das dann schnell und leicht geboren wird. Dieses Bild kann sehr anregend auf die gebärende Frau wirken. Oder es wird eine Blume mit noch geschlossenen Knospen neben die Mutter gestellt, damit sie sie anschauen kann. So wie die Blütenblätter öffnet sich auch ihr Muttermund immer mehr. Dadurch erhält die Mutter einen Brennpunkt, auf den sie ihre Wahrnehmung konzentrieren kann. Doch es wird noch mehr bewirkt. Es besteht eine Einheit zwischen dem Körper der Mutter und der sich entfaltenden Blume, zwischen ihrem Körper und der übrigen natürlichen Welt. Bei einer Verwendung kulturell bedeutsamer Symbole wie der Adlerfeder, dem Mais, dem Topf mit Getreide und der Blume wird eine Verbindung zwischen der Erfahrung des Augenblicks und dauerhaften Werten hergestellt, und die Wehen erhalten Struktur und Sinn.

In vielen Gesellschaften außerhalb der westlichen Kultur weiß man um das psychologische Element bei einigen Schwierigkeiten während der Geburt, und es existieren Techniken, die sich günstig auf ein besseres psychosomatisches Zusammenspiel auswirken. In einigen afrikanischen Gesellschaften wird eine Frau bei einer schwierigen Geburt dazu gedrängt, ihre Sünden zu beichten, damit die Geburt vorangeht. Der psychologische Effekt, den es hat, wenn sie sich von ihren Schuldgefühlen befreien kann, verhilft ihr dazu, daß die Geburt weitergeht. Diese Maßnahmen beruhen nicht nur auf Vorstellungen über den Körper, über Gesundheit und Krankheit, Schmutz und Reinlichkeit, sondern auch auf dem Begriff von Gut und Böse. Wenn das größte Vergehen einer Frau darin besteht, ein Inzesttabu zu brechen oder Ehebruch zu begehen, dann bedeuten solche Handlungen während der Schwangerschaft eine Gefahr für das Leben des Kindes und müssen gebeichtet und gesühnt werden. Bei den Manus in Neu-Guinea werden Mann und Frau dazu ermahnt, sich alle Gefühle des Zorns und Ärgers, die sie gegeneinander empfinden, einzugestehen, damit die Geburt normal verlaufen kann.[3] In Hawai wird manchmal die Hebamme dazu aufgefordert, Zaubermittel anzuwenden und den Schmerz auf ein Tier oder auf jemand anderen zu übertragen,

[3] Margaret Mead: Mann und Weib. Hamburg 1958.

dessen Lebenswandel zu wünschen übrig läßt. (Besonders gerne wird ein fauler Schwager dafür auserwählt.)

In früheren Kulturen wurden oft die Fortpflanzungsgöttinnen zum Schutze der Mutter und des Babys angerufen, und die Religion bot einen Rahmen für die emotionale Unterstützung der Frau. In Mesopotamien stellten die Geburtshelferinnen die gebärende Frau durch Anrufung Ischtars, der Sonnengöttin, unter göttlichen Schutz:

»Möge diese Frau glücklich gebären!
Möge sie gebären,
Möge sie am Leben bleiben,
Möge sie in Gesundheit vor Eure Göttlichkeit hintreten!
Möge sie glücklich gebären und Euch verehren!«[4]

Wenn sich bei den Zuni-Indianern die Geburt lange hinzieht, kann ein Mitglied der Großen Feuerbruderschaft der Frau helfen, indem er den Tiergöttern besondere Lieder singt, durch die die Geburt beschleunigt wird. Bei moslemischen Völkern spricht die Hebamme während der Geburt heutzutage Segenssprüche aus dem Koran.

Wie wir festgestellt haben, besteht allgemein Übereinkunft darüber, daß jedes Kind einen Vater haben sollte, selbst wenn der Mann, der in der Gesellschaft die Vaterrolle übernimmt, nicht mit dem leiblichen Vater des Kindes identisch ist. In einigen Gesellschaften, besonders dort, wo Sklaverei geherrscht hat, sind nur schwer Männer zu finden, die bereit sind, die gesellschaftliche Verantwortung der Vaterschaft zu übernehmen.

In Jamaika wird die Geburt manchmal dadurch beschleunigt, daß man die Mutter am verschwitzten Hemd des Vaters des Kindes riechen läßt. Das hat seine Ursache darin, daß ein großer Teil der Frauen, die ein Kind bekommen, in keiner festen Beziehung leben, und häufig kommen die Männer kurz vor der Geburt oder kurze Zeit danach zu dem Schluß, daß sie genug haben, und verlassen die Frau. Wenn ein verschwitztes Hemd herumliegt, ist das ein recht gutes Zeichen dafür, daß er in der Nähe ist, um seine Verpflichtungen gegenüber dem Baby zu übernehmen. Wenn der Frau in einem kritischen Moment der Geburt vor Augen geführt wird, in was für einer glücklichen Lage sie sich befindet, so wirkt sich das psycho-

4 Zitiert nach: David Meltzer. (Hrsg.): Birth. Ballantine Books, New York 1973.

logisch sicherlich sehr günstig für sie aus und gibt ihr neue Kraft.

Dennoch sollten wir nicht vergessen, daß in agrarischen Gesellschaften ebenso wie bei uns viele Gebräuche bei der Geburt eine empirische Grundlage haben. In jeder agrarischen Gesellschaft, in der ältere Frauen die Babys entbinden, müssen sie sich zu einem großen Teil auf die Erfahrungen verlassen, die sie im Lauf der Zeit gesammelt haben und auf das, was sie von anderen Geburtshelferinnen lernen, und was sich bewährt hat. Die meisten Frauen brauchen bei der Geburt hauptsächlich Fürsorge, Zuspruch und Unterstützung. Hebammen in Agrargesellschaften haben großes Geschick entwickelt, um ihnen diese Hilfeleistung zu geben.

Es gibt zahlreiche Methoden, um die Geburt für die Frau angenehmer zu machen: Heiße Tücher werden um ihren Körper gewickelt, ihr Bauch wird massiert, ebenso der Rücken und der Damm. Es gibt Atemtechniken, die man der Mutter bei den Wehen empfiehlt. Sie wird dazu angeregt, verschiedene Haltungen einzunehmen und bestimmte Bewegungen auszuführen (auch wenn diese manchmal zu großer körperlicher Erschöpfung führen oder bedeuten, daß die Frau völlig durchgeschüttelt wird, damit die Geburt beschleunigt wird). Sie bekommt beruhigende Kräutertees oder, wie zum Beispiel bei den Manus, eine gehaltvolle heiße Kokosnußsuppe[5] und andere Mittel, um einen großen Blutverlust zu verhindern. In Südamerika und in der Karibik wird eine Methode zur Unterstützung des Austreibungsreflexes der Gebärmutter angewendet, bei der die Frau in eine Flasche bläst, wenn die Austreibungsphase sehr lange dauert.

Die Zuni-Indianerinnen gebären auf einem Bett aus heißem Sand. Es ist sauber und bequem und symbolisiert gleichzeitig den Schoß der Mutter Erde. Die Mutter der Frau schüttet Sand auf den Boden und klopft ihn zu einem etwa fünfzig Zentimeter breiten und zehn Zentimeter hohen Hügel zurecht. Dann legt sie ein Schaffell darüber. Nach der Geburt wird der Sand aufgekehrt und weggeworfen.

[5] Margaret Mead: Mann und Weib. Hamburg 1958.

Normalerweise wird von gebärenden Frauen nicht erwartet, daß sie sich hinlegen. Sie gehen umher, wechseln häufig die Haltung und fahren mit ihrer normalen Arbeit im Haus oder im Freien fort, solange sie sich dazu in der Lage fühlen. Neuere Untersuchungen von Caldeyro Barcia in Lateinamerika, Professor Mendez-Bauer in Madrid und am Queen Elizabeth Hospital in Birmingham sowie am Southmead Hospital in Bristol kommen zu dem Ergebnis, daß es physiologisch gesehen für Mutter und Kind sehr viel besser ist, wenn sie auf den Beinen bleibt. Die Kontraktionen der Gebärmutter sind wirksamer, obwohl der Schmerz geringer ist. Die Blutversorgung des Kindes durch die Plazenta ist besser und die Geburt ist kürzer.[6] Mendez-Bauer stellte zum Beispiel fest, daß die Wehen bei einer Frau im Stehen um 100 Prozent wirksamer waren als im Liegen. Mütter in Agrargesellschaften wären sicherlich sehr überrascht, wenn sie erführen, daß wir gerade erst darauf gekommen sind.

Als ich eine Untersuchung in einer großen Entbindungsklinik in Jamaika durchführte, gab es dauernd Kämpfe zwischen den gebärenden Frauen und den Hebammen. Die Frauen wollten aufstehen und in die Hockstellung gehen oder sich in den Hüften schwingen, worauf die Hebammen versuchten, sie wieder auf das Bett zu befördern, wo sie still zu liegen und gute Patientinnen zu sein hatten.

Eine Schwester auf der Entbindungsstation, die offensichtlich aus der Mittelschicht stammte und der es peinlich war, daß eine Außenstehende wie ich Zeugin dieser Vorkommnisse war, sagte zu mir: »Ich weiß nicht, warum Sie ihnen dabei zuschauen wollen, sie sind wie wilde Tiere!« Das Personal kam nicht umhin zu bemerken, daß die aufdringlichen Bewegungen, die die Frauen bei der Geburt ausführten, keinesfalls den Benimmvorstellungen der weißen Mittelschicht entsprachen. Sie schämten sich für diese Frauen.

Die Sia-Indianerin sitzt in eine Decke gewickelt auf einem niedrigen Stuhl mit dem Rücken zum Feuer, und wenn ihr danach zu Mute ist, steht sie auf und geht umher. Wenn die Austreibungsphase beginnt, kniet sie sich auf ein Sandbett und schlingt ihre Arme um den Hals ihres Vaters. Ihr Rücken wird vom Körper der Hebamme abgestützt, die ihre Arme von hin-

<hr>

[6] Peter M. Dunn: Obstetric Delivery Today. In: Lancet. 10. April 1976.

ten um sie legt und ihren Bauch massiert. Bei den sibirischen Nomaden lehnt sich die Frau während der Wehen gegen zwei in einem Abstand von einem Meter parallel zueinander stehende Stangen mit einem Querbalken und läßt sich von den Achselhöhlen abwärts hängen, so daß ihr ganzer unterer Körper, von dem Querbalken abgestützt, locker ist. Auf den Osterinseln, die insofern eine Ausnahme darstellen, daß die Hebammen Männer sind, steht die Frau entweder mit breiten Beinen oder sie sitzt und der Geburtshelfer steht hinter ihr und stützt sie mit seinem Körper, wobei er ihren Bauch langsam und rhythmisch massiert.

Die Haltungen, die Frauen gegen Ende der Geburt einnehmen sollen, sind verschieden, angefangen bei der sitzenden Haltung, die die Frauen in Europa im Mittelalter in den Gebärstühlen einnahmen (und die erst unter der Herrschaft Ludwigs XIV. abgeschafft wurden, als die Geburtshelfer seine Mätressen auf einem flachen Tisch entbanden, so daß er sich hinter einem Vorhang verstecken und alles mit ansehen konnte)[7] bis zum Schwingen an den Dachsparren der Hütte. Die häufigste Position, die auch physiologisch am vorteilhaftesten ist, besteht in einem runden Rücken und gebeugten Knien, wobei die Muskeln an der Innenseite der Oberschenkel entspannt sind. In dieser Haltung erweitert sich das Becken um 30 Prozent. Dakotafrauen brachten ihre Kinder in einem Sandhügel in dieser Position zur Welt, wobei sie ihre Füße gegen Holzpflöcke stemmten und sich mit den Händen an Holzpflöcken, die sich seitlich befanden, festhielten.

Die Manus in Neu-Guinea gehen zur Geburt in besondere Häuser, die auf Pfählen über dem Meer gebaut sind und wo die alten Frauen des Stammes wohnen.[8] Die Frau liegt bei der Geburt auf einer Matte am Boden. Sie liegt auf der Seite und stützt ihre Füße an einem Brett ab. Sie wird von drei Hebammen betreut, je eine sitzt an ihrer Seite, eine stützt ihren Rücken. Die Frau schlingt ein Bein um das Bein einer Hebamme und wechselt häufig die Seiten.

Bei einem anderen Stamm in Neu-Guinea, den Usiai, sitzt die Frau zwischen den Beinen ihrer Schwester.[9] Die Schwester ih-

[7] Siehe hierzu: Suzanne Arms: Immaculate Deception. Houghton Mifflin, Boston 1975.

[8] Margaret Mead: Mann und Weib. Hamburg 1958.

[9] Margaret Mead: Mann und Weib. Hamburg 1958.

res Schwiegervaters sitzt vor ihr, hat ihre Arme um sie gelegt und massiert ihren Rücken, und die Frau schwingt während der Wehen ihren Körper zwischen den Körpern ihrer beiden Helferinnen hin und her.

In Westafrika ist es üblich, daß eine Frau kniet, wobei an jeder Seite Frauen stehen, die sie festhalten. Vielleicht zieht sie es eine Zeitlang während der Wehen vor, sich an die Dachsparren zu hängen und mit ihrem Körper vor- und zurückzuschwingen[10], oder sie hockt zwischen zwei Häuserpfosten und zieht sich während der Wehen mit den Armen hoch und läßt sich wieder nach unten gleiten. Für die Geburt geht sie in die Hockstellung, an jeder Seite wird sie von einer Frau gestützt, die sie eingehakt hat, eine weitere Hebamme übt Druck auf ihren Rücken aus, eine vierte massiert ihren Bauch und zwei andere Frauen stützen ihre Beine. Der gerundete Rücken und die Hockstellung, bei der sie festen Halt durch die Körper ihrer Helferinnen hat, sind – mit verschiedenen Abwandlungen – in den meisten agrarischen und primitiven Gesellschaften gebräuchlich. Nur bei uns müssen Frauen flach auf dem Rücken liegen und ihre Beine in die Luft strecken wie Käfer, die auf den Rücken gerollt sind. Diese Position mag für den Geburtshelfer bequem sein, für die Frau ist das jedoch eine unangenehme und oft schwierige Haltung, weil dadurch bewirkt wird, daß sie das Baby »bergauf« schieben muß.

Die Hockstellung ist eine Haltung, die von Menschen ganz spontan bei der Stuhlentleerung eingenommen wird. Bei der Geburt müssen dieselben Beckenbodenmuskeln entspannt werden, die bei der Darmentleerung beteiligt sind. In einer abgewandelten Hockstellung kann die Frau also leichter gebären, als wenn sie flach ausgestreckt daliegt. Moderne Geburtsvorbereitungsmethoden haben bei uns in der westlichen Welt dazu geführt, daß Frauen nicht mehr daran gehindert werden, bei der Geburt in die halbe Hocke zu gehen oder ihr Kind im Vierfüßlerstand, kniend, aufrecht sitzend oder in einer anderen Position, die ihnen bequem erscheint, zur Welt zu bringen.

[10] Barbara Thompson: Infant Feeding and Child Care in a West African Village, In: Journal of Tropical Pediatrics. Vol. 13, 1967.

Fast immer sind mit der Geburt Reinlichkeitsrituale verbunden. Häufig ist es Sitte, daß die Mutter ihr Kind in einer besonderen Geburtshütte zur Welt bringt, so zum Beispiel in manchen Teilen Afrikas und Indiens. Außer ihren Geburtshelferinnen darf niemand eintreten. Das hat den nützlichen Effekt, daß die Mutter und ihr Baby von möglichen Infektionen abgeschirmt sind. Sowohl die Mutter wie auch das Baby müssen gereinigt werden, und das geschieht durch Trankopfer, die aus Ölen bestehen, durch geheiligte Zeichen oder Gesänge, durch eine Säuberung oder ein Bad mit Wasser, dem besondere Kräuter oder färbende Substanzen beigegeben werden.

Für Babys, die unter unhygienischen Bedingungen geboren werden, besteht die große Gefahr eines Neugeborenen-Wundstarrkrampfes, denn die Nabelschnur wird häufig mit einem schmutzigen oder rostigen Messer durchtrennt, das oft auch auf dem Feld oder beim Hühnerschlachten benutzt worden ist. In Keneba, einem Dorf in Gambia, stirbt mehr als die Hälfte der Babys.[11] Denn die rituelle Reinlichkeit und Befreiung von Beschmutztsein fällt zwar häufig mit der praktischen Reinlichkeit zusammen, weicht aber auch oft sehr stark von ihr ab. So kann das Untertauchen im stark verschmutzten Ganges eine spirituelle Reinigung bewirken, jedoch zu einer Erkrankung führen.

Durch Säuberungsrituale wird die Krise zum Ausdruck gebracht, die sowohl die Mutter wie auch das Kind durchgemacht haben, und gleichzeitig werden sie dadurch auch vor der Bedrohung durch das Unbekannte, vor den Mächten der Dunkelheit geschützt. Einige dieser Rituale sind mit einer körperlichen Reinigung verbunden, so zum Beispiel bei den Frauen in Jamaika die Sitte, sich über einen Eimer mit dampfendem Wasser zu hocken, das so heiß ist »wie eine neuntägige Liebe«. Das ist eine gute Methode, um den Damm zu reinigen, ohne ihn berühren zu müssen. Es kann sein, daß das Neugeborene sofort gebadet wird, wie das bei uns häufig der Fall ist. Tatsächlich besteht keine Notwendigkeit dazu, denn von einigen Blutflecken abgesehen kommen Babys sauber auf die Welt. Oft sind sie mit Käseschmiere bedeckt, einer cremigen Substanz, durch die die Haut des Babys in der Gebärmutter geschützt ist. Das Abwi-

[11] Barbara Thompson: Infant Feeding and Child Care in a West African Village. In: Journal of Tropical Pediatrics. Vol. 13, 1967.

109

schen dieser Käseschmiere bei der Geburt richtet mehr Schaden an, als es Vorteile bringt. Die Säuberung des Neugeborenen hat eher rituelle Bedeutung als hygienischen Wert.

Die Verabreichung von Abführmitteln ist eine drastische Methode der Säuberung, die auf verschiedene Arten überall auf der Welt und besonders auch bei uns Anwendung findet, wo eine regelmäßige Darmentleerung als Voraussetzung für Gesundheit und Sauberkeit gilt. In unserer Gesellschaft hat der Verkauf von Abführmitteln astronomische Ausmaße erreicht. Diese Einstellung gegenüber den Darmfunktionen wird auf die Geburt übertragen. In technisch hochentwickelten Gesellschaften bekommt die Frau einen Einlauf oder ein Zäpfchen zum Abführen, damit sich ihr Darm entleert. In anderen Gesellschaften wird der Frau vielleicht Rizinusöl verabreicht. Bei uns wird Rizinusöl auch noch als traditionelle Methode angewendet, um die Geburt in Gang zu bringen.

Die Plazenta, die Nachgeburt, nimmt in den Geburtssitten eine besondere Stellung ein. Sie steht am engsten mit dem Baby in Verbindung. Das Kind bringt die Plazenta aus einer anderen Welt – der intrauterinen Welt oder der Welt der Geister – mit sich. Deshalb wird sie häufig ehrfürchtig behandelt und zum Beispiel unter einem Baum vergraben, der von da an das ganze Leben lang der Baum dieses Kindes ist. In Westafrika werden weise Männer zur Weissagung aus der Plazenta herbeigerufen. Sie untersuchen sie eingehend und sagen die Zukunft des Kindes voraus. Eine Sitte auf den westindischen Inseln, bei der die Knoten in der Nabelschnur gezählt werden, hängt hiermit eng zusammen. Die Anzahl der Knoten soll Aufschluß über die Zahl der Kinder geben, die die Mutter noch bekommt. Manchmal herrscht auch der Glaube, daß jeder, der die Plazenta an sich nimmt, Macht über das Kind erhalten kann. Deshalb muß sie sorgsam und in aller Heimlichkeit entweder durch Vergraben oder Verbrennen beseitigt werden.

Der Mann und die Geburt

In vielen Gesellschaften herrscht die Auffassung, daß von der Geburt ebenso wie von der Menstruation Gefahr für Männer ausgeht, wenn sie sich unbefugt zu sehr in die Nähe wagen. In der jüdisch-christlichen Vorstellungswelt kann dieser Glaube bis zum 3. Buch Mose zurückverfolgt werden. Im 7. Jahrhundert verkündete Erzbischof Theodore von Canterbury, daß eine frisch entbundene Frau sich vierzig Tage in Isolation begeben müsse, bis sie wieder rein sei, und daß jede Frau, die während ihrer Menstruation in die Kirche ging, drei Wochen lang fasten müsse. Im Pönitenzbuch von Erzbischof Egber (735–766) steht, »daß jede religiöse Frau drei Monate vor und sechzig Nächte und Tage nach der Geburt Keuschheit üben solle«.[12] Es geht dabei nicht um das Wohlergehen der Frauen, sondern darum, daß eine frisch entbundene Frau für einen Mann gefährlich ist. Nicht nur die menstruierende oder gebärende Frau ist in ritueller Sicht unsauber, sondern auch ihre Körperprodukte, wie abgeschnittene Fingernägel oder Haare und vor allem ihre Körperausscheidungen und ihr Blut, sind für Männer tabu und können zu Krankheit oder sogar zum Tode führen. Im Kapitel ›Eine muttergerechte Welt?‹ werden wir die Vorstellungen über Reinheit und Verunreinigung näher untersuchen, die Frauen in den Augen der Männer verkörpern, je nachdem, welche Funktionen sie für die Männer erfüllen.

Früher war es hauptsächlich die Aufgabe der Frauen gewesen, anderen Frauen bei der Geburt beizustehen. Überall auf der Welt, von den wenigen Ausnahmen abgesehen, wo es üblich ist, daß eine Frau sich allein in den Busch zurückzieht, um ihr Kind zur Welt zu bringen, übernehmen es Frauen, einer Freundin, Nachbarin oder Verwandten zu helfen. Bei den Keneba in Gambia zum Beispiel wird von jeder Frau erwartet, daß sie eine gute Hebamme ist.[13] Dort lernen Frauen ebenso wie Kochen auch, wie sie einer anderen Frau dabei helfen können, ihr Kind zur Welt zu bringen. Zur Zeit der Königin Elisabeth I. von England, in der zweiten Hälfte des 16. Jahrhunderts, war eine Frau bei der Geburt von ihren »Klatschbasen« umgeben, alle einschließlich der Mutter konsumierten eine Menge starker Getränke, und »oft herrschte mehr Fröhlichkeit als bei einem Fest«.[14]

Männer, die sich mit der Hebammenkunst beschäftigten, taten dies auf eigene Gefahr. In England wurden die ersten männ-

[12] A. W. O. Hassall: How They Lived 55 BC – 1458. Blackwell, 1962.
[13] Barbara Thompson: Infant Feeding and Child Care in a West African Village. In: Journal of Tropical Pediatrics. Vol. 13, 1967.
[14] Jean Donnison: Midwives and Medical Men. Heinemann, 1977.

lichen Hebammen im 17. Jahrhundert anerkannt. Bis dahin mußten Ärzte, die von einer Hebamme herbeigerufen worden waren, um bei einer schwierigen Geburt zu assistieren, auf allen Vieren hineinschleichen und sich unter dem Mobiliar verstecken. Die herkömmliche Geburtsposition in England, bei der die Frau auf der linken Seite liegt, ist angeblich darauf zurückzuführen, daß eine Frau sich schämte, wenn ein Mann ihren Körper sah. In dieser Position wandte sie dem Arzt den Rücken zu, so daß er ihr Gesicht nicht sehen konnte. Selbst als männliche Hebammen allgemein anerkannt wurden, mußten sie unter dem Bettlaken umhertasten. Manchmal bekamen sie um der Sittlichkeit willen bei der Entbindung das Bettuch um den Hals gebunden und mußten sich völlig auf ihren Tastsinn verlassen.

Männer hätten wahrscheinlich in unserer Gesellschaft niemals als Experten bei Geburten eine Rolle gespielt, wenn sich nicht im 13. Jahrhundert die Zunft der Bader gebildet hätte. Aufgrund der Vorschriften dieser Zunft durften nur Chirurgen chirurgische Instrumente benutzen. Sie wurden herbeigerufen, wenn Komplikationen auftraten. Im Jahre 1616 wurde Dr. Peter Chamberlen, ein Mitglied der Hugenottenfamilie, die die Geburtszange erfunden hatte, im Zusammenhang mit einer geplanten Hebammenzunft, die unter seiner Leitung stehen sollte und in der er selber unterrichten wollte, aus diesem Grund kritisiert. Die Kritik gründete sich darauf, daß er Entbindungen nur mit Instrumenten und »unter außerordentlicher Gewaltanwendung in hoffnungslosen Situationen« durchführe und nichts über natürliche Geburt wisse[15], was vollkommen den Tatsachen entsprach. Wenn Männer als Geburtshelfer arbeiteten, berechneten sie ein höheres Honorar als Frauen, und bis zur Mitte des 18. Jahrhunderts war es Mode geworden, einen männlichen Geburtshelfer bei der Geburt dabei zu haben. Sogar kleine Händler wollten zeigen, daß sie in der Lage waren, ihrer Frau die bestmögliche Behandlung angedeihen zu lassen, wenn sie schwanger war, und riefen einen Arzt zur Geburt.

Zur gleichen Zeit wurden auch die ersten Entbindungskliniken gebaut, wo sehr arme Frauen ihre Kinder zur Welt bringen konnten und gleichzeitig auch das klinische Anschauungsmaterial für die Ärzte und ihre Studenten lieferten.

---

[15] Ein faszinierender Bericht über die Geschichte der Hebammenkunst findet sich bei: Jean Donnison: Midwives and Medical Men. Heinemann, 1977.

Für ehrgeizige Ärzte nahm die Geburtshilfe an Beliebtheit zu, weil sie dadurch neue Patienten gewannen. Wenn sie in einer Familie ein Kind zur Welt gebracht hatten, konnte es sein, daß alle Familienangehörigen in ihre Praxis kamen, damit es ihre Krankheiten heilte. Es lag im Interesse aller männlichen Ärzte, die Macht der Hebammen zu beschneiden und ihr Wissen einzuschränken. In den von ihnen verfaßten Lehrbüchern für Hebammen fehlten viele wichtige Informationen. Sie waren aus dem Grund ausgelassen worden, daß über bestimmte Dinge nur Ärzte Bescheid wissen sollten. In einem dieser Bücher, ›The Midwife Rightly Instructed‹ (Die wohlunterwiesene Hebamme),[16] erfahren die Hebammen, daß sie nicht wissen sollten, wie ein Blutsturz behandelt wird, und es wird ihnen geraten, »keinerlei Ehrgeiz zu entwickeln, der die Fähigkeiten einer Frau übersteigt«. Folglich konnte eine Frau, wenn sie abgelegen wohnte und die Hebamme den Arzt nicht erreichen konnte, bei der Geburt ruhig verbluten.

Zu Beginn des 19. Jahrhunderts hatten die Ärzte den Sieg davongetragen. Die Hebammenkunst war der ärztlichen Geburtshilfe untergeordnet. Die Hebamme handelte auf Anweisungen des Arztes und assistierte ihm. Die Versuche von Florence Nightingale und dem Medical College für Damen, eine Ausbildung für Hebammen zu schaffen, die dem Standard der Ärzte entsprach, waren zum Scheitern verurteilt. Es sollte keine gesonderte Spezialisierung auf diesem Gebiet geben. Eine Frau mußte entweder versuchen, zur Ausbildung als Ärztin zugelassen zu werden, oder sie hatte sich als Hebamme der Autorität der männlichen Medizin unterzuordnen.

Wenn der Vater bei der Geburt dabei sein will, ist das sehr viel komplizierter. In vielen Kulturen herrscht die strenge Bestimmung, daß er sich vom Schauplatz der Geburt fernzuhalten hat. Das männliche und das weibliche Element müssen getrennt bleiben. Wenn er auch nicht dabei sein darf, so wird doch oft angenommen, daß die Gesundheit und das Leben des Kindes in großem Maße von seinen Handlungen abhängen. Wenn er sich einer anderen Frau zuwendet, seinen Speer am Tag der Geburt poliert oder fischen geht, bringt er das Leben des Kindes in Gefahr. Er muß auf seine Handlungsweise acht geben und so seinen Teil zur Geburt beitragen. Auf diese Weise nimmt er

[16] Thomas Dawkes: The Midwife Rightly Instructed. 1736, zitiert nach: Jean Donnison: Midwives and Medical Men. Heinemann, 1977.

aktiv an der Geburt teil, obwohl er nicht körperlich anwesend ist. Im Koran steht, daß ein Vater bei der Geburt Gebete sprechen sollte, und er macht das Kind auch mit der Außenwelt bekannt, indem er ihm ein Stück Dattel in den Mund steckt.

Wenn der Ehemann selbst der Geburtshelfer ist, wie zum Beispiel bei den Bang Chan in Südostasien, muß er vor den weiblichen Kräften besonders geschützt werden. Er hält in seinen Händen Räucherstäbchen, Blumen und eine brennende Kerze, wodurch es ihm möglich ist, in die heilige Welt hinüberzuwechseln, in der die Geburt stattfindet. Dann bittet er die Geister um Hilfe, damit sie die Winde der Geburt in seinem Körper stark werden lassen, denn nicht er, sondern die Winde verhelfen dem Baby ans Licht der Welt. Er ist nur da, um es zu empfangen.

Bei der Couvade nimmt der Ehemann an der Geburt teil, indem er die Geburt entweder zur gleichen Zeit wie seine Frau oder nach Beginn der Wehen durchlebt oder indem er sich am Wochenbett beteiligt. Ein Vater bei den Arapesh zum Beispiel wartet darauf, daß er das Geschlecht des Kindes erfährt.[17] Dann sagt er entweder: »Wascht es« oder »Wascht es nicht«, je nachdem, ob er wünscht, daß es am Leben bleibt oder nicht. Wenn das Kind leben bleiben soll, bringt er seiner Frau ein Bündel mit weichen Blättern, mit dem sie den Netzbeutel auskleiden kann, in dem das Baby zusammengerollt hängt, außerdem eine Kokosnußschale, um das Baby darin zu baden und stechende Blätter, um das Böse von der Hütte fernzuhalten. Er bringt auch seine Kopfstütze aus Holz mit und legt sich neben seine Frau. Beide bekommen am ersten Tag nach der Geburt nichts zu essen und zu trinken. Sie sind damit beschäftigt, magische Riten für das Wohlergehen des Kindes auszuführen. Fünf Tage bringen sie in Abgeschiedenheit zu. Der Vater darf seinen eigenen Körper nicht berühren und auch keinen Tabak. Alle Nahrungsmittel muß er mit einem Löffel zu sich nehmen, bis eine Zeremonie ritueller Reinigung in einem besonderen Blätterhaus neben einem Teich stattgefunden hat. Aber auch noch danach darf er nur bestimmte Nahrungsmittel zu sich nehmen und darf kein Fleisch essen, bis das Kind einen Monat alt ist.

Auf diese Weise fällt dem Vater bei der Geburt eine ganz bestimmte Rolle zu. Gleichzeitig wird er durch sorgsam ausgeführte Rituale vor der Entmännlichung geschützt, von der

[17] Margaret Mead: Mann und Weib. Hamburg 1958.

angenommen wird, daß sie eintreten kann, wenn ein Mann ›weibliche‹ Handlungen ausübt. Wenn der Vorgang der Beteiligung an der Geburt vorbei ist, wird er durch eine Initiation wieder in die Männerwelt aufgenommen, bei der ähnliche Rituale ausgeführt werden wie bei der Initiation des Jungen zum Mann. Danach ist er ein Vater, der erfolgreich ein Kind zur Welt gebracht hat.

Es kommt zwar vor, daß der Vater als Geburtshelfer fungiert oder Zauberer herbeigerufen werden, wenn es bei der Geburt zu Komplikationen kommt, doch in primitiven Gesellschaften haben Männer mit der normalen Geburt gewöhnlich nichts zu tun. Es gibt keine männliche Funktion, die der des Geburtshelfers in westlichen Gesellschaften entspricht. Diese Aufgabe kommt allein den Hebammen zu.

Die Hebammen-Hexe

Die Geschichte der Hebammenkunst läßt sich parallel mit der Geschichte der Hexerei zurückverfolgen und deckt sich oft mit ihr. Häufig wird Hebammen eine besondere Zaubermacht über die Fruchtbarkeit, die Entwicklung des Babys, die Geburt und das Überleben des Kindes beigemessen. So war die Hebamme oft auch eine Hexe und konnte Macht über die Geister des Neugeborenen ausüben. In vielen agrarischen Gesellschaften wird sie immer noch aufgesucht, wenn Glücksbringer oder ein Liebestrank benötigt werden.

Wir haben bereits festgestellt, daß die Gesundheitsfürsorge überall hauptsächlich in den Händen der Frauen liegt. In Agrargesellschaften bilden Heilerinnen die gesamte Grundlage der gesundheitlichen Versorgung, sei es durch Buschtees oder Kräutermedizin oder Massagen und psychotherapeutische Verfahren. Erst wenn diese Maßnahmen keine Wirkung zeigen, wird auf die dramatischeren Verfahren der männlichen Experten, der Schamanen, Medizinmänner und Priester zurückgegriffen. Die Heilfertigkeiten dieser Frauen gehören in gewisser Hinsicht zum Bemuttern. Sie erwachsen aus der Fähigkeit zur Fürsorge und stellen eine Erweiterung der Fähigkeit zur Förderung innerer Wachstumsprozesse dar. Gleichzeitig sind die Frauen mit ihrer Heilkunst Vermittlerinnen zwischen dem Natürlichen und dem Übernatürlichen. Tatsächlich sind dies nicht zwei getrennte Bereiche, sondern sie gehören zusammen, denn die richtige Ausgewogenheit, auf der die Gesundheit beruht, hängt selbst von dem Gleichgewicht zwischen der natürlichen und der übernatürlichen Welt ab. Aus diesem Grund haben Heilende gewöhnlich gleichzeitig auch über magisch-religiöse Kräfte verfügt. Sie haben nicht nur das Ungleichgewicht zwischen physischen, sondern auch zwischen spirituellen Elementen ausgeglichen. Deshalb sind sie Hexen und gleichzeitig auch Expertinnen in der Kunst der Volksmedizin.

Im Europa des Mittelalters wurde behauptet, daß sie ungetaufte Kinder töten und essen. Von einer Schweizer Hebamme wird berichtet, daß sie gestanden hat, Babys in ihrer Krippe oder neben ihren Müttern getötet zu haben, und zwar so, daß es aussah, als hätte sich jemand auf das Baby gelegt oder als ob es eines natürlichen Todes gestorben sei. Sehr verbreitet war der Glaube, daß sich den Hebammen eine besondere Gelegenheit zum Töten der Babys zum Zeitpunkt der Geburt böte, indem sie mit Nadeln durch die Fontanelle ins Hirn stechen konnten. Wenn ein Baby tot zur Welt kam, war eine Hebamme, bei der schon mehrere Totgeburten vorgekommen waren oder Kinder kurz nach der Geburt starben, besonders stark solchen Angriffen ausgesetzt. Im Mittelalter war es bei den Hebammen üblich, einen Fingernagel besonders lang wachsen zu lassen und ihn ganz spitz zuzuschneiden, um damit die Fruchtblase sprengen zu können, falls das nötig war. Es ist verständlich, daß angenommen werden konnte, es sei diese Waffe, mit der die Hexen-Hebamme die Babys tötete, denen sie auf die Welt verholfen hatte.

Im 15. Jahrhundert verkündete ein Theologieprofessor, der von Papst Innozenz VIII. mit dem Beisitz der Inquisition während der Hexenverfolgung beauftragt worden war, daß die Hebammen, die Widersacherinnen der Kirche, an allem schuld seien: »Niemand fügt dem katholischen Glauben mehr Schaden zu, als die Hebammen.« Diese Frauen ließen ungetaufte Kinder sterben oder führten ihren Tod herbei, wodurch sie für den katholischen Glauben verloren wären. Der Papst erklärte, daß »diese Hexen sich Teufeln, Inkubi und Sukkubi verschrieben« hätten und »durch ihre Gesänge, Zaubersprüche, Beschwörungen und andere verwunschene Zaubereien und Mittel, durch Frevel und Greueltaten Kinder getötet haben, die noch im Mutterleib waren«.

Schwarze und weiße Magie wie diese, wobei das eine unlösbar mit dem anderen verflochten ist, teilweise aus Zaubersprüchen, Gebeten und Gesängen bestehend, teilweise unter Verwendung von Medizin und Buschtees und teilweise auf Gesundbeten, Psychotherapie und Handauflegen beruhend, gibt es überall auf der Welt. In Agrargesellschaften gehören Hebammen zu den wichtigsten Personen innerhalb der von Frauen gebildeten sozialen Gruppe. Sie üben nicht nur die Pflanzenheilkunde aus, sondern wachen auch über die Fruchtbarkeit und die Entstehung und Ankunft eines jeden neuen Mitglieds der Gesellschaft. Sie sind also für die gesamte Gesellschaft von großer Wichtigkeit und genießen deshalb ein hohes Ansehen und beträchtliche Macht.

Die tatsächliche oder offenbare Fruchtbarkeitsregelung hat, wie wir im Kapitel ›Mutterschaft als Falle‹ zeigten, in vorindustriellen Gesellschaften immer schon im Mittelpunkt gestanden, und hiervon hängt das Wohlergehen der Gesellschaft als Ganzes ab. Wer die Fruchtbarkeit beeinflussen kann, hat auch Macht über die Gesellschaft. Mary Douglas berichtet über die Lele[18] im Kongogebiet, daß bei ihnen Geburt und Jagd immer im Zusammenhang miteinander standen. Wenn eine ganze Reihe von Jagden erfolglos verlaufen waren, machten die Dorfbewohner schon bald Bemerkungen darüber, wie wenige Schwangerschaften es in letzter Zeit gegeben habe. Die Wahrsager, die die Dinge wieder in Ordnung bringen sollen, bringen den Mißerfolg bei der Jagd immer mit der Unfruchtbarkeit der Frauen in Zusammenhang. Wenn alles wieder im Lot ist, heißt es bei den Lele: »Unser Dorf ist jetzt mild und gut. Seit der Wahrsager nach Hause zurückgekehrt ist, haben wir drei Wildschweine und viele Antilopen getötet, vier Frauen haben empfangen, wir sind alle gesund und stark.«

Vielleicht ist das der Grund, weshalb die Macht der Hebammen in der Vergangenheit weit über ihre Tätigkeit in der Geburtshilfe hinausgegangen ist. Das ganze soziale Leben hing von ihnen ab, denn sie sorgten für das Gleichgewicht zwischen der männlichen und der weiblichen Welt.

Vom Standpunkt der westlichen Industriegesellschaften aus werden die Hebammen in bäuerlichen Gesellschaften für schmuddelige und unwissende alte Weiber gehalten. Innerhalb dieser Gesellschaften jedoch wird offenbar, daß diese »weisen

[18] Mary Douglas: The Lele of the Kasai. In: Daryll Forde (Hrsg.): African Worlds. OUP, New York 1954.

Frauen« außergewöhnliche Fähigkeiten besitzen und hochbe-
gabt sind. In Ländern mit geringen Ausbildungsmöglichkeiten
gelingt es nur den Intelligenteren, ihre Fähigkeiten bei der Behandlung von Leuten auf diese Weise einzusetzen. Die katholische Kirche stand den heilenden Hebammen mit der gleichen
Unruhe gegenüber wie denen, die angeblich Böses taten, denn
die Macht der heilenden Frauen stellte ein gefährliches Gegen-
gewicht zur männlichen Autorität der Kirche dar. Sie übten ihre
Tätigkeit neben der kirchlichen Macht und im Widerspruch zu
ihr aus, ebenso auch im Gegensatz zur männlichen Medizin, die
selbst der Kirche unterstand. Szasz schreibt hierzu: »Weil im
Mittelalter die Katholische Kirche mit Unterstützung von Kö-
nigen, Fürsten und weltlichen Mächten Kontrolle über die medizinische Ausbildung und Praxis ausübte, stellt die Inquisition
(Hexenverfolgung) ein frühes Beispiel dafür dar, wie den
»Nicht-Professionellen« durch die »Professionellen« die Fähigkeiten abgesprochen und die Rechte entzogen werden, den Armen zu dienen.«[19]

Ein Hexenverfolger, der in England eine bedeutende Rolle
gespielt hat, äußerte:

»Denn dies müssen wir immer im Gedächtnis halten, daß wir
unter Hexen nicht nur jene verstehen, die töten und quälen,
sondern alle Wahrsager, Zauberer, Gaukler, alle Magier, die
gemeinhin weise Männer und weise Frauen genannt werden
(...) und dazu rechnen wir alle guten Hexen, die nicht Schaden,
sondern Gutes tun, die nicht verderben und vernichten, sondern retten und bewahren. (...). Es wäre tausendmal besser um
dieses Land bestellt, wenn alle Hexen, aber besonders die wohl-
tätigen Hexen, den Tod erlitten.«[20]

Sowohl die männlich beherrschte Medizin wie auch die Kirche setzten also einer von Frauen bestimmten Heilkunde und
Fruchtbarkeitsregelung unerbittlichen Widerstand entgegen
und beschworen einen Konflikt herauf, der bis zum heutigen
Tag andauert. Wo ländliche Hebammen in Entwicklungsländern die Möglichkeit hatten, sich grundlegende Kenntnisse über
Hygiene anzueignen, ist es manchmal möglich, sich neben einem System moderner Geburtshilfe ihre Fähigkeiten zu Nutze

[19] Thomas Szasz: Die Fabrikation des Wahnsinns. Gegen Macht und Allmacht
der Psychiatrie. Frankfurt am Main 1976.
[20] Barbara Ehrenreich, Deidre English: Hexen, Hebammen und Krankenschwestern. München 1975, S. 17f.

zu machen, die darin bestehen, daß sie den Frauen Zuversicht vermitteln, sie führen und emotional unterstützen. In Indien sind zum Beispiel Bücher über die Ausbildung der Hebammen veröffentlicht worden, die traditionelle Methoden und Instrumente mit einbeziehen und den kulturellen Zusammenhang der Geburt beachten. In den meisten Ländern besteht jedoch ein krasser Zwiespalt zwischen der alten Art, ein Baby zu bekommen, und der neuen, westlich beeinflußten Geburtshilfe. Beide Systeme existieren nebeneinander, ohne daß ein Wissensaustausch stattfindet.

Eine Geburt bei Bauern in Jamaika

Nanas sind die Volkshebammen, die früher den meisten Babys in Jamaika ans Licht der Welt verhalfen. Sie erfüllten eine notwendige Funktion, denn es gab viel zu wenige ausgebildete Hebammen. Ihre Tätigkeit ist jedoch illegal, und wenn eine Nana bei der Geburt zugegen ist, wird auf der Geburtsurkunde angegeben, daß sie »ohne Geburtshelfer« stattgefunden hatte oder daß »ihre Mutter entbunden hat«. In einem Dorf in Jamaika gibt es drei Ämter, die in hohem Ansehen stehen und die alle von Frauen besetzt sind: das der Lehrerin, der Postvorsteherin und der Hebamme. Sie bilden den Angelpunkt des sozialen Systems und stellen die Verbindungspunkte aller Beziehungen zwischen den Frauen in der Gemeinschaft dar. Und da von jeher die Frauen dem Haushalt vorstehen und die Familie erhalten, die der Mann nicht selten verlassen hat, spielen sie die wichtigste Rolle.

In Jamaika gehört die Hebammentätigkeit zu einem System der Volksmedizin und -heilkunst, das teilweise afrikanischen Vorstellungen von Krankheit und Gesundheit entlehnt und teilweise durch europäische Methoden beeinflußt ist. Aus Afrika (aber auch aus Europa) stammen einige der Vorstellungen, die Krankheit aus dem Körper »auszuräumen« und Klumpen, Gerinnsel und Ansammlungen von Fremdkörpern zu entfernen, die den freien Lauf der Körperflüssigkeiten hemmen. Aus Europa kamen die Vorstellungen über die Körpersäfte, die aus den Büchern der Plantagenbesitzer des 18. Jahrhunderts zum Volk durchgedrungen waren und die aus den mittelalterlichen Theorien über den »Humor« entstanden waren. Zwischen heiß und kalt muß ein Gleichgewicht aufrechterhalten werden. Alle Nahrungsmittel und Getränke lassen sich in »heiß« und »kalt« aufteilen, nicht im wörtlichen Sinne, sondern in der Bedeutung von würzigen, brennenden Speisen, die das Blut erhitzen, und milden, die es beruhigen. Die Nanas verbinden beide Wissensbereiche mit sehr viel Sachkenntnis.

Ich hatte Gelegenheit, einige Nanas zu interviewen. Es waren beeindruckende Frauen mit stark ausgeprägter Persönlichkeit. Viele hatten Töchter, die sich als Hebammen ausbilden ließen, einige von ihnen in Großbritannien, und ihnen Lehrbücher schickten, damit sie auf dem laufenden blieben.

Wenn die Nanas über ihre Arbeit sprachen, betonten sie, daß es darum ginge, den Körper zu »befreien«, damit das Kind geboren werden könne. Eine grundlegende Methode in der Geburtshilfe ist die Körperberührung. Es ist tatsächlich eine Art Handauflegen. Wenn dabei Öl verwendet wird, was häufig geschieht, wird das als »Salbung« bezeichnet. Und das beginnt nicht erst mit der Geburt, denn etwa vom vierten Schwangerschaftsmonat an besucht die Nana die Frau zu Hause. Es wird eine Menge über Begebenheiten im Dorf geredet und wie es der Schwangeren geht, und außerdem führt die Nana eine Untersuchung des Bauches durch; eine Massage mit dem Öl der wilden Kastorpflanze folgt, die bewirken soll, daß das Baby »geformt« wird. Sie hilft der Mutter dabei, es »richtig wachsen« zu lassen. Gewöhnlich erteilt sie auch Ratschläge über die Ernährung in der Schwangerschaft und hält die Frau dazu an, eisenhaltige Nahrung zu sich zu nehmen, viel Obst, Gemüse und Fisch zu essen und Buschtees zu trinken. Diese Kräutertees werden entsprechend dem Zustand der Frau verschrieben: Cerasee, um »das Blut zu reinigen« oder gegen hohen Blutdruck, »Fiebergras« gegen Kopfschmerzen und mit Rum vermischt gegen Erbrechen, Kapstachelbeere, manchmal auch »wilde Tomate« genannt, um eine Fehlgeburt zu verhindern, »bucklige Großmutter« oder Ruthupstick gegen Verstopfung, »König der Wälder« oder saure Sobbe gegen hohen Blutdruck, Convolvulus, die Winde, manchmal auch »der Liebesbusch« genannt, als Abführmittel, »Starkrücken« gegen Blaseninfektionen und die »Schandenwurzel« als Beruhigungsmittel. Von gewissen Nahrungsmitteln, zum Beispiel Eiern, rät sie ab, denn sie gelten als »bindend«.

Wenn dann die Geburt beginnt, kennen sich die Frau und die Nana, die bei der Geburt hilft, schon recht gut, selbst wenn sie und ihre Familien vorher jahrelang nichts miteinander zu tun gehabt hatten. Wenn die Wehen beginnen, bereitet die Frau zusammen mit der Nana das Zimmer vor, indem sie eine dicke Schicht alter Zeitungen auf das Bett legen und darüber ein sauberes Bettuch ausbreiten, das auch ein Baumwollkleid sein kann. Beide zerreißen alte saubere Lumpen, um Windeln für das Baby daraus herzustellen. Aus der nächsten Wasserleitung oder aus dem Brunnen wird in einem Krug Wasser herbeigeholt. Die Paraffinlampen werden aufgefüllt, oder wenn dafür kein Geld da ist, wird ein besonderes Holz verwendet, das wie eine helle Fackel brennt. Die Nana setzt den Kessel auf, um mehr Buschtee zu machen. Wenn die Wehen nicht stark genug sind, bereitet sie einen »Gewürztee«, der aus einer Mischung verschiedener Kräuter besteht und einem jamaikanischen Arzt zufolge erwiesenermaßen eine ähnliche Wirkung hat wie das Oxytozin.[21]

Die älteren Kinder werden zu Nachbarn geschickt oder wenn es Nacht ist, an den Rand des Bettes geschoben, damit die Frau Platz zum Gebären hat. In der Mitte des Bettes wird vielleicht eine Wäscheleine mit einem Laken darüber aufgespannt. Die Kinder liegen dann wach und verfolgen den Fortgang der Geburt. Sie bekommen das Baby gleich nach der Geburt zu sehen, wenn es für sie über die Wäscheleine gehoben wird.

In der Eröffnungsphase bekommt die Frau gewöhnlich Minze- oder Thymiantee. Beides soll die Geburt beschleunigen. Thymian enthält wahrscheinlich Glykoside, durch die die Wehenwirksamkeit verstärkt und der Muskeltonus der Gebärmutter erhöht werden.[22] Wenn die Geburt nur langsam vorangeht, bekommt die Frau vielleicht auch Rizinusöl. Die Nana verwendet das Öl der wilden Kastorpflanze, das wesentlich milder ist, als im Handel erhältliches Rizinusöl.

Wenn die Frau sich hinlegen möchte, beginnt die Nana, ihren Bauch mit Öl oder einer sämigen Substanz einzureiben, die von Blättern der »Toonapflanze« abgekratzt wird. Sie geht davon aus, daß sie dem Baby dadurch in die richtige Lage verhilft. Wenn die Wehen stärker werden, rät sie der Frau, flacher und ziemlich schnell zu atmen, weil es sonst »zuviel Keuchen« gibt.

[21] James Waterman: The functions of the isthmus uteri. In: Carribbean Medical Journal. Vol XIV, 3–4, 1952.
[22] Dennis Adams, Kenneth Magnus, Compton Seaforth: Poisonous Plants in Jamaica. UWI, 1963; und persönliche Mitteilungen durch Dr. Magnus.

(Wahrscheinlich ist das ihr Hinweis darauf, daß es zu einer Hyperventilation kommt, wenn die Frau zu angestrengt atmet.) »Atme nicht tief ein, sonst rutscht das Baby nach oben und kommt aus dem Bauch heraus«, macht sie der Mutter klar.

Wenn die Mutter müde wird oder die Wehen schwach und unwirksam werden, wickelt die Nana sie rundum in heiße Handtücher ein, so daß »der ganze Körper eingeweicht ist«. Danach massiert sie ihren ganzen Körper sanft mit Olivenöl. Wenn die Frau Rückenschmerzen hat, verwendet die Nana einen etwa dreißig Zentimeter breiten Baumwollstreifen, den sie hin und her zieht und so Reibung im Kreuz der Frau ausübt. Wenn die Mutter beinahe ganz eröffnet ist, wendet sie auch heiße Kompressen an. Das kann ein heißer Stein sein, den sie auf ihren Unterbauch legt, oder sie übt schnelle leichte Klopfbewegungen mit einem in heißes Wasser getauchten Lumpen aus, und zwar an der Stelle, wo die Frau Schmerzen empfindet. Die ganze Zeit spricht sie mit ihr und beruhigt sie. »Du mußt ihnen gut zureden«, sagte eine Nana zu mir, »ihnen gute Worte geben und sie aufheitern.« Sie fordert die Frau dazu auf, »auszublasen«, bis sie den Kopf des Babys in der Vagina sehen kann. Sie massiert den Damm mit eingeölten Händen, damit er sich entspannen kann. Wenn der Vater des Babys anwesend ist, fordert die Nana ihn auf, sich hinter die Mutter zu setzen und ihren Rücken zu stützen. »Preß ganz vorsichtig«, sagte eine Nana, »dann ruhst du ein wenig aus und preßt wieder. Starkes Pressen führt zu Schwäche. Laß es sich ganz allmählich öffnen.« Die Mutter bringt das Baby gewöhnlich sitzend zur Welt, wobei ihre Füße auf dem Bett aufgestützt sind und ihre Hände auf den Hüften liegen. Wenn es nicht sofort schreit, zündet die Nana eine Zigarette an und bläst den Rauch auf die Fontanelle. Das tut sie »für die Geister«, und es ist ein Ausdruck ihrer rituellen Funktion der Vermittlung zwischen der Welt der Menschen und der Welt, in der sich die Geister der Duppies befinden. Dann wird das Baby sogleich der Mutter übergeben. Die Nanas halten sich in der Austreibungsphase sehr zurück und greifen nur zögernd aktiv ein, denn falls die Mutter nach der Geburt einen Blutsturz hat, werden sie verdächtigt, schuld daran zu sein.

Sie geben deshalb der Frau gewöhnlich Thymiantee und warten ab, bis die Plazenta von selbst geboren wird. Die Nabelschnur durchtrennen sie erst, wenn die Plazenta geboren ist. Wenn sich die Plazenta nicht löst, muß sich die Mutter über einen Eimer hocken und in eine Flasche blasen. Dadurch drückt das Zwerchfell auf den Fundus der Gebärmutter, und die Bauchdecke übt von außen Druck aus. Das ist eine sehr wirkungsvolle Methode, damit die Plazenta sich löst.

Wenn die Plazenta geboren ist, wird der Damm gesäubert, indem sich die Frau über einen Eimer mit dampfendem Wasser hockt, das »heiß wie eine neuntägige Liebe« ist. Die Nana wäscht das Baby in kaltem Wasser, wodurch es widerstandsfähig gemacht werden soll, reibt Asafötida (Teufelsdreck) in die Fontanelle des Babys, damit es vor den Duppies geschützt ist, behandelt den Nabel mit fein gemahlener Muskatnuß (die eine leicht antiseptische Wirkung hat), vermischt mit Talkum und gibt ihm »Jack in the Bush« oder Minzetee, um den Schleim zu beseitigen. Das Baby liegt neben der Mutter im Bett in unmittelbarer Körpernähe und wird nach Bedarf gestillt. Die Nana bereitet für die Mutter und unter Umständen auch für die anderen Kinder einen Maismehlbrei zu und räumt das Zimmer auf. Bevor sie geht, schärft sie der Mutter noch ein, daß sie eine Woche lang mit dem Baby nicht hinausgehen darf, weil sonst die Duppies das Kind holen. Sie muß ihr Haar zu einem Turban zusammenbinden und darf es nicht waschen, damit sie kein »Babyfrösteln« bekommt. Die Nachbarn bringen der Familie Speisen, und die Mädchen und Jungen müssen Botengänge erledigen. Wenn es sich die Familie leisten kann, wird zur Feier des Tages Rum ausgeschenkt.

In den ersten Tagen nach der Geburt werden Mutter und Kind von der Nana versorgt, und falls weder die Mutter der Frau noch die Tante kommen kann, kümmert sie sich auch um die anderen Kinder, kocht das Essen und wäscht die schmutzige Wäsche. Sie übernimmt wie selbstverständlich die Hausarbeit und bemuttert die Mutter.

Die Nana in Jamaika gibt den Frauen in der Schwangerschaft, bei der Geburt und in der Zeit danach ein gutes Maß an seelischer Unterstützung. Sie stellt zur Mutter eine fortlaufende persönliche Beziehung her und nimmt selber die Rolle der Mutter ein, die von Beginn der Schwangerschaft an Verantwortung mitträgt, die allen zur Gemeinschaft Gehörigen vertraut ist und die die Schwangere im Gemüseladen, auf dem Markt, in der Kirche, beim Waschen am Fluß oder im Gespräch mit anderen Frauen im Schatten eines Baumes vor ihrer Wohnung trifft. Vielleicht gibt sie ihr die Ratschläge während der Schwangerschaft so ganz nebenbei, wenn sie den Tag miteinander verbringen. Sie weiß über das Leben der Schwangeren Bescheid, kennt ihre Sorgen, ist über Schwierigkeiten in der Familie und Geldprobleme, über Wohnungssorgen und gesundheitliche Beschwerden informiert. Das Ergebnis ist eine vorbildliche, auf die Familie und die häusliche Umgebung bezogene Mutterschaftsfürsorge.

Geburt in Südafrika

In Gesellschaften, die streng nach Schichten, Rassen oder Kasten getrennt sind und in denen die Kräfte, die das Alte repräsentieren, die Bauernkultur, mit dem Neuen, der Technologie, kollidieren, kommen die unterschiedlichen sozialen Stellungen innerhalb der Gesellschaft durch die verschiedenen Praktiken bei der Geburt zum Ausdruck. Südafrika ist ein krasses Beispiel hierfür.

Die ideale Geburt bei den Bantus wird durch die Geburtstraditionen der Zulus repräsentiert, die heute in den Townships kaum mehr eingehalten werden können, jedoch als Idealvorstellungen immer noch existieren. Nach der Zulusitte sollte ein Medizinmann anwesend sein, um den Boden zu segnen, auf dem das Erstgeborene zur Welt gebracht wird, und helfend einzugreifen, falls das notwendig werden sollte. Bei der nächsten und den folgenden Geburten ist das nicht notwendig.[23] Mädchen schmieren in der Behausung der Großmutter, in der die Geburt normalerweise stattfindet, Kuhmist auf den Boden. »Wenn das Kind geboren ist, muß es als erstes etwas Schönes zu Gesicht bekommen, denn das wirkt sich auf sein ganzes Leben aus.«[24] Darum wird das Zimmer mit farbigen Perlen und besonderen Geburtsschnitzereien dekoriert. »Die erste Minute im Leben ist am allerwichtigsten.« Wenn die Frau sehr starke Blutungen hat, ordnet der Medizinmann an, daß ein rotbraunes Kalb als Opfergabe geschlachtet wird. Die Frau muß etwas von seinem Blut trinken. Nach der Geburt bekommt die Frau ein besonderes Spinatgericht zu essen, damit das Blut gestärkt wird. Wenn die Plazenta sich nicht löst, muß die Frau in eine Flasche

---

[23] Persönliche Mitteilung von Vasamazulu Credo Mutwa, ein Zulu-Medizinmann.
[24] Persönliche Mitteilung von Vasamazulu Credo Mutwa.

blasen (eine in fast allen agrarischen Gesellschaften verbreitete Maßnahme, wenn sich die Geburt der Plazenta zu sehr verzögert). Früher war es Sitte, daß ein Medizinmann sein Kind selbst entband, so daß es seinen Geist erben konnte; ein Informant, der selbst Medizinmann war, teilte mir jedoch mit, daß das in den Kliniken nicht gestattet sei, denn den Ärzten und den Schwestern »ist nicht klar, daß die Kräfte, durch die die Geburt in Gang gesetzt wird, viel älter sind, als die Menschheit selbst. Sie lassen die Geburt zu einem spirituellen Alptraum werden«. Doch wenn es irgendwie möglich ist, können Zulukinder immer noch bei der Geburt dabei sein und zuschauen, »um ihnen Respekt vor dem menschlichen Leben zu vermitteln«. Das gilt als sehr wichtiger Bestandteil ihrer Erziehung.

Im dritten Monat lernt die Zulufrau, wie sie atmen muß, »um dem Kind Leben und Kraft zu geben«. Jeden Morgen stellt sie sich mit dem Gesicht nach Osten vor die Hütte und nimmt drei tiefe Atemzüge. Danach atmet sie einmal ganz lange aus, um alles Böse hinauszublasen. Während der Wehen konzentriert die Frau ihre ganze Energie darauf, abwechselnd durch Mund und Nase zu atmen, »um ihr Schmerzbewußtsein herabzusetzen«. Nach traditioneller Bauweise errichtete Zulubehausungen haben im Mittelpunkt des Daches eine Öffnung zum Himmel, und darauf richtet die gebärende Frau ihre ganze Aufmerksamkeit: »Sie muß knien und sich auf den Himmelsfleck konzentrieren, den sie durch das Dach erblicken kann. Über eine Frau in den Wehen sagen wir: ›Sie zählt die Sterne mit Schmerzen‹.«

Ebenso wie die Zulus knien auch die Changaans und die Betschuanen während der Wehen. Bei den Buschmännern richtet sich die Frau einen Platz im Busch her, der wie ein Nest aus Gras aussieht, und bindet ein Seil an den Zweigen der Bäume fest. Sie hält sich dann an diesem Seil fest, wenn sie preßt.

In den Bantu-Townships wird eine ganze Anzahl von Hausgeburten als »ohne Geburtshelfer stattgefunden« registriert. Diese Kinder sind gewöhnlich von Volkshebammen entbunden worden. Die Bräuche, die sie anwenden, stellen einen Bereich kultureller Berührung zwischen traditionellen Bantupraktiken, die allen Stämmen gemeinsam sind, und westlichen Verfahren dar. Eine der Volkshebammen, die meine Informantin war, hatte sieben Jahre lang in einer großen, nach amerikanischem Vorbild eingerichteten Klinik gearbeitet, bevor sie Hebamme für ihre eigenen Angehörigen wurde. Sie hatte auch mit der Ausbildung zur Medizinfrau begonnen. Nun kombinierte sie das Wissen, das sie sich als Krankenschwester in einer westlich orientierten Klinik angeeignet hatte, das sie jedoch wegen seiner Isoliertheit von traditionellen gesellschaftlichen Werten unbefriedigend fand, mit Heilmethoden des Zulustammes und dem Kult der Geisterbesessenheit.

Sie wies mich auf die Bedeutung der Asepsis hin, war aber ebenso auch davon überzeugt, daß es wichtig ist, in der Schwangerschaft Kräutertees zu trinken, »damit das Baby drinnen im Bauch viel Spielraum hat«. Sie kannte sich in den Eingriffen der modernen Geburtshilfe aus, erklärte mir aber, daß es bei einer verzögerten Geburt hilft, sich die Hände mit Knochenmark einzureiben und das Kind zu entbinden, indem »man ihm dabei hilft, den Weg zu überwinden, der versperrt ist«. Beide, Mutter und Hebamme, »müssen dem Schmerz folgen, ruhig bleiben und lauschen«. Bei der Geburt sollte die Mutter das Baby anfassen und küssen, denn »das Kind muß wissen, wer die Mutter ist«.

Wenige Meilen von dem Ort entfernt, wo ich mit diesen Volkshebammen gesprochen hatte, befand sich ein riesiges, modernes Krankenhaus für Bantupatienten. Die Entbindungsabteilung war voll von stöhnenden, sich vor Schmerzen windenden Frauen, von denen die meisten während der Wehen sich selbst überlassen waren. Der Wehentropf wurde großzügig verwendet. Hier traf das alte Afrika mit der neuen Technologie zusammen. Auf dem Boden standen Blutlachen, die wie Opfergaben aussahen, und die Bantuschwestern ließen sie als Beweis für die Segnungen der Erde gern so, wie sie waren, während sie gleichzeitig mit modernsten technischen Geräten beschäftigt waren und dabei die Frauen in den Wehen, soweit das möglich war, ignorierten. Sehr schwierig war das nicht, denn sie sprachen sowieso nicht die gleiche Sprache.

Alle Frauen, bei denen nicht mit Komplikationen zu rechnen war, blieben zu Hause oder gingen zur Geburt in eine Klinik in Soweto; diese Mütter hier, die sich bei der Geburt abplagten, waren in den Townships als möglicherweise komplizierte Fälle ausgesondert worden. Mit einer normalen Geburt hatte das nicht mehr sehr viel zu tun. Geburtshilfe wurde hier in einer ähnlichen Weise gehandhabt, wie ich es schon einmal in einer amerikanischen Klinik beobachten konnte, in der die schwarzen »Klinikpatienten« der großen urbanen Gettos versorgt wurden: Unpersönliche Fließbandbehandlung ging mit einer Überfülle technischer Neuerungen und Maschinen einher.

In Südafrika unterscheidet sich die Geburtshilfe für weiße Frauen sehr stark von den Geburten der schwarzen Frauen. Ein Geburtshelfer, der seine Patientinnen aus der Oberschicht in der luxuriösesten privaten Geburtsklinik der Stadt entband, erzählte mir: »Die Frau sitzt im Bett und lackiert ihre Fingernägel, neben sich hat sie eine Schachtel Pralinen stehen, das Radio plärrt und an ihrer Brust hängt das Baby, das sie zu stillen versucht ... das sind alles verwöhnte kleine reiche Mädchen hier drinnen!« Die Klinik war so eingerichtet worden, daß Mutter und Baby gemeinsam in einem Privatzimmer liegen; nach Auskunft der Ärzte ging die Patientenzahl jedoch zurück, weil die Patientinnen es nicht aushielten, daß ihre Babys bei ihnen im Zimmer waren. Sie zogen Privatkliniken vor, in denen die Babys in einem zentralen Kinderzimmer dicht bei dicht in einer Reihe liegen und vom Pflegepersonal versorgt werden. Eine Schwester sagte zu mir: »Viele Mütter hier sind dumm. Sie behandeln ihre Babys wie kleine Porzellanpuppen. Wenn sie nach Hause gehen, nehmen sie eine Schwester mit, oft auch zwei, eine für den Tag und eine für die Nacht; und wenn die gehen, kommt ein schwarzes Kindermädchen und übernimmt die Versorgung des Babys.«

Ich fragte sie, wie die Frauen (und vielleicht auch die Väter) auf die Kinderpflege und das Zusammensein mit ihrem Säugling vorbereitet würden, und sie antwortete: »Die Mütter wollen ihre Babys zuviel hätscheln. Sie verwöhnen die Babys.« Sie zeigte auf die Glastüren, die von den Zimmern der Mütter aus in ein kleines Kinderzimmer mit drei oder vier Bettchen führten und sagte: »Wir schließen diese Türen natürlich, wenn die Väter kommen. Sie dürfen die Babys nicht anfassen.« Ich fragte mich, welche Ziele hier eigentlich von wem verfolgt wurden, denn es war kein Wunder, daß Eltern, die nicht dazu ermuntert wurden, ihre Babys kennenzulernen und anzufassen, auch kein Selbstvertrauen im Umgang mit Säuglingen entwickelten. »Aber wir können doch nicht zulassen, daß die Mütter ihre Babys verweichlichen und verwöhnen!«, protestierte der Gynäkologe gegen meinen Einwand. Nach Angaben des Kinderarztes bekamen die Frauen nachts Schlaftabletten, die Babys wurden ins zentrale Kinderzimmer gebracht. Wenn die Frauen morgens aufwachten, hatten sie Brüste »so hart wie Fußbälle«.

In einer anderen Geburtsklinik, die für Weiße reserviert war, saßen die Nonnen mit strahlenden Gesichtern und frischen weißen Trachten im Kreis und boten Tee und Kuchen an. Das ist die Klinik, in der Grantly Dick-Read seine damals revolutionären Ideen über eine Geburt ohne Schmerzen einführte. Doch in dieser Klinik waren die Babys gar nicht mit ihren Müttern zusammen, sondern lagen in stabilen Plastikbettchen nebeneinander aufgereiht wie auf einem Heldenfriedhof. »Oh, es kommt selten vor, daß eine Mutter ihr Kind verlangt«, erklärte mir die Oberin. »Wir sind der Meinung, daß die Mütter Ruhe brauchen.« Die Nonnen glühten richtig, während sie »ihre« Babys versorgten. Väter waren tabu. Einige Väter waren zwar bei der Geburt dabei, doch die meisten wurden nach unten in den Warteraum für Väter geschickt, wo sie zusammensaßen, um zu rauchen und sich Sorgen zu machen und sich – dank der neuesten Entwicklung auf dem Gebiet der modernen Technologie – die Entbindungen auf einem Fernsehschirm anschauten. Auch Mütter und Schwiegermütter waren vertreten, die auf dem Bildschirm ihren Töchtern bei der Entbindung zusahen und dabei Vergnügen oder Leiden nachempfanden. Alle Mütter waren Weiße: »Wir müssen uns eine Genehmigung von der Behörde einholen, wenn zum Beispiel die Frau eines indischen Arztes ihr Kind hier bekommen will, und sie muß von den anderen getrennt liegen. Wir haben unten ein Zimmer, wo wir sie unterbringen können.«

In der nächsten Geburtsklinik außerhalb Pretorias entbanden deutsche Nonnen vom Heiligen Kreuz die Babys afrikanischer Frauen. Es gab dort sechs Hebammen, die Nonnen waren, und zwölf afrikanische Hebammen, die zum Personal gehörten. »Wir fühlen uns wie in einer Familie«, sagten sie. Viele Patientinnen kamen mit schweren Nachgeburtsblutungen oder verzögerten Geburten in die Klinik, doch in den letzten zwei Jahren hatte es noch keinen Todesfall gegeben, und die Infektionsrate war gering. Die Geburtsklinik befand sich in einem Gebiet, das kürzlich von der Regierung für europäisch erklärt worden war. Etwa 80 000 Afrikaner waren schon von dort vertrieben worden, aber die Nonnen setzten ihre Arbeit von einem Jahr zum nächsten fort. Sie erhielten jährlich eine Erlaubnis für die Durchführung ihrer Arbeit und konnten niemals sagen, ob die afrikanischen Schwestern ihre Ausbildung zu Ende bringen konnten oder ob es sich noch lohnte, die Wände zu streichen. »Wir schweben zwischen Himmel und Erde«, sagte die Oberin zu mir. Sie nahm mich für eine Weile der Stille mit in die Kapelle, die sie als »unser Kraftwerk« bezeichnete.

Die Bantufrauen und die farbigen Frauen in Südafrika haben

bei der Entbindung keine Wahl, und auch die Möglichkeiten für weiße Frauen sind begrenzt. Allen Müttern, den weißen wie den schwarzen, ist effektiv die Möglichkeit genommen, eine Entscheidung darüber zu treffen, wie sie ihr Kind auf die Welt bringen möchten und was für eine Wochenbettpflege sie sich wünschen. Es herrscht dort ein System der Schwangeren- und Wöchnerinnenbetreuung, bei dem der beratende Gynäkologe die wichtigste Rolle spielt und Hebammen unterbewertet sind, keine eigene Berufsvereinigung haben und kaum Verbindungen zu anderen Hebammenverbänden außerhalb Südafrikas unterhalten. Die Mutter ordnet sich den Anweisungen ihres Frauenarztes und später denen des Kinderarztes unter, die beide dem Beispiel ihrer amerikanischen Kollegen folgen, denn häufig haben sie zumindest einen Teil ihrer Ausbildungszeit in den Vereinigten Staaten verbracht.

Geburten in der DDR

Auch in Europa ist die Geburt mit einer Mythologie und einem System von Ritualen verbunden, die ebenso allgegenwärtig sind wie in einer primitiven Gesellschaft. Auch bei uns ist die Geburt vor allem ein gesellschaftlich bedeutsamer Vorgang. In der DDR sind Gynäkologie und Geburtshilfe im Dienste eines kommunistischen Staates nutzbar gemacht worden. (Meine Untersuchungen in der DDR habe ich 1965 durchgeführt, so daß das hier angeführte Material größtenteils schon historisch ist).

Allen schwangeren Frauen stehen Geburtsvorbereitungskurse zur Verfügung. In diesen Kursen wird »Schwangerschaftsgymnastik gemacht (die noch aus der Nazizeit stammt), russische und französische Psychoprophylaxe praktiziert und außerdem Unterricht in der Pawlowschen Psychologie der bedingten Reflexe und in den Grundbegriffen der Anatomie und Physiologie der Fortpflanzungsorgane gehalten. Diese Kurse sind streng schematisch in einen theoretischen und in einen praktischen Abschnitt unterteilt. Die Übungen haben nur sehr wenig mit dem zu tun, was bei der Geburt vor sich geht, und beinhalten zahlreiche Fitness-Übungen, die britische Krankengymnastinnen für potentiell gefährlich halten würden, da sie eine Dehnung der Mutterbänder bewirken, wodurch es zu Belastungen kommen kann.

Die psychoprophylaktischen Übungen, die die Frauen hier in den letzten sechs Wochen ihrer Schwangerschaft lernen, wenn sie von ihrer Arbeitsstelle beurlaubt worden sind, gleichen in vielerlei Hinsicht den Übungen, die anfangs in Frankreich verbreitet waren, nachdem Lamaze aus der Sowjetunion zurückgekehrt war und die ursprünglichen Techniken entwickelt hatte. Der formale Unterricht wird autoritär und dogmatisch um einen riesigen Konferenztisch herum oder vor in Reih und Glied dasitzenden Frauen abgehalten, häufig unter der »Schirmherrschaft« von Karl Marx, der streng und bärtig auf die zwanzig bis dreißig hochschwangeren Frauen hinunterblickt. Die Übungen dagegen finden in einer Turnhalle statt und werden von einer Gymnastiklehrerin geleitet. Das Hauptgewicht liegt hierbei auf Muskeltraining und sportlichen Übungen: »Einatmen 1, 2, 3, 4. Ausatmen 1, 2, 3, 4, 5, 6. Einatmen, ausatmen. Entspannen.« Die Anweisungen kommen wie von einem Feldwebel. Die Gymnastiklehrerin befaßt sich nicht mit den subjektiven Empfindungen der Mütter – sie interessiert nur, daß sie die richtigen Verhaltensweisen annehmen.

Die Psychoprophylaxe wird als Mittel eingesetzt, durch das die Schwangere und die Frau bei der Geburt an kommunistische Wertvorstellungen angepaßt und ihr Verhalten reglementiert wird. Diese letzte Bastion der Freiheit und Individualität – die Intimsphäre des psychosexuellen Lebensbereichs, die Wechselbeziehung zwischen Mutter und Baby und zwischen dem Mann, der Frau und dem Kind – hat den Normen zu entsprechen, die jede Frau erfüllt, nicht erfüllt oder übererfüllt. Wenn gesellschaftlich anerkannte Einstellungen zur Geburt und das Üben von Techniken im Umgang mit den Wehen und der Geburt von außen aufgeprägt werden, hat das kaum noch etwas mit persönlicher Entscheidungsfreiheit seitens der werdenden Mutter zu tun. Es handelt sich hierbei um etwas, das mit ihr geschieht, nicht um etwas, was sie selbst in die Hand nimmt. In einer großen Universitätsklinik stellte ich die Frage, was den Müttern über die Wahrnehmung und die bewußte Kontrolle der Beckenbodenmuskulatur beigebracht würde. Ich wurde nach unten in das Kellergeschoß geführt, wo Frauen in Reihen mit bis zur Taille hochgezogenen weißen Klinikkitteln dasaßen, die Knie gespreizt, während Männer in Gummianzügen aus Schläuchen eiskaltes Wasser zwischen ihre Beine spritzten!

Daneben existiert noch ein gutes Maß der alten deutschen Einstellung zur Mutter Natur. Eine Lehrerin leitete das Thema der Embyronalentwicklung mit den Worten ein: »In der Natur heißt es, daß das Adlerweibchen sein Ei nicht in ein Nest legen soll, das fortgeweht werden oder aus dem es herausfallen kann. Laßt uns das Ei drinnen behalten und ein Nest im Inneren des Körpers bauen. Und auf diese Weise entstand – die Gebärmutter.« Diese Sicht einer freundlichen, vollbusigen Natur besteht neben den Theorien über bedingte Reflexe und Abbildungen Pawlowscher Hunde fort, deren Mägen geöffnet sind und deren Speichel in Teströhrchen tropft, die ihnen in die Backen geschraubt worden sind.

In der Entbindungsstation lagen die Frauen da wie Sandsäcke, sie waren still und friedlich, atmeten richtig und stöhnten leicht; die Frauen, die ich anfaßte, waren äußerst angespannt, obwohl die anwesenden Krankengymnastinnen das nicht zu bemerken schienen. Sie waren in ihr Schicksal ergeben und fügsam. Geburt gilt als ein Thema, mit dem die Männer nichts zu schaffen haben. Werdenden Vätern wird vielleicht beigebracht, wie sie ihre Kinder baden, niemals jedoch dürfen sie während der Wehen oder bei der Geburt bei ihren Frauen sein. Das war für sie eine unglaubliche Vorstellung, und sie fanden für ihre Ablehnung rationale Argumente, indem sie auf die Keime hinwiesen und die Gefahr der Bakterien für den menschlichen Körper in einer Weise darstellten, die an die Gefährdung des politischen Systems durch unerwünschte Einflüsse erinnerte. Für die emotionale Asepsis der Mutter wurde nicht dadurch gesorgt, daß ihr die liebevolle Fürsorge ihres Mannes gewährt wurde, sondern durch psychoprophylaktische Übungen und durch die Ausstattung der Entbindungsstation zum Beispiel mit Aquarien mit orientalischen Fischen.

Alle Plazentas kamen in die staatlichen Kosmetikfabriken und wurden zu Gesichtscremes verarbeitet. Doch die Geburtenzahl sank ständig, und dadurch erklärt sich vielleicht auch, weshalb der rote Stern, der in großer Pracht über dem Klinikdach schwebte, an diesem Tag nicht erleuchtet war. Er erstrahlt immer dann, wenn die Norm übererfüllt worden ist; was das allerdings bei einer Klinik bedeutete, ist mir unklar geblieben. Ich löste Entsetzen bei Ärzten und Schwestern aus, als ich über das Stillen der Babys nach Bedarf sprach. Das war eine völlig neue Idee für sie, doch außer ihrem Abscheu gegenüber dieser Schlaffheit und Nachgiebigkeit, zu der eine solche Fütterungsmethode unweigerlich führen müßte, zeigten sie weder Interesse noch Neugier. Sie lächelten freundlich und sagten, daß ihre

Methode besser sei: »Das Kind wird undiszipliniert. Es wird zu einem kleinen Tyrannen heranwachsen«, sagten sie, als wir uns winzige Neugeborene in ihren Bettchen ansahen. (Sehr viel später machte ich in einem völlig anderen Zusammenhang die Bemerkung, daß meine Kinder, wenn sie nachmittags von der Schule heimkamen, beinahe ausgehungert nach ihrem Essen verlangten, und bekam gesagt: »Aha, das liegt daran, daß sie als Babys nicht an Disziplin gewöhnt worden sind.«)

Der werdende Vater erhält die Anweisung, »strenge Worte zu gebrauchen, um die weichherzige Mutter davon abzuhalten, beim leisesten Schrei des neuen Erdenbürgers gleich zum Körbchen zu eilen«.[25]

Dieser Glaube an Disziplin ist ein wichtiger Grundsatz in ihrer Glaubenslehre. Als ich in einer Klinik die Frage stellte, was die Schwestern machen, wenn die Neugeborenen außerhalb des Vierstundenrhythmus schreien, wurde mir mit Überzeugung versichert: »Es wird nicht geschrien«, eine Auskunft, der ich unbesehen nur schwer Glauben schenken konnte.

Eine solche Haltung ist allgemein in Kliniken nicht ungewöhnlich, doch in Großbritannien und den Vereinigten Staaten wird man sich mehr und mehr der Bedeutung bewußt, die die Wechselbeziehung zwischen Mutter und Kind und die Nachfrage nach familienzentrierter medizinischer Versorgung einnehmen. Es ist klargeworden, wie wichtig es ist, daß die Mutter mit ihrem kranken Kind zusammen im Krankenhaus bleiben kann. Es besteht ein Widerspruch zwischen diesen zu Recht geforderten wichtigen Voraussetzungen für menschliche Beziehungen und der Routine und den Traditionen, die in Institutionen herrschen, doch zumindest kommt uns dieser Widerspruch zu Bewußtsein, und soziale Veränderungen entstehen aus der Unzufriedenheit mit dem Bestehenden. In den sechziger Jahren war davon in der DDR nichts zu merken.

In modernen kommunistischen Staaten ist nicht zu übersehen, daß die Geburt im gesamtgesellschaftlichen Zusammenhang steht und bei der Vorbereitung und Vorsorge für die Schwangere politische Wertvorstellungen zum Ausdruck kommen. Nicht so klar zutage treten vielleicht jedoch die subtileren Methoden, mit denen in Institutionen und Geburtskliniken westlicher demokratischer Gesellschaften dafür gesorgt wird, daß bestimmte Wertvorstellungen sich durchsetzen und Verhal-

[25] Aus einer englischen Broschüre für werdende Eltern.

tensweisen ritualisiert werden. Denn in jeder Gesellschaft weist die Art, wie eine Frau ihr Kind zur Welt bringt und wie für sie und das Baby gesorgt wird, scharf wie eine Pfeilspitze auf die Schlüsselwerte in dieser Kultur hin.

In einer modernen Klinik werden ebenso wie in einer agrarischen Gemeinschaft eigene Verhaltensweisen kultiviert. Einige Behandlungsweisen haben mit der Technologie zu tun oder beruhen auf empirischen Erfahrungen. Andere sind in der Mystik der Klinikroutine begründet. Sie sind mit gesellschaftlichen Erwartungen und den Auffassungen des medizinischen Personals über Patienten und ihre Verhaltensweisen verknüpft. Sie stehen im Zusammenhang mit den Auffassungen über Sauberkeit, Verunreinigung und Ansteckung. In diesem Kapitel möchte ich mich mit einigen Gebräuchen beschäftigen, wie sie in modernen westlichen Entbindungskliniken üblich sind, und herausfinden, welche gesellschaftliche Funktion sie wohl erfüllen.

Die meisten Geburtshelfer in der westlichen Welt sind Männer, was schon von vornherein sehr merkwürdig anmutet. Wenn eine Frau zu ihrem Arzt geht, ist sie dort mit den Vorstellungen konfrontiert, die er über die Einstellung und das richtige Verhalten gegenüber weiblichen Patienten hegt. Die Beziehung zwischen Arzt und Patientin ist an und für sich einseitig, und der Arzt ist dabei der dominierende Teil. Deshalb bildet seine Einstellung zu ihrer Rolle als Patientin und auch als Mutter die Grundlage ihrer Interaktion. Ihre vorgefaßte Meinung über Ärzte und deren Verhalten spielt dabei ebenfalls eine Rolle, doch sie kommt sehr viel seltener zum Ausdruck.

Von einer Frau, die zur Vorsorgeuntersuchung kommt oder Wehen hat, wird erwartet, daß sie sich wie eine »angenehme Patientin« verhält, das heißt, sie sollte friedlich sein, still und freundlich und zu schätzen wissen, was alles getan wird, um ihr zu helfen. Sie sollte bereitwillig alle Anweisungen befolgen, alles, was ihr gesagt wird, verstehen und auch behalten, ohne daß es ihr noch einmal erklärt werden muß, sie sollte sauber, adrett und anspruchslos sein und die anderen Patientinnen und das Klinikpersonal nicht durch irgendwelche Gefühlsäußerungen stören. Das Wort »Patient« ist vom lateinischen *patiens* – leidend, erduldend – abgeleitet; ein Patient ist also jemand, der etwas erduldet.

Als ich diese Abläufe in einer Wöchnerinnenstation einer britischen Entbindungsklinik genauer beobachtete, fiel mir auf, daß die Hebammen dann besonders zufrieden mit der Behandlung eines Falles waren, wenn sie in die Unterlagen eintragen konnten: »Patientin verhielt sich ruhig«, ganz unabhängig davon, ob die Frau in den Wehen wirklich gut entspannt war oder ob sie unter der Wirkung von Betäubungsmitteln gedämpft vor sich hinstöhnte und -seufzte, dadurch jedoch niemanden störte. Den Idealfall für die Abfassung des Geburtsberichts stellte eine Frau dar, die mehr oder weniger unbeweglich im Bett lag. Indem die Hebamme »Patientin verhielt sich ruhig« aufschrieb, lieferte sie dem Geburtshelfer ein Ergebnis, mit dem er zufrieden sein würde, denn ihm kam es auf das gleiche an.

Der männliche Geburtshelfer neigt zu Schlußfolgerungen über die weibliche Psychologie, die vielleicht mit seinem Eindruck von seiner eigenen Mutter, seiner Schwester oder seiner Frau zusammenhängen. Vielleicht hat er während seiner Ausbildung gelernt, daß die Patientin durch die Tatsache, daß sie ihn aufsucht, in eine »Eltern-Kind-Beziehung« zu ihm tritt, oder setzt dies als gegeben voraus. In einem Lehrbuch ist das so dargestellt: »... aufgrund der Kleidung der Patientin, ihres Ganges, ihres Make-ups und ihres Verhaltens bei der Beantwortung von Fragen setzt eine Beurteilung ihrer Persönlichkeit ein ... Der Arzt stellt fest, ob die Patientin auf das Gespräch mit weiblichem Verhalten reagiert, oder ob sie dominierend, fordernd, maskulin und aggressiv ist.«[1]

Frauenärzte können verunsichert werden und sich bedroht fühlen, wenn Patientinnen sich nicht entsprechend diesem Klischee von der angenehmen Patientin verhalten. Wenn Frauen Fragen über die geburtshilflichen Eingriffe oder Routinemaßnahmen stellen, kommen diese Gefühle in Sätzen zum Ausdruck, wie: »Überlassen Sie das nur uns.« »Keine Sorge, da kennen wir uns am besten aus.« »Es ist eine sehr gute Klinik.« »Die Hebammen werden es Ihnen so angenehm wie möglich machen.« »Ich bin sicher, daß es Ihnen dort gefallen wird.« Oder die Frauen werden mit den Worten beruhigt: »Zerbrechen Sie sich doch Ihr hübsches Köpfchen nicht darüber.« Oder sie bekommen ganz bestimmt und autoritär mitgeteilt, daß es um so besser ist, je weniger die Mutter über diese Dinge Bescheid weiß.

Die Ängste des Arztes können aber auch dadurch ihren Ausdruck finden, daß er die Patientin, die seine Urteilsfähigkeit in

[1] J. R. Wilson, C. T. Beecham, E. R. Carrington: Obstetrics and Gynaecology, Mosby, St. Louis 1971.

Frage stellt, mit Worten attackiert. Er kann ihr zum Beispiel Angst machen, indem er ihr droht, daß sie das Leben ihres Kindes in Gefahr bringt, wenn sie sich nicht auf ihn verläßt: »Sie wollen doch nicht, daß Ihrem Kind etwas zustößt, nicht wahr?«, oder sogar: »Wollen Sie Ihr Kind etwa umbringen?«

Ehemänner, die bei der Geburt dabei sein möchten, können beim Arzt weitere Ängste auslösen. Bei einem Diskussionsabend für werdende Eltern stellte ein Vater die Frage: »Können Ehemänner an der Entscheidung beteiligt werden, ob Dolantin verabreicht werden soll oder nicht?« Der Arzt, der sehr darum bemüht war, daß sich ein gutes Gespräch entwickelte, gab zur Antwort: »Wir sehen es sehr gerne, wenn die Ehemänner dabei sind.« Es schien ihm gar nicht bewußt zu sein, daß er der Frage ausgewichen war. Häufig beschwichtigt man sowohl den Mann als auch die Frau, statt ihnen alle wichtigen Informationen zu geben. Das führt dazu, daß ihre Ängste nur noch größer werden. Manchmal werden Fragen mit Fachausdrücken beantwortet, die der Frau nicht geläufig sind, und dann hat sie überhaupt nichts erfahren oder etwas mißverstanden, obwohl der Arzt den Eindruck hat, daß alles ausführlich besprochen wurde.

Die Interaktion zwischen Patientin und Arzt bei den Vorsorgeuntersuchungen und in der Klinik wird also durch drei psychologische Faktoren maßgebend beeinflußt: Vorstellungen über die jeweilige Rolle des anderen, Ängste auf Seiten des Arztes und der Frau und eine mangelhafte Verständigung zwischen beiden. Den Gynäkologen ist inzwischen klargeworden, daß die Kommunikation zwischen Patientin und Arzt häufig abbricht, und den Ängsten ihrer Patientinnen gegenüber sind sie wahrscheinlich schon immer hellhörig gewesen. Nicht so klar zu sein scheint ihnen die Tatsache, daß sie selbst auch Ängste haben und daß diese in das Verhältnis zwischen Patientin und Arzt miteinfließen.

Während des Studiums werden zukünftige Ärzte darauf vorbereitet, eine Schranke zwischen sich und der Patientin zu errichten. Dieser Prozeß setzt ein, wenn ein Medizinstudent oder eine Medizinstudentin mit dem Sezieren von Leichen beginnen und vergessen müssen, daß es sich dabei um einstmals lebende Personen handelt. Weiter verstärkt wird diese Einstellung durch die Medizinerwitze, bei denen es hauptsächlich um den Tod und den weiblichen Körper geht. Sie beginnen ihr Praktikum, und der große Chef schreitet von Bett zu Bett, gefolgt von einem kleinen Troß von Ärzten und Studenten. An sie wendet er sich mit Fragen über »interessante Fälle«. Das ist ein weiterer Beitrag zur Vervollkommnung der Fähigkeit, über Menschen so zu sprechen, als wären sie gar nicht anwesend. So lernen sie auch, jedem persönlichen Kontakt aus dem Weg zu gehen. Zudem ist der Arzt während seiner Laufbahn von der Zustimmung und Bestätigung durch seine Vorgesetzten und Kollegen und deren Vertrauen ihm gegenüber abhängig. Deshalb riskiert er es nicht, zu sehr aus der Reihe zu tanzen, wie er persönlich auch immer eingestellt sein mag.

In der Klinik hat er es mit einer Institution zu tun, durch die ihm sein Verhalten genau vorgeschrieben wird, zum Beispiel, wieviel Zeit er bei jedem Patienten verbringen kann und daß er bei der Schwester Mißfallen erregt, wenn er sich zu den Patienten aufs Bett setzt. Manchmal noch subtiler und allgegenwärtiger ist die Kontrolle darüber, ob es zulässig ist, eine Patientin außer bei einer Untersuchung zu berühren, und falls es zulässig ist, welche Bedingungen erfüllt sein müssen, zum Beispiel ob es bei einer Totgeburt angebracht ist, die Patientin zu trösten.

Besonders in England ist der Gang zu einer Vorsorgeuntersuchung in der Klinik mit Prozeduren verbunden, die viele Frauen als erniedrigend empfinden. An anderer Stelle ist schon beschrieben worden, wie diese Untersuchungen zu einer Tortur werden können. Die Patientinnen sitzen mit ihren Urinproben im Warteraum und werden ganz allmählich durch das Kliniksystem geschleust. Nach den Blut- und Urinuntersuchungen, der Messung des Blutdrucks und der Feststellung des allgemeinen Gesundheitszustands ist es soweit. Der Frau wird eine kleine Umkleidekabine zugewiesen und sie wartet darauf, zur Untersuchung in den offenen Klinikraum hineingelassen zu werden, in den sie durch die zweite Tür der Kabine gelangt. Dort wird sie aufgefordert, sich auf den Untersuchungsstuhl zu setzen. In England sind die Untersuchungszimmer häufig so eingerichtet, daß ihr Gesichtsfeld seitlich durch einen kastenförmigen Sichtschutz eingeengt ist, um sie vor den anderen Patientinnen abzuschirmen, nicht jedoch von Schwestern, Studenten und Ärzten. Sie liegt da, von der Taille abwärts ist sie nackt, und um sie herum bildet sich im Halbkreis eine Gruppe von Männern. Ihr Bauch und ihre Vagina werden betastet und untersucht, was unangenehm und manchmal schmerzhaft ist. Es werden für sie unverständliche Bemerkungen über ihren Körper und dessen Inhalt gemacht und ihre Geschlechtsteile werden mit Begriffen wie »die Vulva«, »die Blase«, »das Perineum«, »der Uterus«

belegt, wodurch sie von ihrer Person getrennt werden. Manchmal wird zwischen dem Arzt und der Frau kein einziges Wort gewechselt. Sie ist einfach nur ein Körper auf einem Untersuchungsstuhl. Wenn er ihr Anweisungen zu geben hat, tut er das vielleicht, während sie noch halb liegt und nur halb bekleidet ist. Wenn er etwas mehr Zeit hat, fordert er sie vielleicht auf, sich hinzusetzen, damit er ihr etwas erklären kann. Hin und wieder hat sie die Gelegenheit, sich zunächst wieder anzuziehen, so daß sie ihm beim Gespräch angezogen gegenübersitzt und wieder sie selbst ist, wenn er ihr sagt, daß alles in Ordnung ist, oder daß sie nicht soviel zunehmen darf, sich mehr Ruhe gönnen muß oder gleich in der Klinik bleiben soll.

In der modernen Klinik ist dies unser feierliches Ritual beim Übergang zur Mutterschaft. Dazu gehört eine Trennung von »normalen« Menschen, die ihren täglichen Beschäftigungen nachgehen, ein Eingreifen der Institutionen, das sich der Kontrolle der Frau entzieht. Das bringt eine Untersuchung und Bewertung der intimsten Körperteile mit sich, die sie Männern, noch dazu fremden, preisgeben muß, sie ist dabei beunruhigenden und manchmal schmerzhaften Prozeduren ausgesetzt. Doch sie darf dabei nicht mit der Wimper zucken, denn es geschieht alles »zum Besten des Babys«. Erst nachdem sie diese rituelle Trennung und Erniedrigung hinter sich gebracht hat, nimmt die Gesellschaft sie als Mutter von neuem auf.

Der Geburtsbeginn

Nicht nur die Behandlung bei den Vorsorgeuntersuchungen in der Klinik laufen nach einem Ritual ab, die Aufnahme in die Klinik zur Geburt ist mit weiteren rituellen Handlungen verbunden. Die erste zeremonielle Handlung stellen die Aufnahmeprozeduren dar. Mann und Frau werden voneinander getrennt, und die Frau in den Wehen muß die vorbereitenden Maßnahmen über sich ergehen lassen. Es werden medizinisch wichtige Angaben über den Zustand der Mutter und des Kindes aufgenommen und gleichzeitig Maßnahmen getroffen, die hauptsächlich zeremonielle Rituale darstellen: das Schamhaar wird abrasiert, die Frau bekommt einen Einlauf, nimmt ein Bad, zieht ein unpersönliches Kliniknachthemd an und wird ins Bett gesteckt.

Während dieser Handlungen, ausgeführt von uniformierten fremden Personen, werden vielleicht Worte gewechselt, die dazu beitragen, daß die Rolle der Frau als Patientin noch deutlicher wird. Auf den ersten Blick scheint es sich um ganz normale Gesprächsthemen zwischen Personen auf gleicher Ebene zu handeln. Meistens geht es dabei jedoch um Kommunikationsformen, die von Erving Goffman als »dargebrachte Ehrerbietung« bezeichnet werden.[2]

Die Hebamme macht eine freundliche Bemerkung über die Frisur der Patientin oder ihre Kosmetiktasche, oder sie stellt die Frage: »Was wünschen Sie sich, einen Jungen oder ein Mädchen?« Diese Worte scheinen lediglich Ausdruck mitfühlender Fürsorge und freundlichen Interesses zu sein, doch im Zusammenhang mit den äußeren Umständen stellen sie eine Überschreitung der persönlichen Grenzen der betreffenden Frau dar, »was ganz klar zum Ausdruck kommen würde, wenn die Patientin dem Klinikpersonal gegenüber derartige freundliche Bemerkungen oder Komplimente machte oder die Hebamme oder den Arzt über deren Familie ausfragte. Insgesamt stellen diese Rituale eine Möglichkeit der fortwährenden symbolischen Auslotung dar, inwieweit das Ego des Empfängers in bezug auf andere Menschen noch nicht abgegrenzt und blockiert worden ist.«[3]

All das gehört dazu, um eine Patientin gefügig zu machen. Betrachten wir uns die Handlungen bei der »Vorbereitung« der Patientin und die darauf folgenden Maßnahmen während der Wehen etwas eingehender. Nicht nur fehlt jeder Beweis dafür, daß durch eine Rasur des Dammbereichs die Zahl der Bakterien auf der Haut verringert wird, sondern es existieren vielmehr Hinweise darauf, daß kleinere Infektionen zunehmen, weil durch das Rasieren die oberflächlichen Zellen gereizt sind und das Eindringen von Bakterien begünstigen.[4] Deshalb kann das Abrasieren der Schamhaare als ein Vorgang betrachtet werden, bei dem die Frau geschlechtslos gemacht wird, indem der Bereich um Anus und Vagina durch ein Ritual in seinen ursprünglichen Zustand vor der Pubertät zurückversetzt wird.

[2] Erving Goffman: Interaktionsrituale über Verhalten in direkter Kommunikation. Frankfurt am Main 1975.
[3] Erving Goffman: Interaktionsrituale über Verhalten in direkter Kommunikation. Frankfurt am Main 1975.
[4] Siehe: H. Kantor u. a.: Value of shaving the pudendal-perineal area in delivery preparation. In: Obstet & Gynecology. 25, 1965, S. 509–512.

Die Reinigung des Darms durch einen Einlauf wird bei der werdenden Mutter nicht nur dann in Gang gebracht, wenn sie noch keinen Stuhlgang hatte, sondern auch dann, wenn sich ihr Mastdarm vorher entleert hat. Das heißt also, daß ein Einlauf nicht deshalb gemacht wird, weil das nötig ist, sondern weil es ein Vorgang der rituellen Reinigung und Läuterung ist. Überdies ist damit ein äußerer Eingriff in ganz persönliche Körpervorgänge durch eine Institution verbunden, eine Kontrolle über Bereiche der Intimsphäre. Während des ganzen Klinikaufenthalts wird Kontrolle über die Körperausscheidungen ausgeübt. Die Schwestern machen regelmäßig ihre Runden mit Abführpillen und fragen, wer noch nicht »gekonnt« hat, wodurch sie weiterhin die Ausscheidungen überwachen.

Es gibt kaum einen medizinischen Grund dafür, weshalb der Vater bei der Geburt nicht anwesend sein und nicht aktiv daran teilnehmen sollte und weshalb die Geburt nicht die Familie als Mittelpunkt haben kann, wie das in vielen Agrargesellschaften der Fall ist. Immer noch werden jedoch in einigen Kliniken die Väter angewiesen, bei den Vorbereitungsprozeduren, bei Untersuchungen durch den Arzt oder die Hebamme und während der gesamten Austreibungsphase bei der Geburt draußen zu warten. Der Körper der Frau ist Eigentum des Krankenhauspersonals geworden. Wenn die Anwesenheit des Vaters zugelassen wird, geraten zwei soziale Identitätskategorien durcheinander, nämlich die, in der die Frau Ehepartnerin, sexuelles Wesen und Mutter ist, und die Identitätskategorie, in der sie zur Patientin wird, deren Handlungen der Kontrolle des Arztes unterliegen. Um eine Vermischung dieser beiden sozialen Kategorien zu vermeiden, müssen in der modernen Geburtshilfe die Frauen ihre gewohnte Umgebung verlassen, sich von den übrigen Familienmitgliedern und häufig auch vom Vater des Kindes, das sie zur Welt bringen, trennen. Sie werden, wenn sie in die Klinik kommen, einer Behandlung unterzogen, die einer Initiation gleicht. Das Ergebnis ist eine rituelle Unterordnung.

Das Anlegen bestimmter Kleidungsstücke – Kittel, Haube, Mundschutz, Überschuhe – ist eine Handlung, die bei religiösen Zeremonien, durch die der rituelle Akt der Geburt dargestellt wird, üblich ist. Sie bewirkt aber auch, daß die Frau aus ihrem normalen, alltäglichen Dasein herausgelöst wird und von ihren normalen sozialen Beziehungen isoliert ist und führt zu einem unpersönlichen Verhältnis zwischen ihr und den Geburtshelfern.

Untersuchungen über die rituellen Aspekte beim Anlegen von Mundschutz und anderen Berufsuniformen in der Klinik haben ergeben, daß besondere Kleidung an Bedeutung verliert und sehr oft gar nicht angelegt wird, je höher die Position ist, die ein Angehöriger des Krankenhauspersonals in der dortigen Hierarchie einnimmt.[5] Der behandelnde Arzt macht seine Visite vielleicht in seinem ganz normalen Anzug und zieht nur bei geburtshilflichen Eingriffen besondere Kleidung an. Je weiter unten sich dagegen ein Klinikangestellter in der Hierarchie befindet, um so mehr spezielle Berufskleidung muß er tragen, und zwar ständig. Der Ehemann befindet sich auf der Stufenleiter dieser Hierarchie ganz unten, und häufig wird ihm vorgeschrieben, die ganze Zeit über besondere Kleidung zu tragen, zum Beispiel einen Mundschutz während der gesamten Wehenzeit, obwohl ein Mundschutz, der länger als höchstens fünfzehn Minuten getragen wird, überhaupt keinen Schutz mehr bietet.

Die Frau ist während der Wehen häufig von der Taille abwärts mit Laken bedeckt. Die untere Hälfte des Körpers der Frau wird für den Geburtshelfer zu seinem sterilen Arbeitsbereich, wenn er sie abgrenzt. Doch zweifellos gehört dieser Bereich weder ihm, noch ist er aufgrund der engen Nachbarschaft von Vagina und After steril. Das ist aber eine Fiktion, die dem Geburtshelfer sehr gelegen kommt. Durch diese Annahme ist er berechtigt, darauf zu bestehen, daß die Frau ihren eigenen Körper nicht anfaßt. Sie hat hier als Unbefugte keinen Zugang. Das ist eine weitere Maßnahme, um den Genitalbereich zu etwas Unpersönlichem werden zu lassen.

Diese Ausschaltung alles Persönlichen stellt für den Gynäkologen einen Schutz dar. Die Frau ist dadurch kein Sexualobjekt mehr. Es handelt sich nicht mehr um einen Mann, der den nackten Körper einer Frau sieht, sondern um einen Arzt, der mit einem »Fall« beschäftigt ist. So ist er gegen seine eigenen Gefühle abgesichert, und es wird verhindert, daß menschliche Regungen, nicht nur sexuelles Verlangen, sondern sehr oft auch Sanftheit, Mitgefühl, Sympathie und Freundschaft in das Verhältnis zwischen Arzt und Patientin Eingang finden. Höchstens in Anwesenheit eines anderen Mannes, dem diese Gefühle gestattet sind, dem Ehemann der Frau, kann sich der Gynäkologe vielleicht ein wenig Entspannung gestatten und ein paar der

5 J. Roth: Ritual and magic in the control of contagion. In: American Social Review. 22, 1957.

Sperren öffnen. Der Schutzpanzer erfüllt nicht mehr den Zweck, eine Sicherheitsschranke zwischen Arzt und Patientin zu errichten, nachdem immer mehr Männer bei der Geburt dabei sind. Geburtshelfer berichten oft, daß sie gerne mit den Ehemännern zusammenarbeiten, weil in ihrer Anwesenheit eine »normalere«, entspannte Atmosphäre entstehen kann. Es ist wirklich bedauerlich, daß in vielen Kliniken der Ehemann bei einer Untersuchung durch den Arzt immer noch hinausgeschickt wird, denn sowohl für die Frau wie auch für ihren Geburtshelfer könnte seine Anwesenheit vorteilhaft sein.[6] Leider findet auch die Schwangerenvorsorge immer noch hauptsächlich in Abwesenheit des Partners statt. Frauen beschweren sich häufig über die unpersönliche Behandlung bei den Vorsorgeuntersuchungen noch mehr als über die Unpersönlichkeit bei der Geburt. Vielleicht ist dies einer der Gründe. Es wäre zu bedenken, ob es nicht ratsam wäre, wenigstens einen Teil der Schwangerenvorsorgeuntersuchungen am Abend durchzuführen, damit der Partner dabei sein kann.

Manchmal kann man von Ärzten die Bemerkung hören, daß Frauen während der Wehen verletzlich und ängstlich sind und sich durch unbedeutende Zwischenfälle aus dem Gleichgewicht bringen lassen und ganz nebensächlichen Bemerkungen oder gewöhnlichen Routinemaßnahmen viel zuviel Bedeutung beimessen. Deshalb sehen sie ihre wichtigste psychologische Aufgabe darin, »beruhigend« zu wirken. Alles wird gut gehen, solange die Patientin »Vertrauen« zum Arzt hat. Ihre Verletzlichkeit ist jedoch aus der sozialen Situation heraus entstanden und keineswegs das isolierte Produkt der Gedanken einer ängstlichen Frau. Zu einem großen Teil ergibt sie sich aus dem »Anstrich der Normalität«[7], den das gesamte Klinikpersonal den Vorgängen geben möchte und der zu ihrem Beruf gehört. »Wenn die Situation so ist, daß die Patientin versucht, jedes Zeichen der Beunruhigung zu verbergen und die anderen sich bemühen, alles, was alarmierend wirken könnte, der Patientin vorzuenthalten, dann kann jedes geringfügige beunruhigende Anzeichen als Beweis dafür gelten, daß zwar angestrengt alles versucht worden ist, um den Anstrich des Harmlosen aufrecht zu erhalten, daß das jedoch nicht völlig gelungen ist. Das be-

[6] Sheila Kitzinger: The Good Birth Guide. Fontana, 1979.
[7] Erving Goffman: Das Individuum im öffentlichen Austausch. Mikrostudien zur öffentlichen Ordnung. Frankfurt am Main 1974.

deutet, daß ein Hinweis darauf, daß irgend etwas nicht stimmt, ebenso beunruhigend sein kann wie zahlreiche solcher Hinweise, und das zu Recht.«

Zum Glück ist es aber auch so, daß ein Zeichen, ein Hinweis seitens des Arztes oder der Hebamme, daß sie die Patientin als Persönlichkeit akzeptieren, genauso auch bewirken kann, daß eine negative Erfahrung zu einer positiven wird. Durch einen solchen Hinweis können spontane emotionale Prozesse bei der Mutter in Gang gesetzt werden. Eine Frau, die mir schrieb, hatte seit Beginn der Schwangerschaft eine ganze Reihe von gynäkologischen Eingriffen, von denen einer den nächsten nach sich zog, über sich ergehen lassen müssen. Das Kind kam durch einen überraschend angeordneten Kaiserschnitt zur Welt. Die Frau konnte mit ihrem Baby nichts anfangen: Sie hatte, so berichtete sie, »ein völlig unangebrachtes Gefühl emotionaler Taubheit. Ich verspürte keine wirklichen Muttergefühle ... Wenn ich mit dem Baby so dasaß, kam ich mir ganz merkwürdig vor und bemühte mich darum, irgend etwas zu fühlen.« Eine Schwester dort gab sich große Mühe und unterstützte die Mutter dabei, eine Beziehung zu ihrem Kind herzustellen. Sie war ihr auch eine große Hilfe bei der Überwindung anfänglicher Schwierigkeiten beim Stillen. Sie führte beide Eltern »in ein Zimmer mit einem niedrigen Sessel und stützte mich mit Kissen ab«, sie nahm den Eltern den Mundschutz ab »und zeigte mir, wie ich das Baby am besten im Arm halte – das Wunder geschah! Es war mein Baby – und es saugte an meiner Brust! ... und dann ließ sie uns nach und nach allein! John faßte sein Kind das erste Mal an, ... es gehörte zu uns.«

Das Zimmer, in dem eine Frau in einer modernen Klinik in der westlichen Welt ihr Kind bekommt, unterscheidet sich grundlegend von der Hütte oder der Waldlichtung, in der eine Frau in einer vorindustriellen Gesellschaft die Geburt erlebt. Bei einer traditionellen Geburt steht die Frau im Mittelpunkt der Ereignisse. In der modernen Geburtshilfe werden hochentwickelte, äußerst komplizierte Technologien eingesetzt und hinderliche Geräte verwendet, neben denen sich die Frau unbedeutend und klein vorkommt. Die Geburtshelfer und Hebammen hören nicht auf die direkten Zeichen des Körpers der Mutter und deuten diese, sondern sie erhalten ihre Daten über Herz-Wehenschreiber und andere Geräte, die überall im Kreißsaal stehen. Die Augen aller sind auf Bildschirme und Kurvenblätter gerichtet, die die Maschinen ausspucken. »Das endgültige Ziel muß darin liegen, daß jede Frau ihr Kind unter Intensivüberwachungsbedingungen zur Welt bringt«, äußerte ein Professor der Gynäkologie.[8] Ein anderer Gynäkologe bemerkte gegenüber Kollegen: »Kreißsäle sehen heute wie wissenschaftliche Untersuchungsstationen aus, überall stehen Geräte, überall gibt es Kabel ... Wenn wir Telemetrie verwendeten und die Kabel abschafften (wir können das Herz eines Mannes überwachen, der sich auf dem Mond befindet), könnten wir auch die Herzschläge eines Babys überwachen, ohne Kabel verwenden zu müssen.«[9]

Die Geräte sind zum Mittelpunkt bei der Geburt geworden, und obendrein wird der Frau dadurch auch noch jede Bewegungsfreiheit während der Wehen genommen. Sie kann nicht aufstehen und herumlaufen und nicht einmal ungehindert ihre Lage im Bett verändern, wenn sie daran angeschlossen ist. In keiner einzigen agrarischen Gesellschaft sind die Frauen bei der Geburt zum Stillhalten verurteilt. Sie werden im Gegenteil von ihren Helferinnen dazu aufgefordert, verschiedene Haltungen einzunehmen und herumzugehen, damit der Kopf des Babys in den Geburtskanal eintritt. In unserer Gesellschaft ist ein verändertes Verhalten der Frauen bei der Geburt als notwendige Begleiterscheinung der neuen Geräte hingenommen worden, ohne daß die möglichen Auswirkungen dieser Veränderungen untersucht worden wären. Es ist nicht ausgeschlossen, daß durch medizinische Eingriffe hervorgerufene (iatrogene) Faktoren die Notwendigkeit weiterer geburtshilflicher Maßnahmen nach sich ziehen. So ist es zum Beispiel durch das Einführen einer Elektrode durch die Scheide und den Muttermund der Frau und das Einschrauben dieser Elektrode in die Kopfschwarte des Kindes möglich, die kindlichen Herztöne zu überwachen, doch dieser Eingriff bedeutet auch ein höheres Infektionsrisiko, was zur Folge hat, daß intramuskuläre Injektionen verabreicht werden müssen.

Die Haltung, die eine Frau im Kreißsaal einnehmen muß, ist ebenfalls symptomatisch für das Verhältnis zwischen Frauenarzt und Patientin. Nur in unserer westlichen, hoch-

[8] C. R. Whitfield, in: Richard Beard, Michael Brudenell, Peter Dunn, Denys Fairweather (Hrsg.): The Management of Labour. Royal College of Obstetricians and Gynaecologists, 1975.

[9] S. Simmons: Induction of Labour. In: Richard Beard, Michael Brudenell, Peter Dunn, Denys Fairweather (Hrsg.): The Management of Labour. Royal College of Obstetricians and Gynaecologists, 1975.

technologischen Kultur muß die Frau mit in die Luft gestreckten Beinen flach auf dem Rücken in einer Position daliegen, die äußerst ungünstig ist, um das Baby beim Pressen hinauszuschieben.

Der Geburtshelfer hat es bei der Untersuchung und bei Eingriffen während der Geburt leichter, wenn die Frau auf dem Rücken liegt, eine Position, in der sie – oft von der Taille abwärts durch eine Betäubung empfindungslos gemacht – flach daliegt, ihre Füße womöglich auf Beinhaltern; in den USA werden sogar häufig ihre Hand- und Fußgelenke angeschnallt, und durch eine weitere Vorrichtung werden ihre Schultern niedergehalten. Diese Körperhaltung, die bei Entbindungen, die von Gynäkologen (im Gegensatz zu Hebammen) geleitet werden, Routine ist, weist darauf hin, daß die Funktion des Experten im »Entbinden« besteht, und daß die Frau nicht als diejenige angesehen wird, die aktiv ihr Kind auf die Welt bringt.

Ein wichtiger Bestandteil der Entbindung durch den Gynäkologen ist ein Schnitt im Damm der Mutter, um die Öffnung, durch die das Kind hindurch muß, zu vergrößern – die Episiothomie oder der Dammschnitt. Dadurch wird jede Geburt zu einem chirurgischen Eingriff. Es entsteht eine Wunde, die genäht werden muß. Es handelt sich hierbei um eine rituelle Verstümmelung, die die Mehrzahl der Frauen in unserer Gesellschaft über sich ergehen lassen muß, um Mutter zu werden. Bei einer bestimmten Anzahl von Frauen ist eine Vergrößerung des Geburtskanals notwendig, und einige Babys müssen sehr schnell geboren werden, doch ein Routinedammschnitt bei praktisch 100 Prozent aller Frauen, wie heute in den USA, ist deshalb notwendig, weil die Gynäkologen bei der Geburt das Kommando übernommen haben und die Sache so schnell und so effizient wie möglich über die Bühne bringen möchten. Sie möchten keine Zeit mit den Launen der Natur oder biologischen Rhythmen vergeuden, die sich nicht so ohne weiteres den Dienstplänen einer Klinik unterordnen lassen.

Aber das ist vielleicht nicht der einzige Grund, weshalb Gynäkologen die Aufsicht über den Körper der Frau übernommen haben. Fast überall wird den Frauen eine bedrohliche Macht zugeschrieben, durch die Männer geschwächt und ihrer Manneskraft beraubt werden können, und wie wir im Kapitel ›Frauen als Befleckende und Erschaffende‹ noch sehen werden, gelten ihre Sexualität und ihre Körperprodukte als machtvoll und gefährlich. Sie ist wie eine Bombe, die nur dadurch entschärft werden kann, daß man ihre Sinnlichkeit leugnet und ihr ganz bestimmte Verhaltensweisen vorschreibt. Ihrer Gefahr entgeht man nur, indem man ihr während jener kritischen Perioden geflissentlich aus dem Weg geht, in denen ihr Körper sich öffnet und Körperflüssigkeiten und andere Bestandteile hinausfließen läßt. Frauen sind am besten immer dann zu meiden, wenn ein Mann mit einer Aufgabe beschäftigt ist, bei der besondere Fertigkeiten und Konzentration erforderlich sind. Die Schamhaftigkeit der Frauen im östlichen Mittelmeerraum, die Rituale, die Mann und Frau während ihrer unreinen Periode im Judaismus und Hinduismus ausüben und das Tabu, mit dem der Geschlechtsverkehr vor einer Kampfeshandlung, einer wichtigen Jagd, der Wahrnehmung bedeutender Aufgaben in der Gemeinschaft oder einer Opferzeremonie für die Vorfahren belegt ist, wie das bei Stammesgesellschaften praktiziert wird, alles das liefert Hinweise darauf, daß die Frau überall gleichzeitig als die Schöpferin und Zerstörerin angesehen wird, als die schreckliche Göttin Kali, die das Leben in ihren Händen hält. Solche Gefühle mögen alle Kinder gelegentlich gegenüber ihren offenbar allmächtigen Müttern empfinden. Mädchen bekommen irgendwann selbst ihre erste Menstruation und entwickeln die Fähigkeit, in ihrem eigenen Körper ein Kind heranwachsen zu lassen. Jungen werden dazu niemals in der Lage sein. Einige Psychoanalytiker haben häufig in Erscheinung tretende männliche Verhaltensweisen durch den Begriff des »Uterusneids« erklärt.[10]

Der Gynäkologe versucht im Gegensatz zur Hebamme, die von jeher sehr viel weniger eingreift, die Geburt unter seine Kontrolle zu bekommen. Denn dann ist es fast so, als hätte er und nicht die Frau das Kind zur Welt gebracht. Durch eine hochentwickelte Technologie konnte die Bombe entschärft werden: Die Geburt wurde ihrer sexuellen Elemente entledigt. Die früher als geheimnisvoll geltende Kraft ist analysiert worden, und er hat sie männlichen Zwecken zunutze gemacht, und zwar männlichen Vorstellungen entsprechend.

Zumindest könnte dies eine Erklärung für die Tatsache sein, daß Ende der sechziger und Anfang der siebziger Jahre die Zahl der Geburtseinleitungen an britischen Kliniken um 50 Prozent und mehr angestiegen ist, und zwar ungeachtet der Tatsache, daß von den Gynäkologen selbst festgestellt wurde,

[10] Ian Suttie: The Origins of Love and Hate. Kegan Paul, 1935.

daß »die meisten Statistiken gezeigt haben, daß durch die höhere Rate der eingeleiteten Geburten keine bemerkenswerte Verbesserung bei der Säuglingssterblichkeit erzielt werden konnte«, »daß das Ausmaß, in dem die Säuglingssterblichkeit durch Geburtseinleitungen verringert werden kann, äußerst gering ist«,[11] und sogar, daß »die Faktoren bei der Neugeborenensterblichkeit weitgehend unbekannt sind und vielleicht gar nicht primär medizinisch bestimmbar sind«.[12]

Es ist gar nicht so neu, daß Ärzte versuchen, die Geburt künstlich einzuleiten. Bei der Betrachtung der Geschichte der Geburtseinleitung und der Anwendung wehenfördernder Maßnahmen bekommen wir einen ungefähren Eindruck davon, wie sehr Frauen unter den Händen jener Geburtshelfer gelitten haben, die die Gebärmutter als eine faszinierende Sache zum Herumprobieren betrachten und nicht als Teil des Körpers einer Frau. Accouchement Forcé wurde im 19. Jahrhundert praktiziert. Anfang des 20. Jahrhunderts verwendete ein Geburtshelfer ausgediente Kinderballons, um den Muttermund zu öffnen. Er führte sie ein, füllte sie dann mit Wasser und zog daran. Eine weitere Methode bestand in der Verwendung von Rizinusöl, riesigen Einläufen mit Seifenlauge, wiederholten Gaben von Chinin und Injektionen mit einem Hypophysenextrakt. Von einem Befürworter dieser Methode stammt folgender Hinweis: Wenn eine Frau keine Wehen bekam, nachdem diese Maßnahmen drei Tage lang wiederholt durchgeführt worden waren, konnte der Geburtshelfer beruhigt über das Wochenende verreisen. Schätzungsweise wurden fünf Prozent der Säuglinge durch Chinin getötet.[13]

Das wehenfördernde Mutterkorn-Alkaloid Ergotin wurde 1808 eingeführt. Der Arzt, der es zum erstenmal anwendete, machte die Bemerkung: »In den seltensten Fällen bin ich länger als drei Stunden aufgehalten worden.« Doch innerhalb weniger Jahre stellte sich heraus, daß die Zahl der Totgeburten als Folge dieser Maßnahme in alarmierendem Maße angestiegen war, und

[11] Richard Beard, Michael Brudenell, Peter Dunn, Denys Fairweather (Hrsg.): The Management of Labour. Royal College of Obstetricians and Gynaecologists, 1975.

[12] A. Turnball, in: Richard Beard, Michael Brudenell, Peter Dunn, Denys Fairweather (Hrsg): The Management of Labour. Royal College of Obstetricians and Gynaecologists, 1975.

[13] G. W. Theobald: The Induction of Labour. In: D. F. Hawkins (Hrsg.): Obstetric Therapeutics. Ballière-Tindall, 1974.

Ergotin, das unter der Bezeichnung pulvis ad partum (Geburts-pulver) bekannt war, wurde fortan als pulvis ad mortem (Todes-pulver) bezeichnet.

Danach wurde Spartein erprobt. Dieses Mittel bewirkte je-doch, daß die Gebärmutter sich äußerst stark und sehr unkoor-diniert zusammenzog, daß es zu akuten Schmerzen kam, und zwar noch mehrere Stunden nach Verabreichen der letzten Do-sis. Außerdem wurde festgestellt, daß dieses Mittel den Herz-schlag verlangsamen oder sogar zum völligen Herzstillstand führen konnte.

Die Anwendung moderner Methoden der Geburtseinleitung sind möglich geworden, weil heutzutage nur sehr wenige Frau-en stark deformierte Becken haben. Begünstigt wurden diese Methoden durch die Entdeckung des Penicillins und dem 1947 entwickelten Oxytozin-Wehentropf.

Ein Problem beim Oxytozin-Wehentropf besteht darin, daß die Gebärmutter der Frau in einen hypertonischen Verkrampf-ungszustand geraten kann, wenn die Dosierung nicht äußerst sorgfältig überwacht wird. Diese Verkrampfung bewirkt eine verringerte Blutzufuhr zur Plazenta, so daß das Baby in einen bedenklichen Zustand gerät und sogar sterben kann. Bei einer Frau, die schon einen Kaiserschnitt hatte und deren Gebärmut-ter deshalb vernarbt ist, oder bei einer Frau, die schon mehrere Kinder bekommen hat, kann die Gebärmutter bei der Einlei-tung reißen, wenn die Wehen nicht aufmerksam überwacht werden und der Tropf gedrosselt oder abgestellt wird, falls die Wehentätigkeit zu stark wird. Das ist auch der Grund, weshalb Frauen, die an einen Wehentropf angeschlossen sind, ständig von Geräten überwacht werden sollten, die die Wehenstärke und den Herzschlag des Kindes messen.

Die Zahl der eingeleiteten Geburten schwankt von Klinik zu Klinik und ist sogar bei den verschiedenen Ärzten an derselben Klinik unterschiedlich. Einige Geburtshelfer geben an, daß sie nicht mehr als 15 Prozent der Geburten einleiten, bei anderen dagegen wird bei bis zu 75 Prozent der Frauen ein Wehentropf angeordnet. Es gibt keinerlei Hinweise dafür, daß sich die Säug-lingssterblichkeit durch eine hohe Anzahl eingeleiteter Gebur-ten verringert. In der Stadt Cardiff wurden Anfang der siebzi-ger Jahre sehr viele Geburten eingeleitet. Eine der Schlußfolge-rungen, die sich aus umfangreichen Untersuchungen in Wales ergaben, besagte jedoch, daß »keine Beweise dafür erbracht werden können, daß eine Frau, die 1973 in Cardiff ein Kind bekommt, bessere Aussichten hat, ein lebendes Kind auf die Welt zu bringen, als 1965«.[14]

Nachdem Frauen über ihre Erfahrungen bei eingeleiteten Geburten berichtet hatten und in medizinischen Zeitschriften weitere Informationen veröffentlicht worden waren, kam es bei einigen der Betroffenen, für die die hohe Anzahl der eingeleiteten Geburten ein weiterer Beweis für unnötige Eingriffe während der Geburt darstellte, zu empörten Reaktionen. Einige Geburtshelfer taten diese Reaktionen als ein Phänomen ab, das durch die Presse und das Fernsehen und sogar auch durch Untersuchungsergebnisse lanciert worden sei. Das hatte ihrer Meinung nach mit der »Wirklichkeit« nichts zu tun: »Ich bin nicht der Ansicht ..., daß es sich hierbei um mehr als eine kleine lautstarke Minderheit des Patientengutes handelt. Wenn die große Mehrheit der Patientinnen nicht durch die Medien und durch Umfragen dazu aufgefordert würde, Enttäuschung, Frustration und Unzufriedenheit zum Ausdruck zu bringen, würde der Umgang mit ihnen sicherlich keinerlei Probleme aufwerfen.«[15]

Nachdem dieses öffentliche Unbehagen jedoch zum Ausdruck gekommen war, verringerte sich die hohe Anzahl der eingeleiteten Geburten der Jahre 1971 bis 1974 kurzzeitig ganz erheblich. In einer großen Universitätsklinik wurde innerhalb weniger Monate der Anteil von 40 Prozent eingeleiteter Geburten auf 25 Prozent gesenkt, ohne daß die Rate der Säuglingssterblichkeit dadurch angestiegen wäre. Allem Anschein nach haben die öffentliche Meinung und die Forderung vieler Frauen nach einem möglichst natürlichen Geburtsverlauf eine Wirkung gehabt.

Trotz alledem ist die Säuglingssterblichkeit in Großbritannien weniger zurückgegangen als in vielen westlichen Industrieländern, und das in Anbetracht eines weltweiten Sinkens der Säuglingssterblichkeit. Großbritannien liegt weit hinter den Niederlanden, der Schweiz und den skandinavischen Ländern (siehe die Tabelle auf der folgenden Seite).

[14] J. F. Pearson, in: Richard Beard, Michael Brudenell, Peter Dunn, Denys Fairweather (Hrsg.): The Management of Labour. Royal College of Obstetricians and Gynaecologists, 1975.

[15] J. Selwyn-Crawford, in: Richard Beard, Michael Brudenell, Peter Dunn, Denys Fairweather (Hrsg.): The Management of Labour. Royal College of Obstetricians and Gynaecologists, 1975.

Die Säuglingssterblichkeit in den europäischen Ländern

Säuglingssterblichkeit pro 1000 Geburten (auf Dezimalstellen aufgerundet)

	1968[16]	1972[17] (oder vorangegangenes bzw. folgendes Jahr)
Großbritannien	26	22
Bundesrepublik Deutschland	25	21
Finnland	19	17
Frankreich	25	21
Italien	32	30
Niederlande	20	17
Norwegen	21	17
Schweden	16	14
Schweiz	19	16

In modernen Kliniken stehen pharmakologische Schmerzmittel zur Verfügung, und auch das bedeutet, daß Geburten bei uns ganz anders verlaufen als in einer Agrargesellschaft. Das in Großbritannien am häufigsten verwendete Analgetikum ist Pethidine (in der Bundesrepublik unter der Markenbezeichnung Dolantin bekannt), ein Narkotikum, das ursprünglich als Morphiumersatz eingeführt wurde. Die Hersteller wiesen darauf hin, daß nur ganz geringe Mengen notwendig seien (25 oder 50 Milligramm) und daß es nicht suchtauslösend sei. Es ist jedoch ein suchterzeugendes Medikament (allerdings nicht, wenn es nur bei der Geburt genommen wird), und die heutzutage verabreichten Dosierungen fangen bei 100 Milligramm an und erreichen Mengen bis zu 200 Milligramm.

Da das Dolantin bei vielen Geburten mehrmals injiziert wird, erhält eine Frau manchmal bis zu 500 Milligramm, eine Menge, die ausreicht, um sie außer Gefecht zu setzen. Oft wird Dolantin mit anderen Medikamenten kombiniert. Es gibt Mittel, um zu verhindern, daß das Baby bei der Geburt Schwierigkeiten

---

[16] Aus R. Maxwell: Health Care. Mc Kinsey, New York 1974.

[17] Ich danke der DHSS, daß sie mir diese Angaben besorgt und zur Verfügung gestellt haben.

mit der Atmung hat, was bei Dolantin allein der Fall sein kann. Solche Mittel können allerdings die analgetische Wirkung von Dolantin wiederum herabsetzen. Ein Kombinationsmittel zur Vermeidung von Übelkeit kann bewirken, daß die Wehen für eine Dauer von bis zu zwei Stunden schwächer werden, so daß die Geburt dadurch länger dauert. In einigen Kliniken bestimmen die Frauen selbst darüber, ob sie schmerzlindernde Mittel haben wollen. Sie fragen bei Bedarf danach und lassen es sich geben, wenn sie mit den Schmerzen nicht mehr zurechtkommen. In vielen Kliniken wird Dolantin jedoch routinemäßig verabreicht, und die Patientin hat kein Mitspracherecht bei der Entscheidung. [18]

Wir im Westen sind sehr alarmiert, wenn wir von den schädlichen Auswirkungen einiger Gebräuche in vorindustriellen Gesellschaften erfahren, von den Anstachelungen und den im Namen der Religion ausgeübten Zeremonien oder den Folgen voreiliger Einmischung bei der Geburtshilfe. Uns mögen diese Gebräuche oft äußerst grausam vorkommen. Weniger bewußt sind wir uns vielleicht der Grausamkeiten, die in unserer eigenen Kultur mit der Geburt verbunden sein können, weil sie uns selbstverständlich erscheinen. Zum Beispiel halten wir vielleicht Schmerzmittel bei der Geburt für notwendig und sind blind für die damit verbundenen Nachteile, die bei Dolantin sehr groß sind. Die Frauen geraten dadurch in einen Zustand der Benommenheit. Die Wehen können dadurch zu einem Alptraum werden, weil die Fähigkeit, mit den Schmerzen umzugehen, herabgesetzt ist, und dann ist es für die Frau beinahe unmöglich, kontrolliert zu atmen und sich bewußt zu entspannen.

In unserer Kultur spielen Medikamente auf der anderen Seite eine große Rolle. Einige Säuglinge bekommen schon in den ersten Lebenstagen ein Mittel gegen Krampfzustände, das in der Kinderklinik in Orangensaft aufgelöst verabreicht wird, mit Junior-Aspirin geht es weiter. Pharmakologische Schmerz- und Beruhigungsmittel, Nikotin und Alkohol gehören für die meisten von uns zum Alltag. Wir brauchen sie, um mit unseren Lebensforderungen fertig zu werden. Sollten wir Schmerzen bekommen, so erwarten wir, sie mit Hilfe immer besserer Wundermittel wieder loszuwerden.

Deshalb ist es bei einem so überwältigenden Ereignis wie der Geburt kein Wunder, wenn davon ausgegangen wird, daß jede

[18] Sheila Kitzinger: Some Women's Experience of Induced Labour. National Childbirth Trust, ²1978.

Frau ein Recht darauf hat, von den starken Gefühlen, mit denen sie rechnen muß, befreit zu werden. Schmerz zu empfinden, bedeutet eine Rückkehr ins Mittelalter. Die moderne Art der Geburt besteht darin, überhaupt nichts zu spüren.

Methoden der örtlichen Betäubung, von denen die Epiduralanästhesie die bekannteste ist, sind begeistert aufgenommen worden und gelten als die Anwort auf Schmerzen bei der Geburt. Gewiß kann eine Geburt durch eine Epiduralanästhesie schmerzlos und sogar ohne Empfindungen vor sich gehen, und sie bietet mehr Sicherheit als eine Vollnarkose. Sie sollte jedoch mit Überlegung angewendet werden. Bei einigen Frauen führt sie zu einem schnellen, sehr plötzlichen Absinken des Blutdrucks, was für sie und das Baby schlimme Folgen haben kann. Einige reagieren auf das verwendete Anästhetikum allergisch. Die Wahrscheinlichkeit, daß die Frau Atemnot bekommt, bewußtlos wird oder gelähmt bleibt, ist äußerst gering, sie ist jedoch vorhanden. Ein häufiger auftretendes Problem besteht darin, daß das Kind mit der Zange zur Welt gebracht werden muß. In den meisten Entbindungskliniken, wo eine Epiduralanästhesie zur Auswahl steht, ist die Zahl der Zangengeburten sprunghaft angestiegen.

In einer Londoner Universitätsklinik ist die Zahl der Epiduralanästhesien von 16 Prozent der Geburten im Jahr 1971 auf 60 Prozent im Jahr 1975 angestiegen. In dem gleichen Zeitraum stieg auch die Zahl der Zangengeburten von 15 Prozent auf 29 Prozent an.

Eine Epiduralanästhesie hat gewöhnlich zur Folge, daß der Urin mit einem Katheter aus der Blase entfernt werden muß, da die Frau in dem Bereich empfindungslos ist und keinen Drang zur Entleerung der Blase verspürt. Diese Empfindungslosigkeit kann ein oder zwei Tage nach der Geburt fortbestehen, so daß auch in dieser Zeit ein Katheter verwendet werden muß. Dadurch wird die Infektionsgefahr erhöht. Eine Untersuchung ergab, daß bei 29 Prozent der Frauen, die einen Katheter bekommen hatten, eine »signifikante Bakteriurie« vorlag, dagegen nur bei 3 Prozent der Frauen, bei denen kein Katheter verwendet worden war. Auch bei einer Zangengeburt ist die Wahrscheinlichkeit einer Infektion der Harnröhre fünfmal so groß.[19] Manche Geburtshelfer geben als weiteren Nachteil an, daß »die

[19] Siehe: M. G. Elder, C. A. Hakim: The Puerperium. In: D. F. Hawkins (Hrsg.): Obstetric Therapeutics. Ballière-Tindall, 1974.

Notwendigkeit einen dauernden Überwachung der Patientin« besteht, wie ein Arzt das ausdrückte,[20] ein Einwand, der vielleicht nicht ins Gewicht fällt, wenn wir davon ausgehen, daß alle Frauen während der Geburtsarbeit gut versorgt und beobachtet werden sollten.

In einer Hebammenzeitschrift[21] erschien ein Artikel, in dem die Vorteile der Epiduralanästhesie beschrieben werden. Es ist eine lachende Frau abgebildet, die im Bett sitzt und fernsieht, ohne etwas von den Wehen zu merken. In der Unterschrift heißt es, daß die Frau ihr Kind kurz nach dieser Aufnahme zur Welt brachte. (Obwohl es merkwürdig anmutet, daß ihr das Testbild soviel Vergnügen zu bereiten scheint, ist es zutreffend, daß die Frau bei der Geburt keinerlei Empfindungen gehabt zu haben braucht.) Frauenärzte berichten oft begeistert von Patientinnen, die »sich unterhalten, lachen und zu Späßen aufgelegt sind«, während ihr Kind zur Welt kommt. Und währenddessen ereignet sich etwas, das für eine Frau ohne örtliche Betäubung eine bedeutsame psychosexuelle Erfahrung darstellt. Hierbei würden sie eine Unterhaltung und Gelächter nur ablenken, genauso wie das auf dem Höhepunkt des Liebesaktes äußerst störend wirken würde.

Letzten Endes aber gibt es kein Medikament, das die Schwierigkeiten des Lebens an sich lösen könnte; durch keine Pille können die Belastungen, denen wir im täglichen Leben ausgesetzt sind, beseitigt werden. Zudem haben Medikamente, während sie den Streß zwar gemildert haben, unsere Gesellschaft vor neue Probleme gestellt. Die Geburt hat zum Beispiel viel von ihrer Bedeutung verloren. Die Frauen sind zwar noch daran beteiligt, aber nur passiv. Und das bringt eine zunehmende Verarmung mit sich, denn die Eindrücke, die wir aus der unmittelbaren Lebenserfahrung gewinnen, insbesondere aus überall sich ereignenden Lebenskrisen wie der Geburt, dem Übergang zum Erwachsenwerden, der Lebensgemeinschaft und dem Sterben, gehen immer mehr verloren.

In vorindustriellen Gesellschaften stellte der sich entfaltende Lebenszyklus jedes einzelnen mit allen Umstellungen, Werdensprozessen und Erfahrungshöhepunkten den Handlungsrah-

---

[20] D. D. Moir: Drugs used in labour: analgetics, anaesthetics and sedatives. In: D. F. Hawkins (Hrsg.): Obstetric Therapeutics. Ballière-Tindall, 1975.
[21] D. H. Jones: Epidural analgesia in obstetrics. In: Midwives Chronicle. November 1975.

men für die rituelle Darstellung von Veränderungen in der gesellschaftlichen Stellung und der dabei eingenommenen Rolle dar. Aus den physiologischen und biologischen Abläufen heraus entstanden die Vorstellungen, die die Grundlage für die Beziehung des einzelnen zur Gesellschaft bildeten. Im Mittelpunkt der Rituale stand eine komplizierte bildliche Darstellung, in der die wichtigen Erfahrungen des Geborenwerdens und Sterbens als Archetypen verwendet werden. Diese Archetypen tauchen in dramatisierter Form immer wieder auf, um den Schöpfungs- und Erneuerungsakt auf der einen Seite und die Zerstörung und das Abschiednehmen auf der anderen zu symbolisieren. In den meisten Ritualen wird beides verwendet, denn jeder muß sich von dem alten gesellschaftlichen Status trennen, bevor er in einen neuen gesellschaftlichen Zustand hineingeboren werden kann. Wiedergeburtsrituale sind in vielen Religionen des Ostens und des Westens wichtige Bestandteile. Ein Kind zu bekommen stellt nicht nur biologisch oder auch einfach nur gesellschaftlich einen bedeutsamen Vorgang dar. Die damit verbundenen Bedeutungen sind äußerst vielschichtig und liefern die wichtigsten und ergiebigsten Inhalte aller Rituale.

Wir haben »die Begriffe vom Tod und vom Leben alles dessen entledigt, was nicht mit rein physiologischen Vorgängen zu tun hat, und dadurch sind sie für die Übermittlung anderer Bedeutungsinhalte ungeeignet geworden«.[22]

Der Verlust ist vielleicht für unsere Gesellschaft größer als der Gewinn, den wir daraus ziehen können, daß die Geburt zu etwas Unpersönlichem geworden ist, und daß gleichzeitig das Problem der Schmerzen gelöst werden konnte. Uns bleibt die äußere Hülle, die über das Physische hinausgehende Bedeutung ist verlorengegangen. Dadurch haben wir das Ziel erreicht, das vielleicht mit allen technisch hochentwickelten Kulturen angelegt ist: eine mechanisierte Kontrolle des menschlichen Körpers und die völlige Ausschaltung aller störenden Empfindungen.

[22] Claude Lévi-Strauss: Das wilde Denken, Frankfurt am Main 1973.

Die Entstehung der Mutter-Kind-Beziehung

Der Übergang von der Natur zur Kultur

Anders als Kaulquappen oder Schildkröten können Säuglinge nur deshalb überleben, weil es Mütter oder andere Bezugspersonen gibt, die fürsorglich auf ihre Bedürfnisse eingehen. Zum Teil ist diese mütterliche Verhaltensweise rein instinktiv. Doch ein nicht geringer Anteil muß erlernt werden und wird von der jeweiligen Kultur übernommen, denn auch instinktive Verhaltensweisen brauchen zu ihrer Entfaltung begünstigende Umstände. Der offenbare Widerspruch zwischen »Natur« und »anerzogenem Verhalten«, der alte Streit darüber, was wichtiger ist, ist in Wirklichkeit in höchstem Maße konstruiert. Jedes Verhalten ist sowohl von genetischen als auch von Umweltfaktoren abhängig.

In diesem Kapitel möchte ich mich damit auseinandersetzen, wie eine Frau lernt, Mutter zu sein. Dabei greife ich auf Material der Verhaltensforschung bei Tieren und auf sozialanthropologische Studien zurück. Der Lernprozeß findet in zwei wichtigen Phasen statt. In der ersten Phase, der eigenen Kindheit und Jugend, macht eine Frau am eigenen Leib wichtige Erfahrungen beim Bemuttertwerden und in ihren Beziehungen zu anderen Menschen. Die zweite intensive Lernphase wird durch die Schwangerschaft, die Geburt und das Zusammensein mit dem Neugeborenen und die Wechselbeziehung zu ihm ausgelöst. Besonders in dieser Zeit bewirkt das Zusammenspiel endokriner und sozialer Faktoren die Entstehung mütterlichen Verhaltens.

Ein Menschenbaby ist zu Beginn seines Lebens mit einem Aussehen und einem Verhalten ausgestattet, durch die es wirkungsvolle Signale aussendet, auf die die Mutter durch ihr Pflegeverhalten reagiert. Die gewölbte Kopfform des Neugeborenen, das kleine Gesicht und die große Stirn, die runden Backen, der Hautgeruch, der aufmerksame Blick bei einem wachen (nicht durch Medikamente beeinträchtigten) Baby, das Suchen nach der Brustwarze, der Hungerschrei, die tastenden Hände und der Mund, die unkoordinierten Bewegungen der Glieder, alle diese Signale erregen die Aufmerksamkeit der Mutter. Auch das Baby macht in den ersten Minuten und Stunden nach der

Geburt eine intensive Lernphase durch, das ist die sensible Phase, in der die Bindung zwischen Mutter und Neugeborenem beginnt.[1] Dieser Vorgang hat eine gewisse Ähnlichkeit mit der von Lorenz[2] beschriebenen Prägungsphase oder Objektfixierung, ist jedoch noch wesentlich komplexer. Lorenz stellte bei der Beobachtung von Gänsen fest, daß die Küken gleich nach dem Ausschlüpfen dem erstbesten großen sich fortbewegenden Gegenstand folgten, ganz gleich, ob das ihre Mutter, ein anderes Tier oder sogar der Forscher selbst waren. Das gleiche Prägungsphänomen ist auch bei Insekten und Fischen sowie auch bei Säugetieren beobachtet worden, zum Beispiel bei Schafen, Hunden, Rehen, Zebras, Kühen und Büffeln. Wenn diese Bindungsvorgänge unterbrochen werden, kommt es beim Jungen zu Entwicklungsstörungen.[3] Bei menschlichen Säuglingen handelt es sich aber dennoch um einen unterschiedlichen Vorgang, sonst würden Neugeborene bei uns eine Bindung zur Hebamme oder zum Arzt herstellen, die sie entbunden haben!

Früher herrschte die Ansicht, daß es keinen Grund gebe, weshalb ein Baby, das gesund zur Welt gekommen war und für dessen körperliches Wohlergehen gesorgt wurde, sich nicht zu einem normalen Erwachsenen entwickeln sollte. Nach landläufiger Auffassung bestand die Hauptaufgabe der Eltern darin, das Neugeborene vor Schaden zu behüten, es mit Nahrung zu versorgen, es warm zu halten und sauberzumachen und trockenzulegen.

Als Kaiser Friedrich II., der Staufer, den nicht sehr weisen Entschluß faßte, herauszufinden, welche Sprache Menschen sprechen würden, mit denen in der Kindheit niemand gesprochen hatte, war ihm nicht klar, daß alle an seinem Experiment beteiligten Waisenkinder zum Sterben verurteilt waren, »denn ohne das Streicheln, die liebevollen Gesichter und die zärtlichen Worte ihrer Pflegemütter konnten sie nicht leben«.[4]

Noch im Jahr 1920 wußte man so wenig über das Bedürfnis von Säuglingen nach liebevoller, zärtlicher Zuwendung, daß

[1] John Bowlby: Bindung. Eine Analyse der Mutter-Kind-Beziehung. München 1975.
[2] Konrad Lorenz: Über menschliches und tierisches Verhalten. Aus dem Werdegang der Verhaltenslehre. München 1965.
[3] Konrad Lorenz: Über menschliches und tierisches Verhalten. Aus dem Werdegang der Verhaltenslehre. München 1965.
[4] Ashley Montagu: Körperkontakt. Die Bedeutung der Haut für die Entwicklung des Menschen. Stuttgart 1974.

viele Babys in amerikanischen Findlingsheimen starben, obwohl alles dafür getan wurde, damit hygienische Bedingungen herrschten. In einigen dieser Heime betrug die Säuglingssterblichkeit annähernd 100 Prozent.[5] Die Einstellung dazu änderte sich nur sehr langsam. Sogar noch Gesell[6] ging in den fünfziger Jahren in seinen Untersuchungen über die kindliche Entwicklung davon aus, daß die Fähigkeiten eines Kindes sich in einem Vakuum entfalten, in dem Umwelteinflüsse keine Rolle spielen. Das ist weit gefehlt. Zwar existiert für jede Art ein genetisch vorbestimmtes Entwicklungsmuster, es kann jedoch nur zum Tragen kommen, wenn entsprechende Umweltbedingungen herrschen. Ebenso wie die Entwicklung des Babys von der Beziehung abhängt, die der Fötus zu seinem »Nest« in der Gebärmutter aufgenommen hat, hängt auch die Entwicklung eines Neugeborenen zu einer Persönlichkeit von den Beziehungen zu seinen Bezugspersonen ab, und das nicht nur im ersten Lebensjahr, sondern noch lange darüber hinaus.

Die Anregungen, die es aus der Umgebung erhält, spielen dabei eine wichtige Rolle. Für eine optimale soziale und emotionale Entwicklung sind ganz bestimmte Außenreize notwendig. Säuglinge brauchen die Anregung durch Dinge, die sie sehen können, zum Beispiel Gegenstände, die sich bewegen, und Personen, denen sie mit den Augen folgen können. Sie brauchen Muster zum Anschauen, möchten Stimmen und andere Geräusche hören und Hände spüren, die ihnen Halt geben. Die Ethologie (Erforschung tierischen Verhaltens) hat zum Verständnis der Entwicklung des Menschen beigetragen. Zwar kann aus der Tatsache, daß bestimmte Reize für eine Ratte gut sind, noch nicht geschlossen werden, daß Säuglinge die gleiche Behandlung brauchen, doch durch ethologische Forschungsergebnisse sind Fragen aufgetaucht, die auch das mütterliche Verhalten bei Menschen betreffen. Wenn Schimpansen im Dunkeln aufwachsen, haben sie später eine langsame Auffassungsgabe und können nicht zwischen Freunden und Fremden unterscheiden. Hunde, die in kleinen Käfigen aufwachsen und weder Menschen noch andere Hunde zu Gesicht bekommen, sind überaktiv und nervös, wenn sie mit acht oder neun Monaten

[5] Ashley Montagu: Körperkontakt. Die Bedeutung der Haut für die Entwicklung des Menschen. Stuttgart 1974.
[6] Arnold Gesell: The ontogenesis of infant behavior. In: Arnold Gesell: Manual of Child Psychology. L. Carmichael, Wiley, New York 1954.

hinausgelassen und von da an ganz normal behandelt werden. Sie sind nicht sehr intelligent, lassen sich leicht von anderen Hunden dominieren und sind noch Jahre danach in ihrer Intelligenz und sozialen Entwicklung zurückgeblieben.[7] Eine Deprivation in frühester Kindheit scheint bei allen Arten langfristige Konsequenzen zu haben.

Man hat herausgefunden, daß junge Ratten sich schneller entwickeln und schneller wachsen, wenn sie häufig angefaßt werden. Der Grund dafür scheint darin zu bestehen, daß sie ihr Futter besser verwerten, und daß eine höhere Ausschüttung von Wachstumshormonen stattfindet, wenn sie berührt werden.[8] Die Untersuchungen, die Harry Harlow mit jungen Rhesusaffen durchgeführt hat, sind allgemein bekannt.[9] Wenn sie ohne Mutter aufwachsen, bevorzugen sie eine mechanische Ersatzmutter, die weich ist und hin- und herschaukelt, gegenüber einer Ersatzmutter, die hart und unbeweglich ist, selbst wenn diese Milch gibt. Zärtlicher Körperkontakt und Wiegen scheinen Sicherheitsgefühle auszulösen, so daß »ausgeglichene« Affen heranwachsen.

Auch die Entwicklung des Menschenkindes wird von den ersten Lebensminuten an von der Beziehung zur Mutter beeinflußt und gefördert. Die Reize, die das Baby hierbei durch die Mutter erhält, und ebenso auch die Reize, die das Baby auf die Mutter ausübt, spielen eine bedeutsame Rolle in dieser Entwicklung. Neugeborene sind besonders wach und aufmerksam, wenn sie im Rücken gut abgestützt sind oder aufrecht gehalten werden. Heinz Prechtl fand heraus, daß Babys unter zwei Wochen schläfrig werden, wenn sie auf den Rücken gelegt werden.[10] Die Art der Behandlung des Säuglings von Geburt an wirkt sich auf seine Wachheit und Aufmerksamkeit aus und hat damit auch Einfluß darauf, wieviel er in den ersten Wochen nach der Geburt an Neuem lernt. In den meisten Kul-

    [7] Anthony Ambrose: The Comparative Approach to Early Child Development: the data of ethology. In: Emanuel Miller (Hrsg.): Foundations of Child Psychiatry, Pergamon, 1968.
    [8] Anthony Ambrose: The Comparative Approach to Early Child Development: the data of ethology. In: Emanuel Miller (Hrsg.): Foundations of Child Psychiatry. Pergamon, 1968.
    [9] Harry F. Harlow: Development of affection in primates. In: E. L. Bliss (Hrsg.): Roots of Behaviour. Harper, New York 1962.
    [10] Heinz Prechtl: Problems of behavioural studies in the newborn. In: D. S. Lehoman, R. A. Hinde, E. Shaw (Hrsg.): Advances in the Study of Behaviour. Academic Press, 1965.

turen werden die Babys von den Müttern in einer halbaufrechten Position ganz nah am Körper umhergetragen. Babys können ihre Mütter auch am Geruch erkennen und sie bald von allen anderen Menschen danach unterscheiden. Aidan Macfarlane führte ein Experiment mit in Muttermilch getauchten Wattebäuschchen durch und stellte fest, daß ein Baby mit fünf Tagen einen mit seiner Muttermilch getränkten Wattebausch einem sauberen vorzog. Mit sechs Tagen drehte es seinen Kopf mehr in die Richtung, wo ein mit der Milch seiner eigenen Mutter getränkter Wattebausch lag, und nicht dahin, wo ein Wattebausch mit der Milch einer anderen Mutter lag.[11]

Doch vom ersten Lebensmoment an geht es um mehr als nur um biologische Faktoren. In der Beziehung zwischen Mutter und Kind schlägt sich die Interaktion zwischen den Eltern, zwischen ihnen und anderen Familienmitgliedern und der Gesellschaft nieder. Das Verhalten des Babys ist Teil des Interaktionssystems.[12]

Bei den Tieren ist das nicht anders. Wenn eine Affenmutter als Baby selbst niemals richtig bemuttert wurde und wenn sie dann besonders als Affenkind ohne Mutter keine Gelegenheit gehabt hat, mit anderen Affen zu spielen, reagiert sie auf die Zeichen des Babys nicht entsprechend und vernachlässigt es oder wird feindlich. Ihre Fähigkeiten als Mutter hängen davon ab, ob sie als Baby selbst gut behandelt worden ist und im Leben mit Gleichaltrigen Geben und Nehmen gelernt hat. Normale soziale Beziehungen im Erwachsenenalter, auch das Verhalten als Mutter, bauen auf den sozialen Kontakten in der Kindheit auf.

Unmittelbar nach der Geburt macht sich die Mutter mit den Zeichen vertraut, an denen sie ihr Kind erkennt und durch die es für sie anders als alle anderen Babys ist, vorausgesetzt, sie hat die Möglichkeit, ununterbrochen mit ihrem Kind zusammen zu sein. Das Baby muß natürlich ganz dicht bei ihr sein, sie muß es anschauen, hören und anfassen können, damit dies alles geschehen kann.

[11] Aidan Macfarlane: The Psychology of Childbirth. Fontana, Open Books, 1977. Siehe auch: Aidan Macfarlane: Die Geburt. Stuttgart 1978.
[12] Anthony Ambrose: The Comparative Approach to Early Child Development: the data of ethology. In: Emanuel Miller (Hrsg.): Foundations of Child Psychiatry. Pergamon, 1968. Und: Mary Ainsworth: Patterns of attachment. In: S. J. Hutt, Corinne Hutt (Hrsg.): Early Human Development. O. U. P., New York 1973.

Die Tiermutter erhält in dieser Phase den Kontakt zu ihren Jungen aufrecht. Eine Katzenmutter beginnt sofort nach der Geburt damit, ihre Jungen abzulecken und stupst sie dann zu den Zitzen hin, damit sie saugen können. Eine Ziege leckt zunächst bei ihrem Jungen das Fruchtwasser ab, und wenn sie sein Meckern hört, reagiert sie darauf mit weiteren Liebkosungen, sie berührt, beschnüffelt und untersucht das Junge am ganzen Körper. Die Stimulierung des Gesichts und des Afters scheint bei einigen Säugetieren besonders wichtig zu sein. Vorgänge, von denen angenommen werden könnte, daß sie lediglich der Säuberung des Neugeborenen dienen, spielen auch eine wichtige Rolle bei der Entstehung einer Bindung zwischen Mutter und Kind. Wenn die Tiermutter bei der Geburt oder unmittelbar danach eine Narkose bekommt, noch ehe sie ihre Jungen abgeleckt hat, oder wenn sie ihr bei diesem Vorgang weggenommen werden, erkennt sie sie nicht mehr wieder. Wenn zum Beispiel ein Ziegenjunges zwei Stunden nach der Geburt von seiner Mutter weggenommen wird, nimmt sie es nicht mehr als ihr Junges an, wenn es ihr zurückgebracht wird.

Auch eine Menschenmutter reagiert auf das Schreien ihres Babys, und das ist nicht nur eine »verstandesmäßige« Reaktion (»ich sollte mich um das Baby kümmern«), sondern auch eine körperliche. Untersuchungen in Stockholm[13] haben gezeigt, daß sich bei Müttern, die das Schreien ihres Babys am dritten Tag nach der Geburt auf Band hörten, sofort die Temperatur in der Brust erhöhte. Das konnte von Thermogrammen abgelesen werden, die am Brustkorb angebracht waren. Nach diesem Temperaturanstieg begann die Milch zu tropfen. Das ist ein Hinweis darauf, daß die Verständigung zwischen Mutter und Kind in der Zeit des Milcheinschusses und des Einpendelns der Milchbildung äußerst wichtig ist, daß Mutter und Kind also zusammen sein sollten. Die Stillzeiten sollten sich danach richten, wann das Baby sich meldet, und nicht nach der Uhr.

Eine solche Interaktion findet natürlich nicht im Vakuum statt. Zum Teil ist die Mutter darauf durch hormonelle Veränderungen vorbereitet, die gegen Ende der Schwangerschaft in

[13] J. Lind, V. Vuorenkoski, O. Wasz-Höckert: The effect of cry stimulus on the temperature of the lactating breast primipara. In: N. Morris (Hrsg.): Psychomatic Medicine in Obstetrics and Gynaecology. Karger, 1972.

ihrem Körper vor sich gehen, und außerdem tragen auch ihre emotionale Bereitschaft zur Geburt und die Vorfreude auf das Baby dazu bei. Auch die Wehen können zu dieser Bereitschaft beitragen. Vielleicht ist das auch der Grund, weshalb Frauen nach einem Kaiserschnitt mehr Schwierigkeiten beim Stillen haben. Das liegt nicht nur daran, daß sie sich unbehaglich fühlen, wenn sie das Baby im Arm halten, oder weil sie sich von der Narkose erholen, sondern daran, daß ihnen das Kind häufig wie ein Paket überreicht wird, als wäre es ein Geschenk der Klinik. Es bereitet ihnen dann Schwierigkeiten, das Kind, das sie da sehen, mit dem Verlauf der Schwangerschaft in Verbindung zu bringen. Es kommt ihnen so vor, als könnte es nicht aus ihrem eigenen Körper heraus entstanden sein. Die enge Verbindung ist unterbrochen worden. Diese Erfahrung findet häufig in folgenden Sätzen ihren Ausdruck: »Es war wie ein Schock ...« oder »Ich konnte nicht glauben, daß es mein Kind war.« Die Folge ist, daß sie vielleicht emotional noch nicht bereit sind, in eine Wechselbeziehung zu dem Baby zu treten. Es kann dann sehr wichtig sein, daß sie Gelegenheit haben, mit dem Baby allein zu sein, um es zu entdecken, kennenzulernen und sich mit dem Gefühl vertraut zu machen, daß sie jetzt Mütter sind. Das gleiche kann eintreten, wenn eine Geburt vielleicht aus zwingenden medizinischen Gründen vor dem Geburtstermin oder auf jeden Fall zu einem Zeitpunkt eingeleitet wird, in dem die Mutter emotional noch nicht bereit ist. Normalerweise kommt es in den letzten Wochen häufig vor, daß eine Frau genug vom Warten hat und sich die Geburt herbeiwünscht. Sie sehnt sich danach, ihr Baby in die Welt hinauszuschieben und es in ihre Arme zu nehmen.

Wenn die Geburt auf natürliche Weise einsetzen kann, ist die Frau, deren Muttermund jetzt weich und teilweise hochgezogen ist, nicht nur körperlich bereit für die Geburt, auch emotional ist sie jetzt »reif«, um Mutter zu werden und auf ihr Kind entsprechend zu reagieren. Das hängt teilweise auch mit den hormonellen Veränderungen zusammen, die mit Beginn der Geburt und der Laktation einsetzen.

Wenn es für eine Frau nicht möglich ist, daß ihre Geburt auf natürliche Weise beginnt, oder wenn ein Kaiserschnitt gemacht wird, dann ist die Atmosphäre, in der sie ihr Kind zur Welt bringt oder ihm zum erstenmal begegnet, äußerst wichtig, denn durch sie kann ein Ausgleich für die mangelnde physiologische und emotionale Bereitschaft geschaffen werden. Wenn sie ab dem dritten oder vierten Tag nach der Geburt mit ihrem Baby zusammen sein kann, macht sie die ganz besondere Erfahrung, die mit dem Einschießen der Milch, dem Let-Down-Reflex, zusammenhängt. Plötzlich schießt ein Schwall Milch in die Brust, eine spontane und unkontrollierbare Reaktion auf den Reiz, der durch das Weinen des Babys oder sein Saugen hervorgerufen wird.

Mütter nehmen die gleichen Verhaltensmuster an, die bei vielen anderen Arten für die Interaktion zwischen den Muttertieren und ihren neugeborenen Jungen typisch sind. Es ist eine intensive, übermächtige biologische Verbindung, durch die die Mutter dazu gebracht wird, ihr Junges zu schützen, zu umsorgen und zu füttern. Oft handelt es sich hierbei um eine Weiterentwicklung des Paarungsverhaltens und der Beziehung zwischen der Mutter und dem Vater und stellt einen wichtigen Bestandteil der Bindung zwischen beiden dar.

Die Untersuchungen von Hinde[14] haben gezeigt, daß durch veränderte Umweltbedingungen eine Veränderung des endokrinen Zustands beim Kanarienvogelweibchen bewirkt wird. Wenn es mehr Licht bekommt oder die Temperatur ansteigt, bleibt das Weibchen in der Nähe des Männchens. Seine Östrogenproduktion wird dann durch das Zusammensein mit dem Männchen noch mehr angeregt, so daß es ein Nest zu bauen beginnt. Das Kanarienvogelmännchen hat aufgrund der empfangenen Reize begonnen, die Brustfedern des Weibchens auszupicken, und ihre Brust wird gefäßreicher. Das bedeutet, daß sie empfindlicher gegenüber Berührungen ist. Wenn das Weibchen im Nest sitzt, enthält es durch dessen Seiten Berührungsanregung. Das Weibchen führt diese Anregung herbei, indem es häufiger das Nest aufsucht. Dadurch werden weitere endokrinologische Veränderungen bewirkt, woraufhin es Eier legt. Der erhöhte Hormonspiegel beim Kanarienvogel ist also größtenteils auf Anregungen von außen zurückzuführen, und die Reize selbst ergeben sich aus einer größeren Empfindsamkeit, die ursprünglich durch endokrine Vorgänge hervorgerufen wurde.

Mäusemütter und Rattenmütter sind gegenüber Störungen von außen sehr empfindlich. Wenn das Nest in Unordnung geraten ist, bringt die Mäusemutter es sofort wieder in Ordnung, und wenn die Jungen sich nicht mehr darin befinden, beginnt

[14] Siehe hierzu: John Bowlby: Bindung. Eine Analyse der Mutter-Kind-Beziehung. München 1975.

sie sofort mit der Suche.[15] Das geschieht jedoch deshalb, weil sie sich schon in einem »mütterlichen Zustand« befinden, der teilweise auf endokrine Veränderungen, aber auch auf die von den Jungen ausgehenden Reize zurückzuführen ist (in der Schwangerschaft versuchen Mäuseweibchen nicht, ihre Jungen wiederzufinden). In den ersten drei bis vier Tagen nach der Geburt geht alle Initiative zur Interaktion mit den Jungen von der Mutter aus, denn die Jungen können noch nichts sehen und kaum etwas hören, sie hängen von der Stimulation durch Körperkontakt ab. Wenn die Jungen in dieser Zeit entfernt werden, läßt das mütterliche Verhalten des Weibchens sehr schnell nach. Daraus kann geschlossen werden, daß in dieser Zeit die Stimulation, die von den Jungen ausgeht, zur Aufrechterhaltung des mütterlichen Verhaltens notwendig ist. Gegen Ende der zweiten Lebenswoche können die Jungen laufen und fangen an, das Nest zu verlassen. In diesem Stadium geht das Saugen auch von ihnen aus, und sie interagieren miteinander. Wenn die Jungen jetzt entfernt werden, verliert das Weibchen ihr mütterliches Verhalten nicht sofort, denn es ist jetzt nicht mehr so stark von der Stimulation durch die Jungen beeinflußt. Schließlich beginnt mit vier Wochen die Phase, in der die Jungen unabhängig werden. Bei der Mutter ist die Bereitschaft, sie zu suchen und zu säugen, dann nicht mehr so stark vorhanden. Das »mütterliche Verhalten« wird schwächer, selbst wenn die eigenen Jungen der Mutter durch fremde Neugeborene ersetzt werden.

Neuere Untersuchungen beschäftigen sich damit, die Wirkung dieses Zusammenspiels von hormonellen Veränderungen und vom Baby ausgesandten Reizen auch beim Menschen zu erforschen. Solche Forschungen können Aufschlüsse über Frauen liefern, die ihre Rolle als Mutter nicht erfüllen können oder ihre Kinder körperlich mißhandeln; deshalb kommt ihnen große Bedeutung zu.

Als ich von den Geburtsberichten, die ich von Müttern aus meinen eigenen Geburtsvorbereitungskursen erhalten hatte, 86 auswertete, stellte ich fest, daß viele bei der detaillierten Beschreibung ihrer ersten Begegnung mit dem Baby sehr ausführlich auf die Berührungsempfindungen eingingen. Sie beschrieben das herrliche Gefühl, das sie empfanden, als ihr Kind bei

[15] Niles Newton, D. Peeler, C. Rawlins: Effect of lactation on maternal behavior in mice with comparative data on humans. In: Lying-in. Journal of Reproductive Medicine. I, 1968.

der Geburt mit den Beinchen gegen die Innenseiten ihrer Oberschenkel stieß, oder wie wundervoll es war, als ihr Baby gleich nach der Geburt auf ihre Beine oder ihren Bauch gelegt wurde. Viele gingen auf das Aussehen des Babys ein, einige fanden ihre Babys anfangs ziemlich häßlich, doch das aufregende Gefühl bei der körperlichen Berührung war das Hauptthema in den meisten Berichten; dazu gehörte auch die Freude, das Baby im Arm zu halten. Auch wenn sie zunächst der Meinung gewesen waren, daß ihr Baby merkwürdig oder häßlich aussah, wallten plötzlich Gefühle in ihnen auf, die sich häufig in Lachen, Tränen oder Küssen entluden. Auch die bei der Geburt anwesenden Partner hatten an diesen Empfindungen teil.

Wir wissen, daß ein ganz bestimmter Ablauf von Ereignissen in Gang gesetzt wird, wenn das Neugeborene der Mutter gleich nach der Geburt in die Arme gelegt wird und sie es auf ihre Weise kennenlernen kann. Im Verlauf dieser Ereignisse findet eine »Emotionsentfaltung« statt, die manchmal langsam und sanft verläuft oder in einer leidenschaftlichen Gefühlsaufwallung vor sich geht.[16] Anfangs berührt die Mutter ihr Baby zaghaft mit den Fingerspitzen. Vier bis acht Minuten später beginnt sie, ihr Baby zu streicheln, indem sie mit ihrer ganzen Handfläche den Körper des Babys zärtlich liebkost (jedenfalls, wenn der Körper des Babys nicht eingewickelt oder abgedeckt wird). Die Abfolge der verschiedenen Arten von Berührung ist von Rubin[17] untersucht worden. Er beschreibt, daß die Mutter ihre Erkundungen etwas unbeholfen mit den Fingerspitzen beginnt. Sie streicht mit den Fingern über die Haare des Babys und stellt fest, daß sie seidig sind. Sie folgt mit ihren Fingerspitzen den Gesichtskonturen und dem Profil des Babys. Sie hält das Baby jedoch sehr vorsichtig in den Armen, als wäre es ein Blumenstrauß. Erst später berührt sie den Körper des Babys mit ihrer ganzen Hand, und es dauert noch länger, bis sie auch die Arme bei der Berührung gebraucht. Rubin nahm an, daß es drei Monate dauert, bis diese Phase erreicht ist.

Doch diese Ereignisse finden nicht in einem von der Umwelt unbeeinflußten Vakuum statt. Durch die geburtshilflichen Maßnahmen (einschließlich der verabreichten Medikamente)

[16] M. H. Klaus, J. H. Kenell, N. Plump, S. Zuehlke: Human maternal behaviour at the first contact with her young. Pediatrics. Vol. 46, 1970.
[17] Reva Rubin: Basic maternal behaviour. In: Nursing Outlook, Vol. 9, 1961; Reva Rubin: Maternal touch. In: Child and Family. Vol. 4, 1965.

und die Atmosphäre, in der die Mutter ihrem Baby zum erstenmal begegnet, ob sie sich wohlfühlt und entspannen kann, ob zum Beispiel Freunde bei ihr sind, wird das Kennenlernen der beiden beeinflußt. Untersuchungen von Aidan Macfarlane in Oxford[18] haben gezeigt, daß die Art und Weise der Geburtsleitung und die anwesenden Personen einen ausgesprochen starken Einfluß darauf ausüben, wie die Mutter ihr Baby in Empfang nimmt. Er hat diese ersten Begegnungen auf Videoband aufgezeichnet. Die Intensität, mit der die Mütter sich ihrem Baby zuwenden, und die Unbefangenheit, mit der sie es berühren und erforschen, sind von Fall zu Fall unterschiedlich groß.

Wenn bestimmte Hebammen bei der Geburt dabei waren, kamen die Gefühle stärker zum Ausdruck und es fand mehr Körperkontakt zwischen Mutter und Kind statt. Das lag nicht daran, daß die Hebamme der Mutter sagte, wie sie es machen sollte, sondern an der Stimmung, die von ihr ausging. Dadurch wurde eine Atmosphäre geschaffen, in der die Mutter ihre Gefühle spontan zum Ausdruck bringen und bei ihren Handlungen ihren Impulsen folgen konnte.

Marshall Klaus und John Kenell[19] führten ein Experiment durch, bei dem die Mütter innerhalb der ersten drei Stunden nach der Geburt eine Stunde mit ihren Babys allein blieben. Es wurden spezielle Wärmelampen eingeschaltet, damit das Baby nackt bleiben konnte und die Mutter ungehindert Körperkontakt zu ihm aufnehmen konnte. Das Klinikpersonal verließ den Raum, damit Mutter und Kind ungestört waren. Sie fanden heraus, daß es diesen Müttern später wesentlich leichter fiel, mit ihren Babys umzugehen als Müttern, deren Babys in ein zentrales Kinderzimmer gebracht worden waren. Die Kontaktmütter berührten ihre Kinder häufiger und hatten offensichtlich mehr Freude am Zusammensein mit ihnen. Noch ein Jahr später war ein deutlicher Unterschied zwischen den beiden Gruppen feststellbar. Bei der Beobachtung der Mütter, die ihre Babys bei sich hatten, konnten sie sehen, wie diese zuerst die Arme und Beine ihrer Kinder mit den Fingerspitzen sanft berührten. Doch schon nach vier oder fünf Minuten streichelten sie den Körper des Babys mit der ganzen Handfläche und waren ganz begei-

[18] Aidan Macfarlane: The Psychology of Childbirth. Fontana, Open Books, 1977. Siehe auch: Aidan Macfarlane: Die Geburt. Stuttgart 1978.
[19] Marshall Klaus, John Kenell: Maternal-Infant Interaction. Mosby, St. Louis 1977.

stert. Sie riefen zum Beispiel aus: »Ich kann es gar nicht glauben, daß es wirklich mir gehört«, »es ist großartig«.

Harry Harlow hat in seinen Untersuchungen bei Affen[20] dargestellt, was für eine wichtige Rolle es bei der Bindung spielt, die zwischen der Affenmutter und ihrem Jungen entsteht, daß das Affenbaby sich vorn an der Mutter festklammert und ihr immer ins Gesicht schauen kann. In dieser Position kann Augenkontakt hergestellt werden, und dieser Augenkontakt stellt beim Menschen ein weiteres wichtiges Element in der Entwicklung einer Bindung zwischen Mutter und Kind dar. Der Augenkontakt zwischen Mutter und Baby kann ein wichtiger »sozialer Auslöser« sein.[21] Wolff[22] hat festgestellt, daß Mütter, die bisher nicht viel mit ihren Babys gespielt hatten, plötzlich sehr viel mehr Interesse an ihnen zeigten, und zwar von dem Moment an, als die Babys im Verlauf der ersten vier Lebenswochen ihren Blick zu fixieren schienen. Den Müttern selbst war nicht klar, weshalb sie ihre Babys zu diesem Zeitpunkt plötzlich interessanter fanden. Robson[23] hat Mütter nach der Geburt interviewt. Viele gaben an, daß ihnen ihre Babys so lange fremd vorkamen, bis sie das Gefühl hatten, von ihnen erkannt zu werden, und sie Augenkontakt herstellen konnten.

Wenn das Baby heranwächst, entwickeln sich bei ihm andere soziale Auslösefaktoren, Signale, die bei der Mutter eine Reaktion hervorrufen und die Interaktion zwischen den beiden fördern. Von den ersten Reaktionen wird oft behauptet, daß sie beim Baby »unterschiedslos« von jedem ausgelöst werden könnten. Bei einer solchen Behauptung bleibt jedoch der suchende Blick eines gesunden Neugeborenen, wenn es gleich nach der Geburt der Mutter in die Arme gelegt wird, völlig unberücksichtigt. Das Baby kann die Mutter zwar noch nicht »kennen«, doch es ist offensichtlich ganz eifrig damit beschäftigt, sie zu erkennen.

[20] Harry F. Harlow: The maternal affection system. In: B. F. Foss (Hrsg.): Determinants of Infant Behavior. Methuen, 1963.
[21] Nikolaas Tinbergen: Social releasers and the experimental method required for their study. In: Wilson Bulletin. 60, 1948.
[22] P. H. Wolff: Observations on the early development of smiling. In: B. F. Foss (Hrsg.): Determinations of Infant Behaviour. Methuen, 1963.
[23] K. S. Robson: The role of eye contact in attachment. In: S. J. Hutt, Corinne Hutt (Hrsg.): Early Human Development. O. U. P., New York 1973.

Sein »soziales Lächeln« zeigt es ungefähr mit fünf Wochen zum erstenmal. Vielleicht hat die Mutter ihr Baby schon eine ganze Weile angeschaut und erhält schließlich auch ihren Lohn dafür. Das kommt ihr wie ein Geschenk vor, das das Baby ihr macht: »Sie hat mich heute angelächelt. Sie erkennt mich.« Ambrose[24] hat gezeigt, daß das Lächeln des Babys die Mutter dazu bringt, es zu erwidern, mehr mit ihrem Baby zu sprechen und zärtlich zu ihm zu sein. Sie sind jetzt richtig in ein Gespräch vertieft. Ainsworth[25] hat gezeigt, daß ein Baby im Alter von acht Wochen zwischen seiner Mutter und anderen Leuten unterscheiden kann. Die meisten Babys lächeln jedoch schon viel früher, und natürlich haben die Mütter dann den Eindruck, daß sie von ihren Babys erkannt werden. Viele Mütter nehmen sogar an, daß ihre Babys sie schon sehr viel früher erkennen, stellen die Annahme jedoch gleich darauf wieder in Frage, weil sie meinen, daß das ja noch gar nicht sein kann. Es gibt jedoch inzwischen Hinweise darauf, daß sie Recht haben. Carpenter hat sich damit beschäftigt, wie Babys schon im Alter von zwei Wochen unterschiedlich auf die Stimmen ihrer Mütter und die von fremden Leuten reagieren.[26] Besonders dann, wenn die Babys gleichzeitig die Stimmen ihrer Mütter hören und ihr Gesicht sehen können, schauen sie sie sehr viel länger an als Fremde. Wenn sie das Gesicht der Mutter sehen, während sie die Stimme eines Fremden hören, sind sie verwirrt und drehen den Kopf weg.

Aidan Macfarlane stellt in seiner Arbeit über die Bedeutung des Lächelns der Babys fest, daß häufiger die Psychologen als die Mütter über die Fähigkeiten der Babys überrascht sind. Als er sich mit dem Gesichtsfeld der Babys beschäftigte, teilten Mütter ihm häufig ihre Beobachtung mit, daß die Babys ihnen mit den Augen folgten, »stellten dann jedoch fest, daß Babys natürlich noch gar nicht sehen können«.[27]

Er fragte sie, ab wann ihre Babys sie ihrer Meinung nach erkennen würden, und sie antworteten: »Nach ein paar Wo-

[24] Anthony Ambrose: The Comparative Approach to Early Child Development: the data of ethology. In: Emanuel Miller (Hrsg.): Foundations of Child Psychiatry. Pergamon, 1968.

[25] Mary Ainsworth: Patterns of attachment. In: S. J. Hutt, Corinne Hutt (Hrsg.): Early Human Development. O. U. P., New York 1973.

[26] Genevieve Carpenter, in: New Scientist. 21. März, 1974.

[27] Aidan Macfarlane: If a smile is so important. In: New Scientist. 25. April 1974.

chen, aber das kann natürlich gar nicht sein.« Die Mütter hatten Recht, und die Bücher irrten sich.

Was in den ersten Wochen nach der Geburt tatsächlich passiert, ist in den einzelnen Kulturen sehr unterschiedlich. Die Zeit unmittelbar nach der Geburt des Babys ist sowohl für die Mutter als auch für das Kind äußerst wichtig, denn in diesem Moment können sie das erste Mal aufeinander eingehen, sie werden miteinander bekannt und lernen voneinander. Die Art und Weise, in der dieser Prozeß durch die Kultur kontrolliert und gestaltet wird, ist deshalb von ganz besonderer Bedeutung. Das Menschenbaby muß nach ungefähr neun Monaten geboren werden, sonst würde sein Kopf, der ein Gehirn mit einem Volumen zwischen 375 und 400 Kubikzentimeter enthält (das Gehirnvolumen des Schimpansen oder Gorillas beträgt im Vergleich dazu nur 200 Kubikzentimeter), zu groß werden, um ohne Schwierigkeiten durch den Beckenraum der Mutter zu gleiten.[28] Das ist der Preis, den wir für unsere aufrechte Haltung zahlen müssen, die uns ein gekipptes Becken und eine höhere Intelligenz eingebracht hat. Das hat zur Folge, daß das Baby in einem Stadium geboren wird, in dem es noch sehr viel unreifer ist als viele andere Säugetierbabys. Es dauert acht Monate und länger, bis Babys überhaupt krabbeln können, und weitere sechs Monate, bis sie laufen. Das heißt also, daß das Baby nicht nur unreif geboren wird, sondern sich auch im Vergleich zu anderen Säugetieren sehr langsam entwickelt. Montagu vergleicht die Schwangerschaftsdauer mit dem Durchschnittsalter bei der ersten Menstruation, dem Durchtreten der Milchzähne und der bleibenden Zähne, der Vollendung des Wachstums und der gesamten Lebenserwartung beim Primaten und beim Menschen. Er verwendet dabei die Begriffe »Uterogestation« und »Exterogestation«, um einerseits das Wachstum des Babys im Uterus und andererseits die zweite Hälfte der Gestationsperiode zu beschreiben, die außerhalb der Gebärmutter stattfindet und zum Erwachsenwerden hinführt. »Mit der Geburt tritt weder unmittelbar der Beginn des Lebens als Individuum ein, noch bedeutet sie ein abruptes Ende der Gestationsperiode. Die Geburt stellt einen höchst komplizierten und äußerst wichtigen Ablauf von funktionellen Veränderungen dar, die dazu dienen, das Neugeborene auf den Übergang zwischen der Gestation im

[28] Ashley Montagu: Körperkontakt. Die Bedeutung der Haut für die Entwicklung des Menschen. Stuttgart 1974.

Mutterleib und der Gestation außerhalb des Mutterleibs vorzubereiten.«[29]

Diese Veränderungen dienen auch dazu, die Mutter auf den Übergang zum Muttersein vorzubereiten. Wenn sie diese Veränderungen nicht erlebt, wenn die Geburt zum Beispiel etwas ist, was ihr widerfährt, ein Eingriff, der von Fachleuten an ihrem passiven Körper vorgenommen wird, und nicht ein Erlebnis, an dem sie selbst aktiv beteiligt ist, dann fällt es ihr sehr viel schwerer, diesen Übergang zu vollziehen, wie wir später noch sehen werden.

Montagu fährt fort, indem er feststellt: »Trotz all der Veränderungen, die sich während des Geburtsvorgangs vollziehen, befindet sich das Kind immer noch in der Gestationsperiode. Von der Uterogestation gelangt es über den Weg der Geburt zur Exterogestation. Dabei steht es in einer fortwährenden, immer komplexer werdenden Beziehung zu seiner Mutter, die bestens darauf eingestellt ist, seine Bedürfnisse zu befriedigen.«[30]

Symbiose oder Trennung

Wir können keineswegs davon ausgehen, daß während dieser Periode der Exterogestation in jeder Gesellschaft ein ausgiebiger Kontakt zwischen Mutter und Kind ermöglicht wird. In manchen Gesellschaften ist der Kontakt zwischen ihnen sehr stark eingeschränkt, da so viele Dinge geschehen und die Mutter oder das Kind getrennt voneinander komplizierten Ritualen unterzogen werden. In einigen Gesellschaften nehmen Medizinmänner oder Priester die Babys unmittelbar nach der Geburt an sich. Besonders wahrscheinlich ist das bei schwierigen oder langwierigen Geburten. Wir werden später noch sehen, daß eines der Hauptmerkmale der Neugeborenenversorgung bei Klinikgeburten darin besteht, daß das Klinikpersonal und nicht die Mutter das Baby an sich nimmt.

In vorindustriellen Gesellschaften ist es üblich, daß das Baby

[29] Ashley Montagu: Körperkontakt. Die Bedeutung der Haut für die Entwicklung des Menschen. Stuttgart 1974.

[30] Ashley Montagu: Körperkontakt. Die Bedeutung der Haut für die Entwicklung des Menschen. Stuttgart 1974.

ganz nahe bei der Mutter bleibt und in den ersten Wochen Tag und Nacht mit ihr zusammen ist. Oft ist es mit ihrem Körper verbunden, eingewickelt in einen Schal, ein Netz oder ein besonderes Tragetuch oder in einen Stoffstreifen eingeschlagen, aus dem auch ihr Kleid besteht. Sie trägt es entweder bei sich, oder es liegt neben ihr. Mutter und Kind haben sehr viel direkten Hautkontakt. Das Leben außerhalb der Gebärmutter wird oft als eine Fortsetzung des Lebens im Mutterleib betrachtet. Die Ndembu in Sambia bezeichnen das Tuch, mit dem das Kind am Rücken der Mutter befestigt ist, als »Plazenta«. Da befürchtet wird, daß das Baby einer besonders großen Gefahr durch den »bösen Blick« oder die Böswilligkeit eifersüchtiger Frauen ausgesetzt ist, wird es unter der Kleidung der Mutter vor der Gefahr abgeschirmt. In Mexiko wird ein Säugling ganz und gar bedeckt (auch das Gesicht, damit der Geist nicht durch seinen Mund entflieht).

Als ich in agrarischen Gesellschaften Befragungen durchführte, hatte ich oft Schwierigkeiten, den Müttern klarzumachen, daß das nicht überall auf der Welt genauso gemacht wird. Für sie ist es selbstverständlich, daß die Babys mit ihren Müttern zusammenbleiben, denn wie könnten sie sonst überleben und zu wem gehören sie denn, wenn nicht zur Mutter? In Südafrika rief ich bei den Müttern große Ungläubigkeit hervor, die ganz erschüttert waren, als sie hörten, daß bei uns Säuglinge manchmal von ihren Müttern getrennt den Tag verbringen und von Frauen versorgt werden, die nicht einmal mit der Mutter verwandt sind. Dieses im Westen übliche Verhalten kommt ihnen wie eine Abweichung von einer allgemein anerkannten Regel vor. Überall auf der Welt werden doch die Neugeborenen von den zärtlichen Händen der zur Familie gehörenden Frauen in Empfang genommen, und es gibt eine Großmutter, eine Tante, ältere Schwestern oder Brüder, die das Kind verwöhnen und bei der Versorgung und Pflege helfen. In vielen Kulturen ist die Behandlung, die das Baby unmittelbar nach der Geburt durch die Mutter und ihre Helferinnen erfährt, mit sehr viel Aufmerksamkeit und engem Körperkontakt verbunden. In einigen Kulturen wird der Säugling sofort massiert. Sein Kopf und seine Gliedmaßen werden durch Klopfen, Kneten und Drücken »geformt«, damit er nicht »krumm« heranwächst. In anderen Kulturen wird er eingeölt, gebadet oder mit Asche eingerieben, zum Beispiel auf den Philippinen, oder er bekommt Muster auf das Gesicht und den Körper gemalt.

In vielen Gesellschaften werden Mutter und Kind von der übrigen Gesellschaft getrennt. Das geschieht nicht zu ihrem eigenen Besten, sondern weil sie sich in einem Sonderzustand befinden und deshalb »unrein« sind. Man nimmt an, daß ein gefährlicher, verderblicher Einfluß von ihnen ausgeht. Deshalb werden die beiden allein gelassen und die Mahlzeiten der Mutter werden unter der Tür oder durch eine Öffnung hindurchgeschoben. In Südindien bei den Adivi hielt sich die Mutter mit ihrem Baby neunzig Tage lang in einer Hütte auf, die aus Blättern und Matten hergestellt war. Jeder, der sie berührte, wurde selbst verstoßen und für drei Monate aus dem Dorf verbannt. Die Mutter war jedoch nicht völlig isoliert. Ihr Ehemann baute sich fünfzig Meter weiter eine Hütte, um nach seiner Frau zu schauen. In Indien weicht das alte Ritual der Trennung von Mutter und Baby nach der Geburt modernen Praktiken, die in der Geburtsklinik vermittelt werden. Eine Folge davon ist, daß Mütter und Babys in bisher nicht gekanntem Ausmaß Infektionen ausgesetzt sind. In Uganda bleibt die Acholifrau drei Tage lang im Haus, wenn sie einen Jungen geboren hat, und vier Tage, wenn es ein Mädchen ist. Sie wird entweder von ihrer Mutter oder der Mutter ihres Mannes versorgt. Es darf niemand eintreten, denn es herrscht der Glaube, daß das Baby krank oder blind oder die Mutter unfruchtbar werden könnte, wenn jemand die Schwelle überschritte. Bei den im Norden Borneos lebenden Dusun werden Mutter und Baby acht bis zehn Tage lang isoliert, und nur die Mutter darf das Kind berühren.[31] Diese Absonderung von Mutter und Kind im Wochenbett ist überall auf der Welt anzutreffen. Wahrscheinlich ist das ein wichtiger Faktor, damit das Neugeborene überlebt, und spielt auch eine wichtige Rolle für die Mutter-Kind-Beziehung. Die beiden können sich aneinander gewöhnen und eine emotionale Bindung zueinander herstellen.

Es mag an dieser Stelle von Nutzen sein, wenn wir uns etwas ausführlicher mit den Vorgängen zwischen Mutter und Kind in einer agrarischen Gesellschaft unmittelbar nach der Geburt beschäftigen, damit wir herausfinden können, auf welche Weise dazu beigetragen wird, daß die Mutter ihr Kind besser kennenlernen und sich in die Rolle der Mutter einfühlen kann. Als Beispiel führe ich hier die ersten vierundzwanzig Stunden nach

---

[31] T. R. Williams: Cultural Structuring of tactile experience in a Borneo society. In: American Anthropologist. Vol. 68, 1966.

der Geburt eines Babys in Jamaika an, denn dort habe ich selbst intensiv Feldforschungen betrieben.

Bei der Landbevölkerung in Jamaika

Bei einer Hausgeburt in Jamaika ist die ortsansässige ausgebildete Hebamme oder die Nana dabei. Auch wenn die Geburt von einer ausgebildeten Hebamme geleitet wird, kann eine Nana darum gebeten werden, in der Schwangerschaft als Beraterin zur Verfügung zu stehen und nach der Geburt für die Mutter und ihr Baby und auch für die anderen Kinder zu sorgen. Wir haben schon gesehen, daß die Mutter kontinuierlich die ganze Schwangerschaft hindurch und im Wochenbett umsorgt wird. Da die Nana fast immer auch eine Nachbarin ist, dauert der gute Kontakt sogar noch viel länger an, und wie die Distrikthebamme in den ländlichen Gebieten Englands wohnt die Nana in unmittelbarer Nähe »ihrer« Babys, die erwachsen geworden sind, und deren Kindern sie jetzt auf die Welt verhilft. Die Geburt findet also in einer geborgenen und vertrauten Atmosphäre statt, sowohl was den Ort als auch was die Menschen anbelangt, die dabei sind. Nach der Geburt legt die Nana das Baby zur Mutter ins Bett. Im Idealfall verbringen Mutter und Baby neun Tage in ritueller Abgeschlossenheit. Während dieser Zeit werden sie von der Mutter der Frau – der »Oma« – oder von der Nana versorgt. Sie halten sich zusammen in der Dunkelheit der Behausung auf, die Fenster oder Jalousien sind fest verschlossen, denn das Kind braucht Frieden, Dunkelheit und Ruhe, und die Duppies oder Geister der Vorfahren sollen nichts von seiner Existenz erfahren. Außerdem soll die Mutter vor der Gefahr des »Babyfiebers« (Kindbettfieber) geschützt werden, und ihr Rücken soll wieder »heilen« oder »sich schließen«.

Religiöse Frauen verwenden häufig auch Weihrauch oder »heiliges Wasser« (durch das in der dortigen Evangelisationskirche »der Geist« repräsentiert wird). Sie bemühen sich, alles so zu arrangieren, daß eine für das Baby rituell günstige Atmosphäre herrscht. Als ich zum Beispiel Loleta besuchte, war ihr Baby gerade ein paar Stunden alt. Der Raum war von einem schweren Duft erfüllt. Sie erklärte mir: »Ich verbrenne süß duftende Räucherstäbchen. Der süße Geruch hält die guten Geister fest.« Die Duppies stammen aus der alten heidnischen Religion, die vom Christentum verdrängt und ersetzt worden ist. Doch wie bei jeder anderen in den Untergrund verbannten Religion bleibt ihre unterirdische Macht bestehen, und sie werden von den christlichen Engeln nie so ganz bezwungen werden. Eine andere junge Mutter wollte von mir wissen, wie sie die Duppies fernhalten und die guten Engel zu sich hereinholen könne. Ich antwortete ihr, daß eine kluge Mutter ihr Haus sauber hält und dadurch die Engel willkommen heißt. Ihre Augen strahlten, und sie rief aus: »Ja! Laßt die Engel durch Reinlichkeit in Erscheinung treten!«

Das Verhalten der Mütter ist in diesen neun Tagen von der Art der Ernährung und anderen Tabus bestimmt. Vor allem darf die Mutter sich nicht erkälten, und da ihr Kopf besonders empfindlich ist, wird das Haar mit einem Turban bedeckt, der aus einem großen Tuch gewickelt wird. Auf keinen Fall darf ihr Haar feucht werden oder mit Regen in Berührung kommen. Wenn Regenzeit herrscht, heißt das, daß sie besonders lange das Haus hüten muß. Drei Monate lang darf sie ihre Haare nicht waschen. Sie muß darauf achten, daß sie sich nicht überanstrengt und Rückenschmerzen bekommt und darf nicht außer Atem geraten, indem sie zuviel arbeitet oder sich emotional großen Belastungen aussetzt und dadurch aufregt. Oft sieht die Wirklichkeit allerdings ganz anders aus, und Frauen müssen ohne Hilfe mit ihrer Situation fertigwerden. Es kann sein, daß sie gleich nach der Geburt wieder eine große Familie versorgen müssen. Die geschilderten Vorgänge zeigen, wie eine Geburt nach den Vorstellungen der jamaikanischen Bäuerinnen sein sollte.

Das Baby kommt nur langsam aus der rituellen Abgeschiedenheit zum Vorschein, und falls es von den Duppies mit einer Krankheit angesteckt wird, muß es wieder drinnen bleiben. Normalerweise muß es sechs bis zwölf Wochen im Inneren der Behausung verbringen, es kann jedoch sein, daß es gegen Ende dieser Zeit mit vor die Hütte genommen wird, wenn die Sonne aufgegangen ist. Wenn die Mutter sich auch nur ganz kurze Zeit von ihrem Baby trennt, dann werden für diese Trennung rituelle Sicherheitsvorkehrungen getroffen. An das Kopfende des Babys wird eine Bibel gelegt, aufgeschlagen beim 23. Psalm. Häufig wird noch ein Maßband dazugelegt, um die Duppies einzufangen (vielleicht, um »Maß an ihnen zu nehmen«, könnte man spekulieren), und außerdem eine offene Schere, um ihnen den Rückzug abzuschneiden.

Durch die gemeinsame Absonderung von Mutter und Kind wird erreicht, daß das Baby seine ersten Lebenstage und -wochen normalerweise zusammen mit seiner Mutter im Zwielicht und der Dunkelheit der Behausung verbringt. Während dieser Zeit besteht die Hauptsorge seiner Mutter darin, alle seine Bedürfnisse zu befriedigen. Die beiden erleben in einer Art Inseldasein eine nach außen abgeschlossene einzigartige Beziehung. Eine der wichtigsten Regeln für die ersten Wochen besteht darin, daß die Mutter das Kind nicht schreien lassen soll. Keine Frau in Jamaika würde es für richtig halten, daß das Baby auf seine Mahlzeit warten muß. Einer der Hauptgründe, die dafür angegeben werden, lautet, daß die Duppies kommen und das Baby holen, wenn sie sein Weinen hören. Dann wird es krank und kann sogar sterben. Babys müssen sofort beruhigt werden, und ihr Mund wird mit der immer zur Verfügung stehenden Brust gestopft. Nachts liegt das Baby neben der Mutter im Bett. Solange das Kind gestillt wird, schläft es bei der Mutter, manchmal auch noch, nachdem es abgestillt ist. Die nächtlichen Stillzeiten werden also fortgesetzt, nachdem sie tagsüber schon lange durch feste Mahlzeiten ersetzt worden sind.

Drei Monate lang muß das Baby nicht nur vor der Außenwelt, sondern auch vor anderen Frauen geschützt werden. Keine Frau, die gerade ihre Regel hat, darf es in die Arme nehmen, weil es sonst eine Verstopfung bekommt. Auch eine Schwangere darf die Kinder einer anderen Frau nicht anfassen. Dadurch ist die Zahl der Personen, die das Kind versorgen könnten, sehr stark eingeschränkt, was zur Folge hat, daß die Mutter-Kind-Beziehung sehr eng wird. In dieser Kultur wird so der ersten Lernperiode, in der Mutter und Baby in eine Bindung zueinander treten, eine rituelle Bedeutung beigemessen und es werden besondere Vorkehrungen dafür getroffen.

Die Mutter-Kind-Beziehung und die neue Technologie

Es ist ein merklicher Unterschied zwischen den ersten Lebensstunden in einer agrarischen Kultur, wie zum Beispiel auf den Westindischen Inseln, und dem Beginn des Lebens in einer modernen Entbindungsklinik festzustellen. Die werdende Mutter muß ihre gewohnte Umgebung verlassen – ihre Wohnung, die für sie die gleiche Bedeutung hat wie für die Tiermütter das

Nest – und ihr Kind in Anwesenheit ihr im Grunde fremder Menschen zur Welt bringen. Das kann sich so auswirken, daß das Kind der Klinik und nicht der Mutter gehört. Das mag ein Grund dafür sein, weshalb die ersten Tage zu Hause oft mit einer Krise verbunden sind. Die Frau muß zum ersten Mal die Verantwortung für ihr Baby übernehmen, seine Zeichen richtig deuten und sich mit ihrer neuen Rolle als Mutter vertraut machen. Zudem kann es ihr in einer modernen Klinik passieren, daß ihr Körper nicht mehr ihr selbst gehört und seine Funktionen nicht mehr spontan von sich aus ablaufen, sondern als Folge dessen, was mit ihm gemacht worden ist. Das wirft die Frage auf, ob dadurch die Reaktionen der Mutter auf ihr Baby möglicherweise unterdrückt werden. Wir müssen uns auch fragen, ob eine Klinik der geeignete Ort für eine normale Geburt ist.

Ein Neugeborenes, das in der Klinik zur Welt gekommen ist, hat zwar, besonders als Frühgeburt oder als Risikogeburt, bessere Überlebenschancen, doch häufig läßt der menschliche Aspekt bei seiner Behandlung sehr zu wünschen übrig, und schon vom Augenblick der Geburt an kann es unter dem Mangel emotionaler Zuwendung zu leiden haben. Für die Mutter sind die ersten Tage nach der Geburt sehr häufig nicht etwa eine Zeit des Lernens, sondern eine Zeit der Trennung sowohl von der Gesellschaft wie auch von ihrem eigenen Baby.

In den Vereinigten Staaten zum Beispiel werden die Babys oft unmittelbar nach der Geburt von ihren Müttern getrennt und kommen für sechs bis zwölf Stunden in ein zentrales Kinderzimmer. Auch nach Ablauf dieser Zeit dürfen sie nur zu festgesetzten Fütterungszeiten mit ihren Müttern zusammensein. In einigen Kliniken darf die Mutter ihr Baby nach der Geburt nicht einmal in den Arm nehmen. Wenn es doch gestattet ist, dann nur unter der Voraussetzung, daß das Baby mit einem Tuch bedeckt ist, also kein Hautkontakt stattfindet, damit die Keime an ihren Händen oder an ihrem Körper nicht auf das Baby übertragen werden und so ins zentrale Kinderzimmer gelangen.

Wenn die entstehende Beziehung zwischen Mutter und Kind so sehr von Außenstehenden gestört wird, kann es lange dauern, bis eine Frau ihr Kind lieben lernt. Wenn das Baby auf die Intensivstation muß, weil es einer besonderen Behandlung bedarf, kann es zu einer völligen Entfremdung zwischen Mutter und Kind kommen, und der Mutter fällt es dann schwer zu glauben, daß das wirklich ihr Kind ist. Manchmal kommt es sogar vor, daß sie ihr Kind ablehnt, wenn es endlich ihrer Obhut übergeben wird.

Marshall Klaus und John Kenell[32], auf deren Untersuchungen ich schon an anderer Stelle eingegangen bin, haben sich auch mit Müttern von Frühgeborenen beschäftigt, die ihre Babys in den ersten drei Wochen nicht anfassen durften. Als es ihnen dann schließlich erlaubt wurde, »machten sie den Eindruck, als würden sie Flöhe von der Haut ihrer Babys entfernen«, bemerkten die Autoren.

Medizinische Eingriffe während der Wehen, besonders die Einleitung der Geburt durch einen Wehentropf, sind mit schwerwiegender Trennung von Mutter und Kind verbunden. Manchmal ist das notwendig, weil die Geburt eingeleitet werden muß, um ein Risikokind zu retten. Geburtseinleitungen werden jedoch auch aus weniger zwingenden Gründen durchgeführt. In einigen Kliniken werden Geburten routinemäßig zum Geburtstermin oder einige Tage später eingeleitet, frei nach dem Prinzip: »Nach 38 Wochen besser draußen als drinnen«, wenn die Mutter einen leicht erhöhten Blutdruck hat. Auch soziale und administrative Gründe spielen hierbei eine Rolle. Eine in Aberdeen durchgeführte Untersuchung ergab, daß es bei eingeleiteten Geburten bedeutend mehr Fälle gab, in denen die Herztöne des Fötus schlecht wurden (fötaler Distreß) und daß die Apgar-Werte unmittelbar nach der Geburt sehr niedrig waren, so daß die Säuglinge auf die Intensivstation gebracht werden mußten. Auch wenn die Geburt ohne Zwischenfälle verläuft, neigen Babys, deren Geburt mit einem Wehentropf eingeleitet wurde, stärker zu Neugeborenengelbsucht[33], und das bedeutet gewöhnlich im Alter von wenigen Tagen eine Trennung von ihren Müttern, weil sie mit Phototherapie behandelt werden.

Bei etwa 10 Prozent der Frauen ist eine Geburtseinleitung wirklich notwendig. Richard Beard, in dessen Klinik 1971 22 bis 26 Prozent der Geburten eingeleitet wurden, konnte diesen hohen Anteil bis 1977 auf 11 Prozent senken, und diese Maßnahme war mit einem Rückgang der Säuglingssterblichkeit ver-

[32] Marshall Klaus, John Kenell: Maternal-Infant Interaction. Mosby, St. Louis 1977.
[33] W. H. Liston, H. J. Campbell: Dangers of exytocin-induced labour to fetuses. In: British Medical Journal. Vol. 3, 1974, S. 606f.

bunden.[34] Dort, wo die Zahl der Einleitungen höher ist (und in einigen Kliniken werden bis zu 70 Prozent der Geburten eingeleitet), können wir davon ausgehen, daß keine gewichtigen medizinischen Gründe dafür vorgelegen haben, sondern sie eher gesellschaftlich oder administrativ bedingt waren, und daß die Babys dieser Mütter normalerweise nicht auf die Intensivstation gemußt hätten. Wenn mehr als 10 Prozent der Babys von ihren Müttern getrennt werden müssen, können wir daraus schließen, daß etwas beim Vorgang der Einleitung durch den Oxytozintropf sich schädlich auf die Babys ausgewirkt hat, und daß sie also einem medizinisch bedingten (iatrogenen) Risiko ausgesetzt worden sind.

Ich habe die Erfahrungen von 249 Frauen, bei denen die Geburt eingeleitet worden war oder die ein wehenverstärkendes Mittel bekommen hatten, während der Wehen, der Geburt und der Zeit danach ausgewertet.[35] Alle diese Frauen hatten an Geburtsvorbereitungskursen teilgenommen und den Kursleiterinnen über ihre Geburt berichtet (das heißt, sie hatten nicht an einer Umfrage teilgenommen und es war ihnen keine bestimmte Einstellung zur Geburtseinleitung suggeriert worden). Diese Erfahrungen verglich ich mit Berichten von 206 Frauen aus den gleichen Vorbereitungskursen, bei denen die Geburt nicht eingeleitet worden war.

Nach einer eingeleiteten Geburt war die Wahrscheinlichkeit größer, daß Mutter und Kind für einige Stunden, wenn nicht länger, getrennt waren. Mit dieser Trennung waren Bedingungen verbunden, die dazu führen können, daß das Baby ein »einen Tag altes depriviertes Kind« wird, eine Bezeichnung, die Martin Richards[36] für Säuglinge gebraucht, die ein isoliertes Dasein in der Intensivstation führen müssen. Von den 249 Frauen, bei denen die Geburt eingeleitet worden war oder die ein wehenförderndes Mittel bekommen hatten, wurden 24 Prozent von ihren Babys in der oben beschriebenen Weise getrennt; bei den 206 Frauen, die keinen Wehentropf bekommen hatten, waren es dagegen nur 6 Prozent. Die Intensivstation befand sich häufig in einem anderen Stockwerk der Klinik, und manchmal

[34] Richard Beard: Mother's wishes vs. doctor's duties. In: Patient Care. Vol. II, 19, 1977.
[35] Sheila Kitzinger: Some Women's Experience of Induced Labour. National Childbirth Trust, ²1978.
[36] Martin Richards: The one-day-old deprived child. In: New Scientist. 61/ 891, 1974.

mußten die Kinder sogar in eine andere Klinik gebracht werden. Von den Frauen, deren Kinder auf die Intensivstation gebracht worden waren, beschreiben 46, wie es war, als sie ihr Kind zum erstenmal sahen; sie erwähnten nicht, ob sie es unmittelbar nach der Geburt im Arm halten durften. Ein Ausdruck, der immer wieder auftaucht, lautet, daß das Baby »ganz plötzlich verschwunden war«.

Schmerzstillende Mittel bekommen zu haben, gaben 92 Prozent der Frauen, bei denen die Geburt eingeleitet worden war, an. Dagegen brauchten 50 Prozent der Frauen, bei denen die Geburt nicht eingeleitet worden war, keine Schmerzmittel. Viele der Frauen, bei denen die Geburt eingeleitet worden war, hatten Dolantin bekommen und gaben an, daß sie »ganz benommen« waren, »k. o.« oder »weggetreten«. Wir haben uns schon mit der Wirkung beschäftigt, die dieses Medikament auf die Geburtserfahrung haben kann, außerdem kann es aber auch noch die Reaktion der Mutter auf ihr Baby beeinträchtigen, denn wenn dieser durch das Medikament hervorgerufene schläfrige Zustand während der gesamten Austreibungsphase und der Geburt anhält, ist die Frau bei der ersten Begegnung mit ihrem Baby wahrscheinlich eine sehr passive Partnerin. In einigen Fällen war es zwar sicher, daß die Mutter ihr Kind in den Armen gehalten hatte, doch sie wußte davon nur, weil ihr Mann es ihr später gesagt hatte. Ihr war nicht nur diese erste Begegnung entfallen, sondern sie konnte sich oft überhaupt nicht an das Baby erinnern, und ihr erstes Kennenlernen fand tatsächlich erst statt, als es ihr das nächste Mal gebracht wurde. In 105 Fällen von 249 eingeleiteten Geburten waren also die Mechanismen, durch die die Bindung zwischen Mutter und Kind ausgelöst wird, verzögert worden.

Die Frauen beschrieben oft mit lebhaften Worten, wie sie beim ersten Anblick ihres Babys reagierten, was für eine schlimme Erfahrung es war, von ihm getrennt zu werden, und was für Ängste damit häufig verbunden waren. Eine Frau berichtete: »Ich war völlig kaputt und erschöpft. Ich hatte überhaupt kein Interesse daran, das Baby zu sehen. Ich wollte nichts als schlafen.« Eine andere Frau, die den Eindruck hatte, daß die Geburt ohne sie und gegen ihren Willen vor sich ging, stellte fest: »Wenn ich nicht aufgewacht wäre, als das Baby geboren wurde, hätte ich niemals geglaubt, daß es meines ist.« Dieses Gefühl hielt bei einer Frau längere Zeit an und führte zu einer Depression: »Ich habe das Gefühl zusammenzubrechen. Ich habe mich in mich selbst zurückgezogen.« Als das Baby mehrere Monate alt war, beschrieb sie in einem Brief, wie es passierte, daß sie es plötzlich »völlig grundlos« schlug und große Angst hatte. Glücklicherweise wurde ihr klar, was vor sich ging, so daß sie Hilfe in Anspruch nahm. Einige dieser Frauen wollten das Baby nach der Geburt nicht haben, weil sie »zu müde«, »erschöpft« oder »mit Medikamenten vollgestopft« waren, weil sie sich erbrechen mußten oder Angst hatten, sie könnten »das Baby fallen lassen«.

In vielen Geburtsberichten beschrieben die Mütter ihre Gefühle nach der Geburt. Es fanden sich darin Sätze wie: »Die Schwester nahm das Baby an sich. Ich hatte eigentlich nichts dagegen, denn ich war total erschöpft.« »Ich war völlig erschöpft. Ich hörte ein Baby schreien. Leider war ich noch sehr benommen und kann mich kaum an etwas erinnern«.

In einigen Fällen weckte der Mann die Frau auf oder brachte sie irgendwie dazu, auf die Geburt des Babys zu reagieren. Ein Mann schüttelte und ohrfeigte seine Frau, die »hoffnungslos vom Dolantin benebelt war«, damit sie »genug zu Bewußtsein kam, um die Geburt selbst mitzuerleben«. Andere Frauen »tauchten aus einem Nebel auf« und sahen vor sich das Baby mit dem Kopf nach unten baumeln, sie beschrieben, daß sie von diesem Anblick völlig »überrumpelt« waren oder manchmal einfach nur »unbeteiligtes Desinteresse« empfanden.

Der Mann einer Frau, deren Baby 36 Stunden lang im Kinderzimmer versorgt worden war, machte das Klinikpersonal darauf aufmerksam, daß seine Frau ihr Kind überhaupt noch nicht zu Gesicht bekommen habe, und die Mutter berichtete: »Ich schien heftige Abwehrreaktionen bei dem Baby auszulösen, als ich es schließlich gebracht bekam (sie war die einzige, die noch nie in ihrem Leben ein Baby im Arm gehabt hatte); es weigerte sich heftig bei meinen Stillversuchen. Das Personal war ärgerlich, daß ich die ganze Klinikroutine durcheinanderbrachte, weil ich beim Stillen so lange brauchte ... Ganz allmählich erst taute ich innerlich dem Baby gegenüber auf.« Weiterhin beschrieb sie in ihrem Bericht, wie sie »über ein Jahr« lang ihrem Baby gegenüber eine »Distanz« empfunden hatte.

Eine Frau ging auf diese Erfahrung mit den Worten ein: »Die Entbindung meines Babys kommt mir vor, als hätte der Zahnarzt mir einen querliegenden Weisheitszahn gezogen.« Eine andere schrieb: »Ich empfand dem Baby gegenüber eine intensive Fremdheit, als es mir schließlich gebracht wurde.«

Nicht nur der Anblick oder die Geräusche des Babys, sondern auch der körperliche Kontakt haben eine deutliche Signalwirkung bei der Entstehung der Bindung zwischen Mutter und Kind, und aus den Berichten, in denen diese körperliche Begegnung durch Hautkontakt beschrieben wurde, geht hervor, daß sehr starke Gefühle damit verbunden sind. Eine Mutter, die nach einem Kaiserschnitt aus der Narkose aufwachte, wurde schon von ihrem Baby erwartet, das ihr sogleich in die Arme gelegt wurde. Sie »badete es in Freudentränen«. Eine andere Mutter berichtete: »Als man Catherine hochhielt und ich sie zum erstenmal sah und schreien hörte, passierte bei mir nicht viel, doch sobald sie sie mir einen Moment später in die Arme legten, kam sie mir wunderbar vor.« Die Mütter selbst wollten ihre Babys vor allem berühren: »Ich wollte sie so gerne streicheln und anfassen, bevor sie eingepackt wurde.«

In einigen Berichten beschreiben die Frauen, wie sie versuchten, das Baby anzulegen, daß es jedoch »geschnappt« und ihnen »aus den Armen gerissen« wurde, oder daß die Hebamme »nichts davon hielt« oder »schockiert war«. Manche Hebammen erzählten den Müttern, daß das Anlegen nicht gut sei, »weil das Baby krank davon würde«, oder nahmen das Baby mit, weil sie es ja wiegen, baden, den Apgar-Test machen, es anziehen und unter die Wärmelampe legen oder dem Kinderarzt geben mußten. Andere Mütter gaben an, daß sie ihre Babys nicht sofort nach der Geburt bekamen, weil »alle mit der Plazenta beschäftigt waren«. Diese Mütter gaben ihre Babys offensichtlich nur sehr widerwillig her, und einige empfanden ohnmächtige Wut.

Am positivsten waren die Reaktionen auf das Baby in den Berichten der Mütter, die mit zuschauten, wie der Kopf geboren wurde oder gerade zum Vorschein kam: »Ich setzte mich auf und beugte mich vor, um zu sehen, wie der Kopf geboren wurde. Es war großartig!«, oder bei den Müttern, die das Baby zwischen ihren Oberschenkeln gespürt hatten oder denen es sofort nach der Geburt auf den Bauch gelegt worden war. Auch hier wird wieder deutlich, daß der direkte Körperkontakt, verstärkt durch den Anblick und die Geräusche, das wichtigste Element bei der Entstehung einer Bindung zum Neugeborenen darstellt.

Einige der Mütter, die eine Epiduralanästhesie bekommen hatten, so daß sie kaum oder gar keine Empfindungen in der unteren Hälfte ihres Körpers spürten, berichteten, daß es ihnen vorgekommen sei, als sei eine Szene aus einem Film oder ein Dokumentarstück im Fernsehen abgelaufen. »Ich kam mir sehr unbeteiligt vor, als ich im Spiegel der Geburt zuschaute, außerdem hatte ich ein schlechtes Gewissen, denn ich spürte, wie alle von mir erwarteten, daß ich vor Freude überwältigt sein müsse«, schrieb eine Frau, die noch einige Monate nach der Geburt unter Kindbettdepressionen litt. Eine andere Frau, die durch eine nachträgliche Dosierung der Epiduralanästhesie völlig empfindungslos geworden war, brachte ihr Kind spontan auf dem Entbindungsbett zur Welt, ohne es zu merken und ohne das Baby wahrzunehmen. Sie hörte, wie die Schwester jemanden um Hilfe herbeirief, in diesem Augenblick hörte sie ein Baby schreien und sah, wie die Schwester es zwischen ihren Beinen hochnahm. Die Frau konnte nicht glauben, daß das ihr Baby war, und wollte die Schwester schon fragen, ob es wirklich ihres sei. Wenn berichtet wurde, daß die Wirkung der Epiduralanästhesie in der Preßphase schon nachließ, benutzten die Mütter ebenfalls Ausdrücke, die sich auf Empfindungen bei Berührungen bezichen, zum Beispiel »naß«, »glitschig« und »zappelnd«. In einigen Fällen wurde das Baby gleich nach der Geburt weggebracht, doch der allerwichtigste Kontakt hatte schon stattgefunden, die Mutter fühlte und wußte, daß das Baby zu ihr gehörte und sie zu ihm.

Die Geburtseinleitung und das aktive Eingreifen in das Geburtsgeschehen können manchmal eine lebensrettende Maßnahme sein. Es ist auch klar, daß einige Babys nach der Geburt eine Intensivbehandlung benötigen, die allerdings in vielen Fällen auch am Bett der Mutter durchgeführt werden könnte, so wie das in einigen fortschrittlichen Entbindungskliniken heute schon der Fall ist.

Doch auch wenn eine gewisse Anzahl von Müttern und Babys von den sich gegenseitig bedingenden Maßnahmen profitieren, die mit der Einleitung der Geburt beginnen, sich in geburtshelferischen Eingriffen fortsetzen und damit enden, daß das Baby in die Intensivstation gebracht wird, bleibt es dahingestellt, ob dadurch gerechtfertigt ist, daß die Mehrzahl der Frauen einer solchen Behandlung unterzogen wird, gerade wenn viele Frauen berichten, daß die erzwungene Trennung von ihrem Baby eine leidvolle Erfahrung für sie war. Wir sollten uns auch fragen, ob unsere Gesellschaft zulassen kann, daß durch die Einführung moderner technologischer Neuerungen in unserer Geburtskultur der natürliche Ablauf grundlegender menschlicher Verhaltensmuster bei der Entstehung einer Bindung zwischen Eltern und ihren Kindern aufs Spiel gesetzt wird.

Ganz unabhängig davon, ob die Geburt eingeleitet wird oder nicht, sehen viele Kliniken die Zeit unmittelbar nach der Geburt nicht als eine besondere Periode an, in der das Personal für die wichtigen psychobiologischen Bedürfnisse der Mutter sorgt und in der sie sich um das Baby kümmert und es kennenlernt. Diese Zeit wird primär für die medizinische Überwachung und Behandlung von Mutter und Kind benützt, und beide müssen Tests bestehen, bevor sie mit dem Prädikat »außer Gefahr« wieder in die Gesellschaft entlassen werden. Darin besteht nicht nur in den industrialisierten Ländern, sondern in immer größerem Maß auch in den Entwicklungsländern die Hauptfunktion der Kliniken. Die traditionellen Geburtspraktiken und die kulturell akzeptierten Vorgänge, bei denen die Mutter sich dem Baby zuwendet und das Baby darauf reagiert, werden abgeschafft und durch westliche Methoden ersetzt. Die moderne Geburtshilfe und die moderne Versorgung der Neugeborenen berücksichtigt fast ausschließlich krankhafte Zustände und mögliche Erkrankungen. Bewirkt werden soll damit die Verringerung der Säuglingssterblichkeit. Wir wissen jedoch nicht, was eine so umfassende Abschaffung traditioneller Einrichtungen und kulturell gewachsener Verhaltensmuster bei der Säuglingsbehandlung hinsichtlich der Qualität des Familienlebens bewirkt.

Der Westen betreibt den Export seiner Technologie mit ebenso viel Nachdruck, wie England zu Zeiten der Königin Victoria seine Religion und sein Verwaltungssystem verbreitet hat.

Wenn einer Frau bei einer Risikogeburt durch eine Maschine zur Überwachung der Wehen oder durch geburtshilfliche Eingriffe geholfen werden konnte, so geht man bei uns gerne davon aus, daß diese Maßnahmen auch für alle anderen Frauen gut sein müssen, auch wenn deren Babys gar keinem Risiko ausgesetzt sind. Hierbei handelt es sich um die gleiche auf den Kopf gestellte Logik, wie bei der Schlußfolgerung, daß es am besten sei, alle Mütter von ihren Babys zu trennen, wenn es ratsam erscheint, einige Babys ins zentrale Kinderzimmer zu verlegen, damit der Kinderarzt sie beobachten kann. Und der Geburtshelfer fügt hinzu: »Alle Babys sind in Gefahr, solange nicht das Gegenteil bewiesen ist.«

Vielen Müttern wird eingeredet, daß ihr Kind nur dann die

besten Chancen zum Überleben hat, wenn die gesamte moderne Technik eingesetzt wird und jede zur Verfügung stehende Maschine bereit steht, und Väter lassen sich häufig noch leichter davon überzeugen. Eine Folgeerscheinung davon ist das fehlende Selbstvertrauen im Umgang mit dem Baby. Den Frauen fehlt das grundlegende Vertrauen in ihre Fähigkeit, sich um ihr Kind selbst am besten kümmern zu können. In der westlichen Welt haben wir uns so sehr daran gewöhnt, daß wir das gar nicht mehr bemerken. Wir gehen davon aus, daß eine junge Mutter sich merkwürdig verhält, unsicher und ängstlich ist und leicht aus der Fassung gerät. In agrarischen Kulturen jedoch, wo die Geburt zu Hause stattfindet und die Mutter mit Hilfe anderer Frauen, die zu ihrer eigenen Familie oder zu der ihres Mannes gehören, das Kind vom Moment der Geburt an selbst versorgt, ist diese Art der psychischen Reaktion auf die Mutterrolle praktisch unbekannt.

Aus den Untersuchungen, auf die ich zuvor eingegangen bin, läßt sich ableiten, daß die Zeit direkt nach der Geburt zu den wichtigsten Momenten im Leben des Babys und vielleicht auch der Mutter gehört, denn Mutter und Baby kommen im wahrsten Sinn des Wortes miteinander »in Verbindung«. Da der Zustand der Familie und die Vernachlässigung und Mißhandlung von Säuglingen in unserer Gesellschaft, einschließlich der psychologischen Grausamkeit, die für ein Kind genauso schädlich sein kann wie Körpermißhandlung, mehr und mehr zu Besorgnis Anlaß gibt, sollten wir den wichtigen Momenten mehr Aufmerksamkeit widmen, in denen zwischen Mutter und Kind eine Bindung zu entstehen beginnt und beide Eltern die Möglichkeit haben, sich psychisch auf ihr neues Baby »einzustellen«.

Wenn die Geburten zu Hause stattfinden, wie das in den Niederlanden noch häufig vorkommt, dann ist auch in der westlichen Welt Platz für eine stille Zeit der Begegnung zwischen Mutter und Baby, die sich nach einer solchen Geburt ganz natürlich ergibt. Zwar sind die Bedingungen in der Klinik für eine solche Begegnung nicht so günstig, es ist aber dennoch möglich, Müttern und Vätern diese wichtigste Gelegenheit zu verschaffen. Die Paare müssen sich aber darum bemühen und schon vorher sicherstellen, daß sie mindestens eine halbe Stunde lang nach der Geburt im Entbindungszimmer mit dem Baby allein gelassen werden, sofern die Geburt komplikationslos verläuft.

Wenn Eltern ihr gerade geborenes Baby untersuchen, indem

sie es zuerst vorsichtig mit den Fingern berühren und dann zärtlich streicheln, seine festen Gliedmaßen befühlen, sein seidiges Haar streicheln und seine Existenz »in sich aufnehmen«, so ist mit diesem engen Zusammensein, dem spontanen Streicheln und Massieren emotionale »Arbeit« verbunden, die vielleicht ebenso wichtig ist wie die körperliche Arbeit in den Wehen. Wir sollten nicht zulassen, daß sie durch die Geschäftigkeit in den Kliniken aus dem Entbindungszimmer verbannt wird. Niemand braucht den Müttern zu sagen, was sie machen sollen. Wichtig ist jedoch, daß sie das Baby nackt in den Arm gelegt bekommen, in Ruhe und allein gelassen werden, damit sie ganz unbefangen ihren spontanen Gefühlen nachgehen können.

Sich einstellen auf die Elternschaft

Natürlich ist die Geburt nicht das große Finale im Prozeß des Mutterwerdens, sondern nur eine Station von großer Bedeutung auf einem langen Weg.

Das erste Kind

Wenn das erste Kind geboren wird, bedeutet das für die Eltern fast immer eine Krise, die aus ihren eigenen Emotionen und dem Bewußtsein heraus entsteht, eine enorme Verantwortung übernommen zu haben. Als 46 Eltern in Amerika gefragt wurden, ob sie der Meinung seien, daß die Geburt ihres ersten Kindes eine Krise für ihre Beziehung bedeutet habe, bejahten 38 Paare diese Frage und gaben an, daß es bei ihnen ernste und tiefgreifende Probleme gegeben hatte.[1] Die Gründe dafür sahen sie in der ständigen Müdigkeit, darin, daß sie nicht mehr ausgehen konnten; bei den Frauen, die vorher berufstätig gewesen waren, ergaben sich Probleme, weil sie kaum noch Kontakt zu anderen Menschen hatten und ihnen die mit der beruflichen Arbeit verbundene Befriedigung und natürlich auch das Einkommen aus ihrer Tätigkeit fehlten. Sie beschrieben auch, was für eine wirklich harte Arbeit mit der Versorgung eines Säuglings verbunden ist, und berichteten über das schlechte Gewissen und die Gefühle der Unzulänglichkeit, die sich einstellen, wenn man dauernd bestrebt ist, eine gute Mutter und ein guter Vater zu sein. Schwierigkeiten bereitete ihnen auch die Last der Verantwortung für ein neues Leben und die immer wieder liegenbleibende Arbeit im Haushalt. Außerdem hatten die Frauen (und manchmal auch die Männer) das Gefühl, daß sie »sich gehen ließen« und nicht mehr so viel Wert auf ihr Äußeres legten wie früher. Einige Frauen litten unter sekundärer Frigidität, die Männer machten sich Sorgen über Geldangelegenhei-

---

[1] E. E. Le Masters: Parenthood as Crisis. In: Marriage and Family Living. Vol. 19, 1957.

ten, den Paaren blieb keine Zeit mehr, um miteinander allein zu sein, die Empfängnisverhütung bereitete ihnen Sorgen, und es kam ganz allgemein zu einer Ernüchterung. »Wo die Babys herkommen, das wußten wir«, sagte eine Frau, »aber wie das ist, wenn das Kind dann da ist, davon hatten wir keine Ahnung.« Diese Paare stellten keine Ausnahmen dar, bei fast allen Babys handelte es sich um Wunschkinder, sie galten als glücklich verheiratet, und sie selbst hielten sich für durchschnittlich bis besonders anpassungsfähig. Eine andere Untersuchung [2] ergab, daß die Zeit für Gespräche zwischen Frau und Mann durch die Geburt des ersten Kindes um die Hälfte reduziert wird.

In Gesprächen, die ich einige Wochen nach der Geburt mit jungen Eltern führte, wurde oft der Schock erwähnt, der die Eltern traf, wenn der ganze gewohnte Tagesablauf und alle bisherigen Lebensgewohnheiten durch das Neugeborene über den Haufen geworfen wurden. »Damit hatten wir nicht gerechnet.« »Wir hatten uns auf die Geburt vorbereitet, mit dem, was danach kommen würde, hatten wir uns nicht beschäftigt.« »Mein ganzes Leben dreht sich um das Baby, damit ich seine Bedürfnisse befriedige; ich mache mir Sorgen, versuche herauszufinden, warum es schreit, und gebe mir solche Mühe, damit ich auch ja alles ›richtig‹ mache.« »Ich habe vorher nicht gewußt, wieviel Arbeit so ein kleines Baby macht. Wie schaffen das Frauen, die mehr als ein Kind haben? Ich bin mit nur einem Kind schon die ganze Zeit über vollauf beschäftigt. Manchmal weiß ich nicht mehr, ob es Tag oder Nacht ist. Ich weiß nur eines: entweder er schläft gerade, oder er ist wach. Wenn er wach ist, dann hängt er an meiner Brust und nuckelt. Wenn er schläft, nutze ich die Zeit, um die Windeln zu waschen oder versuche, ein wenig Schlaf nachzuholen.« »Noch nie in meinem Leben war ich ständig so müde. Ich hatte vorher nicht die leiseste Ahnung, daß es so sein würde!«

Die ersten drei Monate nach der Geburt sind besonders anstrengend, denn in dieser Zeit ist eine völlige Anpassung an die Bedürfnisse des Babys erforderlich. Die Mutter macht eine Phase durch, in der sie psychisch wie durch eine unsichtbare Nabelschnur mit ihrem Kind verbunden ist und das Baby eine Art

[2] Harold Feldmann: Development of the Husband-Wife Relationship: a research report. Cornell University Mimeograph, 1964.

von Zuwendung braucht, die mit »primärer mütterlicher Inanspruchnahme« bezeichnet worden ist.[3]

Die völlige Konzentration der Mutter auf ihr Kind, das hilfloser ist als jedes Tierjunge und gänzlich von der liebevollen Fürsorge seiner Bezugsperson abhängt, ist zweifellos ein wichtiges Element im Überleben der Art. Tatsächlich stellen diese drei Monate nach der Geburt das vierte Schwangerschaftsdrittel dar, in dem Mutter und Kind immer noch in einer symbiotischen Beziehung miteinander verbunden sind und in dem das Wohlbefinden des Kindes (besonders, wenn die Mutter stillt, was bei der Mehrzahl der Frauen auf der ganzen Welt der Fall ist) untrennbar mit dem Wohlergehen der Mutter verbunden ist und umgekehrt.

In den meisten Agrar- und Jägerstämmen ist dieses symbiotische gegenseitige Abhängigkeitsverhältnis zwischen Mutter und Kind klar erkannt worden, die Mutter hat ihr Kind Tag und Nacht bei sich, als wäre es ein Teil von ihr. Das Stillen findet ganz ungezwungen und in unregelmäßigen Zeitabständen statt, und häufig schläft das Baby an der Brust ein. Diese Existenzphase stellt für das Baby eine Art »Beuteltierdasein« dar. Nach dem Leben in der Gebärmutter hat für das Baby die extrauterine Phase begonnen, es gilt jedoch immer noch als Teil seiner Mutter. Ebenso wie sich das Känguruhjunge, nachdem es aus dem Beutel hervorgekommen ist, immer noch an seiner Mutter festklammert, wird auch das Menschenbaby in einem Tuch oder Tragegestell auf dem Rücken oder der Hüfte, in den Falten des Schals seiner Mutter oder in ihrer Kleidung getragen, oder auch in einem Korb oder Netz. Da das physische Überleben in diesen Gesellschaften vom Stillen abhängt und Babys, die mit künstlicher Flaschennahrung ernährt werden, leicht infektiösen Durchfall bekommen und sterben, ist diese Beuteltierphase des kindlichen Daseins offensichtlich von größter Bedeutung für sein Überleben.

Unter diesen Bedingungen kann die Mutter ständig von ihrem Kind lernen und kennt sich bald gut mit ihm aus. Das ist für eine Mutter, deren Kind in einem extra Kinderzimmer liegt und die sich nur mit ihm beschäftigt, wenn es verzweifelte Signale aussendet, sehr viel schwieriger. Diese symbiotische Ko-

[3] Donald W. Winnicott: Kind, Familie und Umwelt. München ²1976; siehe auch: D. W. Winnicott: Von der Kinderheilkunde zur Psychoanalyse. München 1976.

existenz zwischen Mutter und Kind in den ersten Lebenswochen und -monaten stellt ein wichtiges Element im mütterlichen Lernprozeß dar.

Im Westen können Mütter zwischen zwei gegensätzlichen Verhaltensweisen bei der Babyversorgung und -pflege wählen. Auf der einen Seite kann das Leben einer Mutter in relativer Unabhängigkeit von ihrem Neugeborenen weitergehen. Nachdem sie es geboren hat, beginnt sein von ihr getrenntes Dasein, und sie führt ihr Leben wie gewohnt fort. Ihre Brüste, ihre Arme und ihr Körper werden von keinem anderen Lebewesen vereinnahmt, sie gehören ihr allein. Das Gegenstück zu dieser Situation stellt die Mutter dar, deren Baby an ihr hängt wie eine Klette, die selbst zum Babytragetuch wird, die die Nährende und Tröstende ist, aus der das Leben ihres Kindes herauswächst und in unmittelbarer körperlicher Nähe zu ihr stattfindet. Zwischen diesen beiden Extremen gibt es natürlich zahlreiche Abstufungen. Jede Mutter hat vielleicht manchmal ein schlechtes Gewissen oder macht sich Sorgen, weil sie sich so und nicht genau umgekehrt verhält. Eine Frau, die wieder ins Berufsleben zurückkehrt und die Pflege und Versorgung ihres Babys größtenteils anderen überläßt, hat vielleicht Schuldgefühle, weil sie es nicht stillt und sich nicht selbst um es kümmert. Doch ebenso mag es manchmal der Frau gehen, die sich uneingeschränkt ihrem Baby widmet. In ihr steigen vielleicht Schuldgefühle wegen ihrer plötzlichen unbeherrschten Aggressionen dem Kind gegenüber auf, weil sie sich vom Muttersein so aufgefressen und überrumpelt fühlt.

Gemeinsame Kinderversorgung

In vielen Gesellschaften werden die Pflichten und Freuden des Elterndaseins verteilt. Für das Leben des Babys können Beziehungen zu anderen Menschen, die schon einige Wochen nach der Geburt möglich sind, eine Bereicherung darstellen. In welchem Ausmaß das geschieht, hängt natürlich davon ab, ob dem Baby Gelegenheit gegeben wird, einen engen Kontakt mit anderen Menschen aufzunehmen. Es besteht ein deutlicher kultureller Gegensatz zwischen den Gesellschaften, in denen das Baby nur zu ein oder zwei Personen eine Beziehung haben soll, wie das in britischen Familien häufig der Fall ist, und anderen Gesellschaften, zum Beispiel in Afrika, wo viele Bezugspersonen als Ersatz für die Mutter zur Verfügung stehen und diese Personen alle einen ähnlichen Erziehungsstil haben, Gesellschaften also, wo sich Gruppen von Frauen regelmäßig treffen und gemeinsam die Arbeit im Haushalt und auf dem Feld erledigen. In diesen Gesellschaften sind die Bindungen des Babys auf eine ganze Anzahl von Menschen verteilt. Ein Kind weiß immer, wer seine Mutter ist und hat zu ihr eine besondere Beziehung, doch durch diese Vielfalt an in der Kindheit entstandenen persönlichen Bindungen ist das Risiko einer Vernachlässigung durch die Mutter sehr verringert, falls diese aus irgendeinem Grund ihrer Aufgabe als Mutter nicht gewachsen sein sollte. Wenn die leibliche Mutter nicht da ist, sind andere Mütter zur Stelle, die in ähnlicher Weise vorgehen wie sie und zu demselben dichten Netzwerk von Beziehungen innerhalb der Gemeinschaft gehören wie sie, auch wenn sie sie nicht ersetzen können.

In diesen Gesellschaften haben auch Geschwister und andere Kinder, die sich wie Bruder und Schwester zueinander verhalten, eine sehr enge Beziehung zueinander. Es ist bemerkenswert, wie eng die Bindung Gleichaltriger untereinander das ganze Leben hindurch ist. Für das kleine Kind stellt eine Gruppe von Gleichaltrigen die Umgebung dar, in der es sich bewegt. Schon das Baby wächst gemeinsam mit anderen auf, seinen Schwestern und Brüdern, Cousinen und Cousins, und in jeder Entwicklungsphase ist es mit einer Gruppe von eng vertrauten Menschen zusammen, mit denen es sich durch Zuneigung und Treue verbunden fühlt.

Untersuchungsergebnisse aus der Verhaltensforschung weisen darauf hin, daß das ein wichtiges Element ist, damit das Kind in einem gesunden sozialen Umfeld heranwächst. Harlows Versuche mit Rhesusaffen[4] haben gezeigt, daß die Anwesenheit anderer Affenjungen für eine normale Entwicklung wichtig war, und daß bei Abwesenheit einer Mutter die Geschwister für die sozialen Auslöser sorgten, die notwendig wa-

[4] Harry F. Harlow, G. Griffin; Induced mental and social deficits in rhesus monkeys. In: S. F. Osler; R. E. Cooke (Hrsg.): The Biosocial Basis of Mental Retardation. John Hopkins Press, 1965. Harry F. Harlow, M. K. Harlow: Effects of mother-infant relationships on rhesus monkey behaviour. In: B. F. Foss (Hrsg.): Determinants of Infant Behaviour. Methuen, 1969. Harry F. Harlow, M. K. Harlow: Developmental aspects of emotional behaviour. In: P. Blacker (Hrsg.): Psychological Correlates of Emotion. Academic Press, 1970.

ren, damit sich ein in die Gruppe integrierter erwachsener Affe entwickeln konnte, der in der Lage war, seine Aufgaben als Mutter oder Vater angemessen zu erfüllen.

Diesem Muster entspricht die Kindererziehung im israelischen Kibbuz, das wir im Kapitel ›Muttersein im Wandel‹ näher betrachten werden. Die Kinder wachsen größtenteils in den Kinderhäusern auf und werden von ausgebildeten Kinderschwestern versorgt. Als Babys sind sie in Gruppen von etwa sechs Kindern zusammengefaßt; wenn sie drei Jahre alt sind, kommen sie in größere Gruppen mit zwölf bis achtzehn Kindern. Sie wachsen in der festen Gemeinschaft ihrer Brüder und Schwestern im Kibbuz auf.

Häufig kümmern sich ältere Kinder um die jüngeren und bringen ihnen Dinge bei, so wie in einer Agrargesellschaft ältere Kinder ihre jüngeren Geschwister versorgen. Im Kibbuz findet diese Art der Kinderversorgung in der Institution der Baby- und Kinderhäuser statt. Im Vordergrund stehen dabei nicht die gefühlsmäßigen Bindungen zwischen den Mitgliedern der Kleinfamilie, auch wenn diese stark sein mögen, sondern der Zusammenhalt der großen Kibbuzfamilie.

Ein solches System steht im Gegensatz zu den Erziehungsmustern, die in alle westlichen Kulturen Eingang gefunden haben. Es ist bemerkenswert, daß Juden, die aus diesen westlichen Kulturen stammen, häufig zu dieser großen psycho-sozialen Anpassung in der Lage sind, wenn sie nach Israel kommen, und sich so in eine Kibbuzgesellschaft integrieren können, daß sie sich als Teil derselben fühlen.

Die Kleinfamilie

Die meist in einer urbanen Gegend lebende Familie, in die ein Kind in anderen industrialisierten Ländern hineingeboren wird, ist aller Voraussetzung nach klein; es hat ein oder höchstens zwei Geschwister. Die Verwandtschaft lebt in alle Winde verstreut. Auch nahe Verwandte, die nicht unmittelbar zur Ehegemeinschaft gehören, kommen nur zu besonderen Gelegenheiten zusammen, um ihre verwandtschaftlichen Beziehungen zu pflegen, zum Beispiel an Geburtstagen, zu Weihnachten und bei Beerdigungen, vielleicht auch gelegentlich, um sonntags miteinander zu essen. Eine in den Jahren 1960 bis 1964 durchgeführte

Untersuchung[5] ergab, daß für 62 Prozent der zur Mittelschicht Londons gehörenden Befragten die effektiven Verwandtschaftsbeziehungen – das heißt regelmäßige Kontakte mit Verwandten – auf Cousinen und Cousins 1. Grades und die nähere Verwandtschaft beschränkt waren. Selbst mit einem so großen Einschnitt ins Leben, wie ihn die Geburt eines Babys darstellt, müssen viele Paare allein fertigwerden. In derselben Untersuchung wurde auch festgestellt, daß 40 Prozent der Paare während der Wochenbettperiode nicht mit der Hilfe von Verwandten rechnen konnten. Die Mutter der Frau war noch am ehesten bereit, der Familie in dieser Zeit zu helfen und tat das auch in 50 Prozent der Fälle, die Mutter des Mannes hingegen half nur in wenigen Fällen aus. In weniger als 10 Prozent der Fälle stellte sich die Schwester der Frau zur Verfügung, denn meistens war sie entweder berufstätig oder hatte selbst eine Familie zu versorgen. Sehr häufig war die Hilfe von Verwandten gar nicht erwünscht oder es herrschten gemischte Gefühle über den Wert dieser Hilfeleistung. Die Autoren bemerken dazu: »Schwangerschaft, Geburt und Wochenbett stellen wohl die Zeit dar, in der eine Frau am stärksten das Bedürfnis verspürt, sich alle ihr zur Verfügung stehenden Hilfsmittel zunutze zu machen. Hierzu gehört auch die Hilfe von Verwandten. Wenn sie solche Hilfe nicht in Anspruch nehmen kann, weist das entweder darauf hin, daß sie keine enge Beziehung zu ihren Verwandten hat, oder sie hat sich überlegt, daß die damit verbundenen Spannungen eher eine Belastung für sie sind, als daß sie Vorteile von der erhaltenen Hilfeleistung erwarten könnte.«[6]

Während viele es als ihre moralische Verpflichtung empfinden, Verwandtschaftsbesuche zu machen und sich hin und wieder bei den Verwandten in Erinnerung zu bringen, ist der tatsächliche physische Kontakt zu ihnen oft sehr oberflächlich. Selbst wenn Paare mit ihren Eltern zusammenleben, herrschen oft sehr zwiespältige Gefühle vor.

Jeder von uns hat wahrscheinlich eine Idealvorstellung davon, wie das Familienleben früher einmal gewesen sein muß. Vielleicht fand es in einer ländlichen Kulisse bei immer schönem Wetter statt. Die angenehme Beständigkeit eines Zusam-

[5] Raymond Firth, Jane Huber, Anthony Forge: Families and their Relatives: kinship in a middle-class sector of London. Routledge, 1970.
[6] Raymond Firth, Jane Huber, Anthony Forge: Families and their Relatives: kinship in a middle-class sector of London. Routledge, 1970.

menhalts der Verwandtschaft gehörte jedoch zu dem Luxus der viktorianischen Mittel- und Oberklasse, für die Armen gehörte sie nur selten zum Alltag. Nachdem die Industrielle Revolution begonnen hatte, blieb den Familien der Arbeiterklasse wenig Zeit für die Kontaktpflege mit Verwandten, sofern sie nicht Mitglieder der aus ökonomischen Gründen zusammenlebenden Kernfamilie waren. Den ganzen Tag über waren Männer, Frauen und Kinder bei der Arbeit, oft auch noch nachts, um das nötige Geld in der Fabrik oder durch Heimarbeit mühsam zu verdienen.

Wir wollen uns jedoch hier nicht mit der Frage beschäftigen, ob alles darauf hinweist, daß in der Gesellschaft Englands eine einschneidende Entwicklung stattgefunden hat, durch die wir uns immer mehr von dem lebendigen System der Großfamilie mit allen ihren Interaktionen entfernt haben. Auf jeden Fall besteht ein großer Gegensatz zwischen der westlichen Form des Familienlebens und dem Lebensablauf in den meisten anderen Gesellschaften auf der Welt. Mütter machen ihre Kinder mit der Kultur ihrer Gesellschaft vertraut und bereiten sie wiederum auf ihre Aufgaben als Eltern vor. Die Fähigkeit hierzu hängt in großem Maß von der Erfahrung ab, selbst geliebt und zärtlich versorgt worden zu sein. Deshalb scheint sich ein unglückliches Familienleben von Generation zu Generation fortzusetzen. Einiges hiervon kann später im Leben nachgeholt werden, vielleicht durch die Erfahrung des Gebens und Nehmens in einer Liebesbeziehung im Erwachsenenalter, doch normalerweise beginnt die Entwicklung einer Frau als Mutter, die zu ihrem Kind eine für beide Seiten befriedigende Beziehung aufnehmen kann, bereits in ihrer eigenen Säuglingszeit und Kindheit. Diese Fähigkeiten lassen sich nicht in Säuglingspflegekursen oder aus Büchern lernen, sondern gehören zu einem Entwicklungsprozeß. »In ihrer Beziehung zu ihrem eigenen Kind«, sagt Helene Deutsch, »wiederholt eine Frau ihre eigene Mutter-Kind-Beziehung.«[7] Das ist auch der Grund, weshalb es beim Durchbrechen des Teufelskreises von fehlender Zuwendung (Deprivation) in der sozioökonomischen Unterschicht in westlichen Gesellschaften nicht darauf ankommt, erst dann Maßnahmen zur Beseitigung der Schäden zu treffen, wenn die Vernachlässigung nicht mehr zu übersehen ist. Vielmehr müssen wir unser Au-

[7] Helene Deutsch: Psychology of Women. Vol. 1, Grune and Stratton, New York 1944.

genmerk auf die Zukunft richten und Eltern in verstärktem Maß Unterstützung anbieten. In der jetzigen Generation zeichnen sich vielleicht kaum Erfolge ab, doch wir können hoffen, daß die Kinder dieser Eltern selbst einmal bessere Eltern sein werden. Das ist ein Langzeitprojekt, bei dem mit sofortigen Ergebnissen nur in seltenen Fällen zu rechnen ist.

Wie Eltern ihre Erziehungsaufgaben in vorindustriellen Gesellschaften lernen

In Agrargesellschaften findet die Versorgung kleiner Kinder traditionsgemäß in Gruppen von Frauen statt, die mit der Erledigung von Hausarbeiten oder anderen produktiven Tätigkeiten beschäftigt sind. Die Frauen knien zum Beispiel am Fluß und waschen die Wäsche, indem sie sie auf Steinen hin und her walken, kneten und wringen, und gleichzeitig beaufsichtigen sie die Kinder. Sie spinnen und weben, während die Kinder neben ihnen spielen, bereiten das Essen zu, sie fertigen aus Leder Kleidungsstücke, bauen Hütten oder arbeiten auf dem Feld. Die ganze Zeit sind die Kinder dabei und können nicht nur aus nächster Nähe die Interaktion zwischen Erwachsenen beobachten, sondern sie erleben auch, wie Mütter mit ihren Kindern umgehen. Der Unterschied zwischen Öffentlichkeit und Privatleben, der in unserer Gesellschaft so stark ausgeprägt ist, existiert hier nicht. Alle können zuschauen, wie eine Mutter ihr Kind versorgt, und daraus lernen.

Bei vielen Gesellschaften von Sammlern und Jägern teilen sich mehrere Familien die Unterkünfte miteinander. Die Nootka an der amerikanischen Nordwestküste besaßen große Häuser aus Zedernholz, die von vier oder mehr Familien bewohnt wurden. Jede Ecke war von einer Familie bewohnt, weitere Familien suchten sich an den Längswänden einen Platz. Großfamilien bei den Apachen bewohnten ein Gemeinschaftszelt. Die Ongre-Negritos auf den Andamanen-Inseln haben große, mit Stroh bedeckte ovale Häuser, die ebenfalls von mehreren Familien bewohnt werden, wobei jede Familie eine eigene Feuerstelle besitzt. Auch die Indianer im Amazonasgebiet leben noch gemeinsam in solchen Häusern.

Wenn die Familien nicht zusammen in einem Gebäude wohnen, sind ihre Häuser jedoch häufig miteinander verbunden.

Die Ainu in Japan lebten in Häusern, die über Gruben errichtet und durch Tunnels miteinander verbunden waren. In diesen Wohnstätten konnte jeder das Familienleben der anderen Mitglieder beobachten. Die Kinder nahmen die Informationen über Säuglinge und ihre Bedürfnisse ganz nebenbei in sich auf und bedurften keiner zusätzlichen Unterweisung.

In agrarischen Gesellschaften und auch in jagenden Gesellschaften tragen alle Erwachsenen gemeinsam die Verantwortung für die Kinder. Die Kinder der Gruppe, des Stammes oder des Dorfes gelten als »unsere« Kinder. Die Mütter wechseln sich bei der Kinderversorgung ab. Die Andamanenfrauen reichen die Babys weiter und liebkosen sie, und jede stillende Frau kann dem Kind, das sie gerade auf dem Schoß hat, die Brust geben. Wenn eine Frau den Aufgaben als Mutter nicht gewachsen ist, erklären sich andere Frauen bereit, diese Rolle zu übernehmen. Oft sind diese Ersatzmütter die Großmütter oder andere Frauen aus deren Generation. In einigen Gesellschaften werden die Kinder zum Abstillen zur Großmutter geschickt. In Jamaika, wo die Frauen oft als Hausangestellte oder in Läden und Büros in der Stadt arbeiten, ist es üblich, das erstgeborene Kind zur Mutter aufs Land zu schicken. Die Großmütter dort rechnen damit, daß sie in mittleren Jahren eine zweite Familie großziehen müssen: ihre Enkelkinder. Oft murren sie und beklagen sich über die Verantwortung und die harte Arbeit, wissen aber auch, daß dies eine Art Absicherung ihrer Altersversorgung darstellt. In solchen Gesellschaften lernen die Kinder nicht nur von ihren Müttern und Frauen ihrer Generation, wie kleine Babys versorgt werden, sondern in erster Linie (auf den Westindischen Inseln ist das sehr häufig) von den Müttern ihrer Mütter.

Jedes Kind in einer Agrargesellschaft lernt, für jüngere Kinder, Geschwister oder Cousinen und Cousins zu sorgen. Sobald ein Kind selbst laufen kann, bekommt es vielleicht einen Säugling auf den Rücken gebunden, und kleine »Mütter« spielen, laufen und springen herum, ahmen ihre Mütter bei der Hausarbeit nach und nehmen ihnen einen Teil der Arbeit bei der Kinderversorgung ab, indem sie die Kleinen mit sich herumtragen. Ein Mädchen lernt dort schon sehr früh das Gefühl kennen, daß ein Säugling beinahe Teil ihres eigenen Körpers wird. Das ist hauptsächlich Aufgabe der Mädchen, doch auch von den Jungen wird erwartet, daß sie ihren Teil zur Babyversorgung beitragen. Die Mädchen übernehmen diese Rolle jedoch auch noch, nachdem die Jungen das Elternhaus verlassen und sich einer Gruppe von Gleichaltrigen angeschlossen haben, um auf Abenteuer auszugehen. Das können Nachbarschaftsbanden oder, wie zum Beispiel in primitiven Gesellschaften, offiziell eingerichtete Altersgruppen sein. In vielen Kulturen schläft der Junge auch nicht mehr daheim, sondern zusammen mit den Männern oder in besonderen Hütten, wo er lernt, was es in seiner Gesellschaft bedeutet, ein Mann zu sein. Mädchen halten sich häufiger zu Hause in der Nähe ihrer Mütter auf, entweder ihrem Wunsch entsprechend oder aus der Notwendigkeit heraus, und lernen von ihnen, was es heißt, Mutter zu sein. Wenn durch die Begegnung mit anderen Kulturen die Abläufe im Familienleben und bei der Kinderversorgung eine Veränderung durchmachen, wird die Beständigkeit der Überlieferung zerstört. Die Mütter versuchen, neuen Anforderungen zu genügen und neue Techniken anzuwenden. Besonders deutlich tritt dieser Vorgang bei Immigrantenfamilien zutage. Zwischen dem, was die nach Großbritannien immigrierten westindischen Mütter »die althergebrachte Art« nennen, und den Anweisungen und Ratschlägen, die sie in den Kliniken erhalten, klafft ein Abgrund. Die widersprüchlichen Erfahrungen bei der Kinderversorgung führen zu Zwietracht in der Familie, und häufig geraten die Kinder dabei ins Kreuzfeuer. Aber es geht noch um sehr viel mehr. Diese Kinder werden mit unterschiedlichen Verhaltensmodellen bei der Säuglingsbehandlung konfrontiert und müssen bewußt Entscheidungen treffen. Das völlig spontane Verhalten gegenüber kleinen Kindern, wie es traditionell üblich war, ist nicht mehr möglich.

Es wäre jedoch falsch, wenn wir davon ausgingen, daß werdende und junge Mütter in vorindustriellen Gesellschaften überhaupt keine genauen Anweisungen erhalten. Es gibt einen reichen Schatz an Volksweisheiten. Eine junge Frau lernt, wie sie ihr Kind gesund erhält, wie sie die Kräuter anwenden und eine rituelle Handlung richtig vorbereiten muß, und bekommt Kenntnisse über die normale Entwicklung des Kindes vermittelt. Dieses Wissen ist allen Frauen geläufig, und wenn sie es sich gegenseitig mitteilen, so ist das auch eine Bestätigung dafür, was sie schon alles wissen. Eine Mutter auf dem Land in Jamaika weiß, daß sie etwas Waschbleiche ins Wasser geben muß, um die Duppies fernzuhalten, und wenn das nichts nützt, dann nimmt sie Dettol. Sie kann sich noch erinnern, daß ihre Mutter, ihre Tante und ihre Großmutter das so gemacht haben. Das wissen alle. Nur wenn ihr Kind krank ist, holt sie sich Rat bei der Schwester in der Klinik oder, wenn sich der Zustand nicht bald bessert, beim Obeah (dem Medizinmann oder der Medizinfrau). In Krisensituationen sucht sie bei den Vermittlern der Rituale dieser Gesellschaft Hilfe, die entweder Vertreter der alten rituellen Medizin, Zauberkraft und Religion sind oder den neuen, einflußreichen Ritualen von Wissenschaft und Medizin angehören. Im alltäglichen Familienleben handelt sie jedenfalls ohne viel Kopfzerbrechen und Zweifel.

Das Elterndasein in einer westlichen Gesellschaft

In einer modernen westlichen Industriegesellschaft ist es nicht selten, daß eine werdende Mutter noch nie in ihrem Leben ein Neugeborenes angefaßt oder auch nur zu Gesicht bekommen hat. Das Aussehen und die Bedürfnisse eines winzigen Babys stellen für sie vielleicht ein genauso großes Geheimnis dar wie die Aufzucht von Riesenpandas. Wahrscheinlich hat sie hin und wieder einen Zeitschriftartikel darüber gelesen und Photos von Neugeborenen betrachtet, sie weiß jedoch sehr gut, daß ein Kind bekommen für sie mit einer Aufgabe verbunden ist, mit der sie sich nicht auskennt. Sie könnte sich die nötigen Informationen bei ihrer Mutter holen. Häufig ist das jedoch in unserer mobilen Gesellschaft, wo junge Paare Hunderte oder Tausende von Kilometern weit von den zukünftigen Großeltern entfernt leben, gar nicht möglich. Vielleicht ist sie auch der Meinung, daß ihre Mutter über dieses Thema gar nicht mehr auf dem laufenden ist, und wenn wir die raschen technologischen Veränderungen in Betracht ziehen, von denen auch die Babyversorgung beeinflußt ist, hat sie vielleicht sogar recht. In unserem Bildungs- und Erziehungssystem wird sehr viel Wert auf die Entwicklung des Individuums und seine Selbstbestimmung gelegt. Eine junge Frau, die schwanger ist, möchte ihren Weg finden. Selbst wenn ihre Mutter in der Nähe wohnt, will sie sie vielleicht gar nicht um Hilfe bitten. Wenn ein Paar das erste Kind erwartet, hat vielleicht noch niemand im Bekanntenkreis ein Baby. Vielleicht beobachten die beiden manchmal Eltern im Supermarkt oder auf der Straße, doch sie haben keine Vorstellung davon, wie das sein wird, wenn sie selbst ein Kind daheim haben, und können noch nicht ahnen, wie sehr ihre eigene Beziehung dadurch verändert wird.

Die werdende Mutter macht sich vielleicht Sorgen, weil sie der Ansicht ist, über technische Fragen zu wenig zu wissen. Viele der Fragen, die in meinen Geburtsvorbereitungskursen an mich gestellt werden, beziehen sich in erster Linie auf Fakten. Sehr oft ist den Frauen nicht klar, daß ein Verständnis ihrer emotionalen Veränderungen, der Veränderungen in ihrer Beziehung und in ihrem Bild von sich selbst, die mit dem Heranwachsen eines kleinen Kindes untrennbar verbunden sind, sehr viel mehr Bedeutung haben als das technische Know-how.

Bei der Vermittlung eines realen Bildes des Mutterdaseins und der Vorbereitung auf die Elternschaft erfüllen Frauenzeitschriften sowie auch Rundfunk und Fernsehen eine gewisse Funktion; es gibt jedoch kaum Angebote zur Vorbereitung der Kinder auf ihre Aufgaben als Eltern in unserer Gesellschaft. Natürlich haben die Mädchen ihre Puppen und die Jungen Big Jim und Action Man, sowohl Jungen wie auch Mädchen haben Tierspielzeug und kleine Hunde und Katzen, die sie liebhaben und umsorgen. Es gibt den Reitstall, der für Mädchen oft noch wichtiger ist als für Jungen. In England dauert diese Phase der Pferdeliebhaberei bei Mädchen der Mittelschicht oft von der Pubertät bis zur Heirat oder länger. Den Mädchen macht es große Freude, ihre Pferde zu kämmen und zu striegeln, den Stall auszumisten, mit den Pferden zu arbeiten und sie zu versorgen. Englische Schulmädchen üben das Mutterverhalten mit ihren Ponys. Sie haben jedoch kaum Gelegenheit, richtige Babys kennenzulernen, sie aus allernächster Nähe zu beobachten und sich im Umgang mit ihnen jene Unbefangenheit von Kindern in Agrargesellschaften anzueignen, die diese bei vier oder fünf jüngeren Brüdern oder Schwestern an den Tag legen. Im Lehrplan der Schulen werden jetzt auch die emotionalen Aspekte von Sexualität und Geburt berücksichtigt. Häufig sind das aber besonders in England nur sehr kurze Unterrichtsabschnitte für Fünft- und Sechstkläßler, die in den letzten Wochen vor der Zeugnisverteilung gehalten werden, wenn alle Lehrer mit der Notengebung beschäftigt sind und nicht recht wissen, was sie mit dem Rest des Schulhalbjahrs anfangen sollen. Niemand scheint diesen Unterricht besonders ernst zu nehmen.

In der westlichen Gesellschaft wird jede junge Mutter überdies mit einer Realität konfrontiert, die mit den Phantasievorstellungen in der Schwangerschaft häufig wenig zu tun hat. Kellmer Pringle[8] ist der Ansicht, daß eine wichtige Funktion der Geburtsvorbereitung darin bestehen sollte, das Elterndasein zu »entglorifizieren«. Sogar Frauen, die viele Erfahrungen mit anderen Frauen und deren Problemen beim Prozeß des Mutterwerdens haben, werden sicherlich feststellen, daß die Anpassung an die Situation im »vierten Schwangerschaftsdrittel« auch für sie selbst mit Schwierigkeiten verbunden ist. Eine psychotherapeutisch tätige Sozialarbeiterin bekam ihr erstes Kind, als sie schon über vierzig war. Sie war von ihrem Kind entzückt und übernahm ihre neue Rolle mit Begeisterung. Nach einigen Monaten merkte sie jedoch, daß sie dauernd unter Müdigkeit litt und sich ständig Sorgen wegen des Babys machte. Sie bezeichnete diesen Zustand als »subklinische postnatale Depression«. Sie drückte ihre Situation ganz bildlich aus, als sie zu mir sagte: »Das Zuckerschlecken ist vorbei, ich bin am Ende des Lutschers angekommen und jetzt bleibt mir nur noch der Stiel übrig.«

Der in unserer Gesellschaft allgemein vorherrschende Mythos von der Mutterschaft besagt, daß Mütter ihren Babys gegenüber ständig liebevolle Gefühle und Zärtlichkeit empfinden, daß sich Frauen als Folge des biologischen Akts der Geburt völlig verändern, selbstlos und aufopfernd sind und aus dieser Art von Selbstaufgabe höchste Befriedigung ziehen. Dieser Mythos hat seinen Kristallisationspunkt im Bild der jungfräulichen Mutter, die in ruhiger Heiterkeit mit ihrem Kind im Schoß dasitzt. Sie ist fern von jeder Angst oder Leidenschaft und versinnbildlicht die Reinheit einer Frau, die völlig in ihrer Mutterschaft aufgeht.

Durch die Schaffung dieser Polarität zwischen wirklichen Gefühlen und dem idealisierten Bild geheiligter Mutterschaft kommen unsere eigenen infantilen Vorstellungen von der Mutter als Besitz des Babys zum Ausdruck. Auf der Kehrseite des Abbildes der Mutter als Göttin befindet sich die andere Mutter, die den ganzen unterdrückten Haß zum Ausdruck bringt. Sie ist die Hexe, die böse Stiefmutter, die dem Kind einen vergifte-

[8] Mia Kellmer Pringle: The Needs of Children. Hutchinson, 1974.

ten Apfel gibt oder dem Jäger befiehlt, es zu töten und ihr sein Herz zu bringen.

Wenn die Sexualität von den Gefühlen, die mit dem Muttersein verbunden sind, losgelöst wird und ein Gegensatz zwischen beiden hergestellt wird, entsteht eine romantisierte Vorstellung vom Muttersein, mit der sich Frauen unmöglich identifizieren können. Bei dem Versuch, eine Rolle zu übernehmen, von der sie wissen, daß sie sie nicht spielen können und für die sie sich von ihrem Temperament her nicht geeignet fühlen, erleben sie dann Gefühle der Hoffnungslosigkeit und des Versagens: »Ich habe keine wirklichen Muttergefühle gehabt«. Alex Comfort[9] trägt zu diesem falschen Gegensatz zwischen Sexualität und Mutterschaft bei. Er stellt Behauptungen auf, aus denen gefolgert wird, daß Elternschaft mit einem sinnlichen, befriedigenden Geschlechtsleben unvereinbar ist, so zum Beispiel: »Moderner Sex ist am besten, wenn er mit Fortpflanzung nichts zu tun hat ... Wenn sich ein erholsames erotisches Liebesspiel entwickeln können soll, muß man ungestört sein. Sexuelle Freiheit ist einfach mit einem Lebensstil, in dem das Kinderkriegen eine Rolle spielt, unvereinbar.«

Trotz der Realität, die ihnen von ihren eigenen Müttern vorgelebt wird, wachsen Kinder immer noch mit dieser romantischen Vorstellung davon auf, wie eine Mutter sein »sollte«. Wenn die Kinder heranwachsen, gerät diese Vorstellung für immer ins Wanken. Die Mädchen und Jungen haben sich mit ihrer fehlerhaften Mutter abgefunden und entwickeln eine neue Beziehung zu ihr als einem menschlichen Wesen und nicht nur als »Mutter«. Gleichzeitig müssen aber auch die Eltern lernen, daß ihre Kinder nicht einfach ihre Kinder, sondern eigenständige Menschen sind. Eine meiner Töchter, die nach sorgfältiger Überlegung zu einem Ergebnis über mich gekommen war, sagte mit offenkundiger Überraschung in der Stimme zu mir: »Ich habe gar nicht gewußt, daß Mütter Persönlichkeiten sind! Ich habe gedacht, sie wären einfach nur Mütter, und die Hauptsache wäre, daß sie mütterlich sind.«

[9] Alex Comfort: The Joy of Sex. Freude am Sex. Frankfurt am Main, Berlin, Wien 1976.

Niemand weiß, in welchem Maße Kinder in vorindustriellen Gesellschaften Gewalt ausgesetzt sind. Es wäre sicherlich falsch, davon auszugehen, daß das nicht vorkommt. Es gibt eine Menge Anhaltspunkte über Gesellschaften, zum Beispiel in der Karibik, die Hinweise darüber liefern, daß die körperliche Bestrafung oft zum normalen Ablauf des Familienlebens gehört. Das Phänomen, daß Säuglinge oder kleine Kinder wiederholt körperlich mißhandelt werden, weil eine Mutter oder ein Vater sich nicht mehr in der Gewalt hat, in unserer Gesellschaft nichts Seltenes, ist von Anthropologen, die sich mit vorindustriellen Gesellschaften beschäftigen, noch nicht erwähnt worden. Selbst Colin Turnbull berichtet bei seiner Beschreibung der Ik, wohl einer der unfreundlichsten Stämme, mit denen sich ein Anthropologe je auseinandersetzen mußte, nichts dergleichen. Er beschreibt, daß Mütter die Achseln zuckten, wenn ein Säugling von einem wilden Tier verschlungen wurde, und die Männer aufforderten, es zu erlegen, weil es jetzt mit dem Kind im Bauch wohlgenährt sei und eine gute Mahlzeit hergeben würde. Nichts in seinen Aufzeichnungen weist darauf hin, daß es dort zu solchen Kindsmißhandlungen kam, wie sie bei uns im Westen nicht selten sind. Als ich Mütter in Jamaika interviewte, interessierte mich besonders das Thema, wie eine Frau »ein Kind richtig großzieht«. Zwar waren alle diese Frauen der Ansicht, daß Disziplin sehr wichtig sei, damit das Kind nicht »wild« heranwachse (die Nachbarskinder wurden normalerweise als Beispiel hierfür angeführt), doch betonte jede Frau, daß ein Kind keinesfalls so lange geschlagen werde dürfe, bis es »vernünftig geworden« sei, und das hieß, bis er oder sie wieder vernünftig redete.

Ich traf Mütter, die deprimiert waren und unter anderen psychischen Krankheiten litten und deshalb ihre Kinder vernachlässigten, doch ich begegnete keiner Frau, deren innerer Aufruhr sich in Gewaltanwendung gegenüber ihrem Baby Luft machte. Vielleicht gab es dennoch solche Frauen. In einer agrarischen Gesellschaft ist es jedoch unmöglich, Türen und Fenster zu verschließen und sein Familienleben in der Abgeschlossenheit der eigenen vier Wände zu führen. Schon bald würden Nachbarn und Verwandte davon erfahren und die Versorgung des Babys übernehmen, wenn die Mutter selbst dazu nicht in der Lage wäre. Das ist vielleicht das Wesentliche in einer Agrargesellschaft: Das Familienleben findet in aller Öffentlichkeit statt, und bis zu einem gewissen Grad stehen die Handlungen innerhalb der Familie unter dem Schutz der Sanktionen, die von der Gemeinschaft geschaffen worden sind und auch von ihr verhängt werden.

Daß Kindesmißhandlungen im Westen so häufig vorkommen, ist vielleicht zum Teil auf unerträgliche soziale Bedingungen, unzureichende Vorbereitung der Eltern auf ihre Aufgabe und die gesellschaftliche Isolation zurückzuführen, die eine Folge des Lebens in der Kleinfamilie ist.

Viele Frauen wachsen in die Liebe zu ihren Babys hinein, obwohl die Beziehung zum Kind ziemlich kühl begonnen hatte und sie vielleicht sogar über ihre eigenen Reaktionen ziemlich beunruhigt waren. Babys sind Persönlichkeiten. Viele machen es ihrer Mutter offensichtlich nicht leicht, sie gernzuhaben. Mit einem »braven« Baby hat sie es sehr viel leichter. Mit einem ständig weinenden Baby hat es die Mutter einfach zu schwer. Eine Mutter, deren Baby ständig schrie, sagte: »Ich war tief eingeschlafen. Nach etwa zehn Minuten fing er an zu schreien. Ich ging an sein Bettchen, schüttelte ihn und schrie: »Hör um Himmels willen auf zu schreien!« Ich hatte das Gefühl, daß ich Schlaf und nochmals Schlaf brauchte. Das hat die größte Rolle gespielt: Er schrie soviel, und ich war völlig zerschlagen.«[10]

Manche Babys finden zu überhaupt keinem Rhythmus und sind unberechenbar, bei anderen ist es schwer, mit ihnen warmzuwerden, weil sie in der Entwicklung zurückgeblieben oder überaktiv sind oder eine körperliche Behinderung haben. Deshalb richten sich Kindesmißhandlungen oft nur gegen ein Kind in der Familie, das das »böse« Kind ist. Manchmal ist dieses Kind anders, weil es besonders intelligent, aufgeweckt oder lebhaft ist. In einer Untersuchung über 26 Kinder wurde festgestellt: »In neun Fällen wurde angenommen, daß die Kinder in ihrer Entwicklung ›langsam‹ oder geistig zurückgeblieben waren. Sechs weitere Kinder wurden als ›böse‹, ›egoistisch‹, ›trotzig‹ oder als ›schwer zu bändigen‹ beschrieben. Es ist unser klinischer Eindruck, daß die Kinder in der letzteren Gruppe im Vergleich zu ihren Geschwistern möglicherweise überaktiv und intellektuell frühentwickelt sind.

[10] Ein Bericht aus: Catherine Ballard, Hilary Hackett: My world became the size of a baby. In: Spare Rib. 47, Juni 1976.

Wir hatten es außerdem auch mit einigen Fällen zu tun, in denen die intellektuelle Begabung des Kindes die eines oder beider Elternteile so sehr zu übersteigen schien, daß es durch sein Verhalten die Mißhandlungen der Eltern hervorrief. Es scheint also eine Gruppe von Kindern zu geben, die wegen ihres Verhaltens gegenüber Mißhandlungen durch die Eltern besonders gefährdet sind . . .«[11]

Immer ist hierbei die Beziehung der Frau zum Vater des Kindes sehr wichtig. Wenn die Ehe in Ordnung ist und sie genug Unterstützung von ihm bekommt, erleichtert ihr das die Aufgabe, mit einem schwierigen Baby zurechtzukommen; und indem sie diese Aufgabe meistert, entwickeln sich auch ihre Fähigkeiten als Mutter. Wenn ihre Beziehung zum Kind jedoch schlecht ist, und kein Mann da ist, der ihr Verantwortung abnehmen könnte, kann es sehr rasch zum Zusammenbruch kommen.

Depressionen können dazu führen, daß die Frau nicht in der Lage ist, ihr Baby zu lieben. Genauso kann aber auch das Unvermögen, das Baby zu lieben, zu einer Depression führen, denn dann kommt die Frau sich wie eine Versagerin vor und sucht vielleicht nach einer bestimmten Qualität in der Beziehung zu ihrem Baby, nach einer befriedigenden Wärme, die ihr vom Baby entgegenströmt und die aber in Wirklichkeit nicht vorhanden ist. Dann bekommt sie vielleicht das Gefühl, daß das Baby sie ihrer Träume beraubt hat. Das Kind, nach dem sie sich gesehnt hat und das sie in ihrem Körper beherbergt hat, gibt es nicht. Stattdessen hat sie es mit einem völlig fremden Wesen zu tun.

Wir halten Mütter, die ihren Babys gegenüber körperliche Gewalt anwenden, wahrscheinlich für grausame Ungeheuer, in Wirklichkeit handelt es sich aber oft um sehr traurige, bemitleidenswerte, äußerst verletzliche Frauen. Eine Mutter, die unter Depressionen litt, sagte zu mir: »Das Schreien des Babys sagt mir nichts. Zwischen uns passiert nichts, es findet kein Austausch statt. Nach der Geburt gab es eine Zeit, wo wir uns gegenseitig Angebote machten, doch ich habe mich ganz und gar abgewendet. Ich habe schreckliche Dinge getan.«

Als ich sie fragte, was sie getan habe, gestand sie mir ganz still und voller Scham, sie habe »die Kinder auf den Boden geworfen« und fügte hinzu, daß ihr Mann jeden Tag Angst davor

[11] C. Henry Kempe, Ray E. Helfer (Hrsg.): Helping the Battered Child and His Family. Blackwell, 1972.

habe, das Geschehene zu entdecken, wenn er von der Arbeit nach Hause komme. In diesem Fall hatte der Mann wie so viele Partner seinen Anteil daran, daß es zu den Kindesmißhandlungen gekommen war. Er wollte unbedingt, daß die Dinge wieder »ins Lot« kämen und irgendwie »wieder gut« würden, ohne daß er etwas dabei tun mußte oder ihre Schwierigkeiten an die Öffentlichkeit gerieten. Die Verzweiflung der beiden war auf eine unglückliche Ehe zurückzuführen: »Das einzige, was sich zwischen uns abspielt, ist, daß wir schauen, wie es dem anderen geht. Seitdem wir verheiratet sind, haben wir drei Gespräche miteinander geführt, an die ich mich erinnern kann. Es kommt mir so vor, als würden wir uns gegenseitig lähmen«, stellte die Frau fest.

Wenn eine Mutter (oder auch ein Vater) einem Baby gegenüber gewalttätig wird, ist immer eine besondere Krise vorhanden, die als Auslöser wirkt. Es kann etwas ganz Geringfügiges sein, das sich da am Ende einer langen Reihe von Frustrationen und Reizzuständen ereignet. Die Autoren von ›Helping the Battered Child and His Familiy‹[12] geben an, daß das eine Waschmaschine sein kann, die plötzlich nicht mehr funktioniert, eine Kündigung, oder aber der Mann wird zum Militärdienst eingezogen, die Heizung fällt aus, es ist kein Essen im Haus oder die Schwiegermutter kommt zu Besuch. Sie fahren fort: »Es ist wohl sehr unwahrscheinlich, daß die Krise der Grund für die Kindesmißhandlung ist, wie einige das gerne glauben möchten. Sie ist vielmehr der auslösende Faktor.« Eltern, die besonders in Gefahr sind, ihre Kinder zu mißhandeln, hatten oft selbst eine schwere Kindheit und stammen aus Familien, wo es sehr häufig zu Gewalttätigkeit kam. Oft sind das Menschen, die mit der Gesellschaft nicht zurechtkommen und sich außer mit den familiären Schwierigkeiten noch mit einer Menge anderer Probleme herumschlagen müssen. Sie sind häufig Opfer der Gesellschaft, denn unglückliche Familien setzen sich oft durch mehrere Generationen fort. Brandon[13] hat die Verhältnisse in diesen Familien als ungeordnet beschrieben, »jeder Aspekt des Lebens ist von Gewalt beherrscht«, es kann sich dabei auch um Personen mit hysterischen Zügen handeln, die ihrer Gewalt

[12] C. Henry Kempe, Ray E. Helfer (Hrsg.): Helping the Battered Child and His Family. Blackwell, 1972.
[13] Sydney Brandon in einem Vortrag vor der North Western Regional Health Authority, über den in der Times vom 27. November 1974 berichtet wurde.

freien Lauf lassen und dann vom Ort des Geschehens fliehen, wo sie das Kind in seinem Wagen auf der Straße oder in einem Laden zurücklassen. Zwar mögen einige Mütter, die ihre Kinder mißhandeln, auch richtige Sadistinnen sein, denen es Erleichterung verschafft und die ihre eigenen Spannungen abbauen können, wenn sie anderen Schmerzen zufügen, doch die allermeisten sind »verletzliche Frauen, die unter Streß stehen« und die die Verletzungen, die sie ihren Kindern zugefügt haben, zutiefst bedauern. Sie sagen zum Beispiel: »Wenn ich ihn schlage, dann nehme ich ihn nachher hoch und bin zärtlich zu ihm.«

Es gibt wenig Hilfe für eine Mutter, bei der die Gefahr besteht, daß sie ihr Kind mißhandeln könnte. Nur in bestimmten Gegenden, zum Beispiel in der Nähe von großen Universitätskliniken, gibt es psychiatrische Abteilungen, die sich auch mit Kindesmißhandlung auseinandersetzen. Meistens bleiben die Depressionen, unter denen Mütter nach der Geburt leiden, unentdeckt oder werden nicht behandelt. Man schätzt, daß in Großbritannien jedes Jahr 4000 bis 5000 Kinder mißhandelt werden. Zehn Prozent dieser Kinder sterben an ihren Verletzungen, 400 tragen bleibende Gehirnschäden davon.[14] Nur in wenigen Kliniken gibt es Mutter-Kind-Einheiten, wo Mütter und auch Väter, wenn ihnen das möglich ist, die ganze Zeit mit ihrem Kind verbringen können, so daß das Klinikpersonal besser über die Problematik der Mutter Bescheid weiß und beobachten kann, wie sie sich ihrem Kind gegenüber verhält. Noch wichtiger hierbei ist, daß die Mutter Gelegenheit hat, in einer entspannten Atmosphäre, wo man sich nicht nur um ihr Baby sondern auch um sie selbst kümmert, mit ihrem Baby vertraut zu werden und von ihm zu lernen. Es kann sein, daß diese unglücklichen Frauen erst dann in der Lage sind, ihrem Kind gegenüber ein mütterliches Verhalten zu entwickeln, wenn sie selbst bemuttert worden sind.

Die Aufgaben der Mutter werden einem Mädchen von Kindheit an beigebracht. In den meisten Kulturen scheint diese Erziehung sehr effektiv vonstatten zu gehen. Erst ganz allmählich kommen uns wieder die nicht klar abgegrenzten, doch äußerst wichtigen Fertigkeiten zu Bewußtsein, die in unserer Gesell-

[14] Aus einem Bericht über eine Konferenz in Chester über Kindesmißhandlung in der Times vom 26. November 1974. – Laut Aussage des Deutschen Kinderschutzbundes liegen heute die Schätzungen über Kindesmißhandlungen in der BRD bei mindestens 30000 Fällen pro Jahr.

schaft nach der Industriellen Revolution so sehr vernachlässigt worden sind.

Lernen, eine Mutter zu sein, bedeutet nicht, daß eine Frau ganz bestimmte Einstellungen und Ansichten übernehmen muß, sondern daß sie flexibel auf die Bedürfnisse ihres Kindes reagieren und ihre Persönlichkeit dabei zum Ausdruck bringen kann. Jede Frau verfügt über einen einzigartigen Schatz an Kenntnissen und Erfahrungen, wenn sie Mutter wird. Die »perfekte Mutter« gibt es nicht, schon aus dem Grund, weil die Mutterrolle erst in einer sich entwickelnden Zweierbeziehung zum Kind Bedeutung erhält. Wenn die Familie aus mehreren Kindern besteht, bezieht sich diese Rolle auf die Beziehung zwischen ihnen und ihrer Mutter und zwischen jedem einzelnen Kind und seiner Mutter. Die Mutter sieht sich selbst mit den Augen ihrer Kinder, so wie sie sich auch mit den Augen ihres Mannes betrachtet. Zum großen Teil ist das, was sie ist und wie sie ihre eigene Rolle auffaßt, ein Ergebnis aller dieser Selbstbilder, die besonders in einer großen Familie je nach der Situation und den daran Beteiligten immer wieder, beinahe stündlich, kaleidoskopischen Veränderungen ausgesetzt sind.

Tatsächlich kann das Muttersein niemals gänzlich erlernt werden. Es befindet sich in einer ständigen Entwicklung.

Großmütter

In unserer Gesellschaft sind Großmütter vor allem ehemalige Mütter. Sie gelten als Frauen, die eine Aufgabe hinter sich haben. Vielleicht dürfen sie sich ein wenig an der Kindererziehung beteiligen und hin und wieder ihre Erfahrungen als Mutter in abgewandelter Form beim Umgang mit ihren Enkelkindern einbringen, doch dürfen sie die Mutter nur zu bestimmten Gelegenheiten »spielen«, wenn die leibliche Mutter damit einverstanden ist, oder in Krisensituationen, wenn ihre Hilfe benötigt wird, weil sich die Mutter der Situation nicht gewachsen fühlt oder sich von ihrem Kind trennen muß.

Wenn eine junge Frau ihr erstes Kind zur Welt bringt, nimmt sie die Stelle ihrer Mutter ein, die dann in den Ruhestand der Großmutter tritt und sich voller Wehmut in Erinnerungen an ihre eigenen Erfahrungen als Mutter ergehen darf, doch mit Kindern hat sie im Grunde nichts mehr zu tun. Die Annäherungsversuche der Großmutter gegenüber ihrem Enkelkind stoßen auf unterschiedliche Toleranzgrenzen. Manchmal werden sie schlichtweg abgelehnt: Von den Süßigkeiten, die sie ihrem Enkel schenkt, kriegt er schlechte Zähne, sie verwöhnt das Baby oder versucht es mit der Sauberkeitserziehung, wo doch die Mutter beschlossen hat, daß das Kind seine Ausscheidungen selber kontrollieren können soll, wenn es so weit ist, sie vernachlässigt die wichtige Aufgabe, dem Zweijährigen das Lesen beizubringen oder hat andere altmodische Vorstellungen von Kindererziehung.

Besonders, wenn es sich um die Mutter des Mannes und nicht um die Mutter der Frau handelt, kann es zu ernsten Konflikten kommen. Ein daraus entstehendes Dreiecksproblem zwischen dem Mann, der Frau und seiner Mutter führt nicht nur in der Beziehung zwischen der Mutter und dem Kind zu Schwierigkeiten, sondern belastet auch die Ehe. Deshalb hält sich die Mutter des Mannes oft wirklich zurück, denn allgemein gilt dies als der Bereich der Mutter der Frau. Außerdem ist sie vielleicht auch schon durch die Karikaturen von Schwiegermüttern gewarnt und fühlt sich von den zahlreichen Witzen abgestoßen, die auf ihre Kosten gehen. Deshalb kommt es sehr viel häufiger zwischen Mutter und Tochter zu einer offenen Auseinandersetzung über Kindererziehung.

Über dieses Thema machen sich Paare, die ihr erstes Baby erwarten, viele Gedanken. Ich habe festgestellt, daß in den Vorbereitungskursen für Geburt und Elternschaft häufig die Frage auftaucht: »Wie gehen wir am besten mit deiner Mutter um?« Der Mann überlegt sich, wie er seine Frau am besten vor deren Mutter abschirmen kann, und sie befürchtet, daß ihre Mutter ihrem Mann auf die Nerven gehen könnte:

»Ihre Mutter ist eine sehr dominierende Frau.« »Wir müssen das Auto eine Straße weiter parken, damit meine Mutter es nicht sieht, denn nach ihrer Meinung sollte ich nicht Auto fahren, solange ich schwanger bin.« »Meine Mutter macht sich die ganze Zeit schon Gedanken darüber, wie es mir geht und ist sehr besorgt; ich könnte ihre Anwesenheit nicht ertragen, wenn das Baby da ist.« »Ich weiß, daß Martin sich nicht mehr zu Hause fühlen würde, wenn sie zu uns kommt, ich merke aber, daß sie sich ausgeschlossen fühlt.« »Meine Mutter hat schon soviele Bemerkungen darüber fallen lassen, wann wir nun endlich eine Familie gründen, daß ich schon gar nicht mehr das Gefühl habe, daß es um unser Baby geht, und ich weiß, daß sie alles an sich reißen wird, wenn sie zu uns kommt.« »Roger würde sich am liebsten aus der ganzen Sache 'raushalten und mich meiner Mutter überlassen, doch ich bin erwachsen und brauche ihn und nicht sie. Wie bringe ich ihn dazu, daß er das einsieht?« »Ruths Mutter ist eine sehr unternehmungslustige Frau, und es macht ihr Spaß, Dinge zu organisieren. Ich muß dann zurückstecken.«

Ein interessantes Phänomen ist, daß die Zahl der Hilferufe an Kursleiterinnen oder Beraterinnen sofort zunimmt, wenn die Großmutter zu Besuch da war oder die Mutter einige Tage bei ihr geblieben ist. Bei meiner Beratung für die Zeit nach der Geburt habe ich selbst die Erfahrung gemacht, daß mich immer nach Familientreffen äußerst dringende Anrufe erreichen, bei denen es sich um Hilferufe in Stillfragen oder um quälende Zweifel wegen des Wohlergehens des Babys und der eigenen Fähigkeiten als Mutter handelt. Die Spitzenzeiten, zu denen Mütter ihr Selbstvertrauen verlieren und jemanden brauchen, mit dem sie reden können, sind Ostern und Weihnachten.

Wir wissen nicht so recht, was wir mit unseren Ex-Müttern anfangen sollen. Sie stellen eher eine soziale Verpflichtung dar, als daß sie Vorteile bringen. Sie selbst wissen auch, daß sie nicht erwünscht sind, und die Frauen, die niemals Gelegenheit zu einer Ausbildung hatten, die ihnen bei einer späteren Berufskarriere nützlich sein könnte und die nicht leicht eine Beschäftigung finden und auch einfach nicht die Initiative und das Selbstvertrauen haben, um sich anderen Interessen zuzuwenden, haben nach der Beendigung ihrer Aufgaben als Mutter noch etwa 30 Jahre vor sich, die leer und sinnlos für sie sind. Im Jahre 1850 betrug das Durchschnittsalter einer Frau 47 Jahre, wenn ihr jüngstes Kind elf Jahre alt war. Bis zum Jahre 1950 betrug es nur noch 37 Jahre.[1] Mace beschreibt die Krise, wenn es heißt, sich mit der Realität des »leeren Nests« abzufinden.[2] Andere Eheberater geben den Männern und den Frauen den Rat, daß sie sich gegenseitig dabei helfen sollten, »im anderen das Bedürfnis nach Trauer zu erkennen, ihn dabei zu unterstützen und diese Gefühle miteinander zu teilen«.[3]

Psychische Krankheiten treten bei Frauen über 40 sehr viel häufiger auf als in jüngeren Jahren, und es kann zu einer Art schleichender Depression kommen, die kurz nach dem Klimakterium auftritt und auf die Trauer um die verlorene Jugend und um die wichtige Rolle zurückzuführen ist, die die Frau früher in der Familie innehatte. Aus diesem Grund erhalten Tausende von Frauen in diesem Alter ständig Beruhigungsmittel. In dieser Altersgruppe stellt auch der heimliche Alkoholismus ein großes Problem dar. Frauen halten Sherry- und Whiskyflaschen unter dem Spülbecken versteckt und suchen bei ihnen in den langen einsamen Stunden, in denen sie von niemandem mehr gebraucht werden, Zuflucht. In den Vereinigten Staaten und inzwischen auch in anderen westlichen Industrieländern erwarten Frauen von einer Ergänzungsbehandlung mit Hormonen einen neuen Lebensbeginn. Angeblich soll diese Therapie die nachlassende körperliche Anziehungskraft zurückgeben und damit die Möglichkeit einer neuen Liebe eröffnen. Durch das Wundermittel selbst kann gewiß nicht bewirkt werden, daß sie eine befriedigende Beschäftigung außerhalb ihrer vier Wände finden. Die Ursache für ihre Depressionen ist nicht so sehr in ihren endokrinen Drüsen begründet als vielmehr in ihrer Stellung in der Gesellschaft als Mutter, die nicht mehr gebraucht wird.

In einer Untersuchung über den Lebenszyklus amerikanischer Frauen als Ehepartner, Hausfrauen und Mütter bat Hele-

[1] Michael Young, Peter Willmott: The Symmetrical Family. Penguin, 1975.
[2] R. David Mace: Success in Marriage. Hulton, 1958.
[3] Howard J. Clinebell, Charlotte H. Clinebell: Ehe intim. Wie gemeinsames Leben besser gelingt. München 1974.

na Lopata[4] Hausfrauen, eine Rangordnung der wichtigsten Rollen einer Frau in der Familie der Reihenfolge ihrer Bedeutung nach aufzustellen. 45 Prozent hielten die Rolle der Ehefrau und Mutter für wichtig, doch nur 3 Prozent maßen ihrer Rolle als Großmutter Bedeutung bei. In der amerikanischen Gesellschaft sehen Frauen keine wirklich sinnvolle Funktion in der Rolle der Großmutter. Ihre Reaktion auf die kleiner werdende Familie, wenn die Kinder das Elternhaus verlassen, besteht darin, daß sie versuchen, sich Kenntnisse in anderen Lebensbereichen außerhalb ihrer häuslichen Umgebung anzueignen.

In vorindustriellen Gesellschaften dagegen ist die Rolle der Großmutter oft von großer Bedeutung. Oft gelangt eine Frau erst zu ihrer vollen Würde und Autorität, wenn sie Großmutter ist. Dann kann sie als eine der Ältesten das Wort ergreifen, bei den kulturellen Traditionen ihres Volkes eine Rolle spielen, und für ihre Töchter und Schwiegertöchter ist sie die Verkörperung eines Wertsystems. Es stellt einen Höhepunkt im Leben einer Frau dar, wenn sie Großmutter oder Matriarchin wird. Traditionsgemäß besteht die wichtigste Verpflichtung des Sohnes darin, dafür zu sorgen, daß seine Eltern ein glückliches und angenehmes Alter haben. Alte Leute werden mit einer Art Ehrerbietung behandelt.

Derselbe Respekt vor dem Alter herrscht auch überall in Afrika vor. Bei den Kgatla in Betschuanaland beginnen die jungen Paare ihr Eheleben immer entweder im Haushalt der Eltern des Mannes oder der Frau. Sie müssen sich der Autorität des Familienoberhauptes beugen. Wenn sie im Haus der Eltern der Frau wohnen, kommt der Mann nur verstohlen bei Nacht auf Besuch. Wenn sie bei den Eltern des Mannes wohnen, muß die Frau sich unterordnen und sich wie eine Dienerin des Hauses verhalten. Die Mutter der Frau sorgt bei der Geburt für ihre Tochter und pflegt sie bei Krankheit. Sie steht ihr ständig mit Rat zur Seite. Die Großmutter »prüft und unterrichtet«[5] die Frauen ihrer Söhne, wenn sie bei ihr leben: »Ihr Interesse am Wohlergehen ihrer Kinder bleibt bestehen, solange sie lebt, denn noch als alte Frau dient sie ihnen weiterhin, so gut sie kann«.

Der verheiratete Sohn ist verpflichtet, seinen Eltern beim Pflügen zu helfen, ihnen hin und wieder Geschenke zu machen

4 Helena Z. Lopata: Occupation: Housewife. O. U. P., New York 1971.
5 Isaac Schapera: Married Life in an African Tribe. Penguin, 1971.

und ihnen in jeder Hinsicht zu helfen. Die verheiratete Tochter unterstützt ihre Eltern vor allen Dingen mit Lebensmitteln und Kleidungsgeschenken und hilft im Haushalt. Es wird sehr viel Wert darauf gelegt, den Eltern Ehre zu erweisen und ihnen zu gehorchen. Die jungen Leute fragen sie um Rat, bevor sie irgendetwas Neues beginnen oder eine wichtige Entscheidung treffen. Bei den Kgatla ist die Großmutter also eine würdevolle Person, die Verantwortung trägt und ständigen Anteil an der Weiterentwicklung und am Wohlergehen ihrer Kinder und Enkelkinder hat. Für sie bedeutet die Fruchtbarkeit ihrer Kinder Arbeit und einen angestammten Platz in der Gesellschaft, in der sie von allen anerkannt ist.

Zwischen den Müttern und Töchtern und zwischen den Töchtern und deren Großmüttern besteht bei den Ndembu in Sambia, einer matrilinearen Gesellschaft, eine enge gefühlsmäßige Bindung. Es handelt sich hierbei um Verwandtschaftsbeziehungen direkter uteriner Abstammung. Diese Bindung entwickelt sich in frühester Kindheit, denn die Kinder wachsen im Alter zwischen drei und vier Jahren bis zur Pubertät im Haushalt der Großmutter mütterlicherseits auf.[6] Das hat deutliche Auswirkungen auf die Religion der Ndembu. Am häufigsten werden die Frauen von den Geistern der Mütter und Großmütter heimgesucht, die ihnen zunächst Schwierigkeiten bereiten und ihnen später helfen. Die Geister der Mutter und der Großmutter des Ehemannes treten fast nie in Erscheinung. Bei Unfruchtbarkeit üben die tote Mutter und Großmutter mütterlicherseits den größten Einfluß aus, auch wenn sie zu ihren Lebzeiten keinerlei Bedrohung dargestellt hatten. Sie bewachen den Eingang der Gebärmutter. Wenn ihre Macht allgemein anerkannt worden ist und sie entsprechend besänftigt worden sind, üben sie ihren guten Einfluß aus, und die Frau kann empfangen.

In der Zeremonie des Nkang'a, dem Pubertätsritus der Mädchen, wird das Mädchen von seiner Mutter getrennt, um Enkelkinder heimzubringen. Am Ende des Rituals wird das Mädchen zur Hütte der Großmutter geführt, bevor sie sich mit ihrem Bräutigam schlafen legt. Der Grund der Trennung von der mütterlichen Verwandtschaft besteht darin, daß das Mädchen hinausgeht und Kinder bekommt, die sie dann wieder der

[6] V. W. Turner: The Drums of Affliction, a study of religious processes among the Ndembu of Zambia. O. U. P., New York 1968.

Verwandtschaft zuführt, die von der Großmutter repräsentiert wird.

Auch in nordamerikanischen vorindustriellen Gesellschaften genießt die Großmutter hohe Würde und Autorität. Bei den Hopi-Indianern ist die Großmutter mütterlicherseits das Oberhaupt der Familie, die normalerweise aus einer Frau, deren Töchtern und Ehemännern sowie deren unverheirateten Söhnen und verheirateten und unverheirateten Töchtern besteht. Der Mann bezeichnet normalerweise den Haushalt seiner Mutter und nicht den seiner Frau als sein Zuhause. An Festtagen sucht er immer das Haus seiner Mutter und nach deren Tod das seiner Schwestern auf, seine Frau dagegen feiert das Fest weiterhin im Hause ihrer Mutter. Auf ähnliche Weise leben die Navajo in sogenannten »matrilokalen Großfamilien«.[7] Wenn ein Paar heiratet, zieht es entweder zur Mutter des Mannes oder zur Mutter der Frau, doch fast immer ist die Anziehungskraft der Mutter der Frau größer. Die Großeltern entscheiden darüber, wann die Schafe gedippt oder geschoren werden und haben bei allen Fragen, die die Landwirtschaft betreffen, das letzte Wort. Dabei zwingt die Großmutter bei den Navajos ihre Entscheidungen der Familie nicht auf, sondern sie »stellt den Knotenpunkt der Verständigung aller untereinander dar und organisiert die Zusammenarbeit«.[8] Dabei braucht sie sich nicht der Männer zu bedienen, sondern nimmt eine Vermittlerinnenrolle zwischen ihnen ein.

Es ist in vielen Gesellschaften, bei denen es sich nicht unbedingt um matrilineare Gesellschaften handeln muß, üblich, einem älteren weiblichen Familienmitglied sehr viel Autorität zukommen zu lassen. Der Lebenszyklus einer Frau erreicht seinen Höhepunkt, wenn sie als Großmutter den Status erreicht, der mit der führenden Rolle in der Familie verbunden ist.

In Atjeh, an der Nordspitze von Sumatra, gehören den Frauen die Häuser, und die Frauen bearbeiten das Land, selbst wenn es den Männern gehört. Sie bauen den Reis an, der nicht nur das Hauptnahrungsmittel darstellt, sondern auch ein wichtiger Bestandteil bei Opferritualen ist. Die Männer können also ohne

[7] Gary Witherspoon: A new look at Navajo social organisation. In: American Anthropologist. 70, 1970.
[8] Louise Lamphere: Women in domestic groups. In: Michelle Zimbalist Rosaldo, Louise Lamphere (Hrsg.): Woman, Culture and Society. Stanford University Press, 1974.

die Mithilfe der Frauen den Göttern keine Opfer darbringen. Die stärkste Bindung besteht in dieser Gemeinschaft zwischen der Mutter und ihren Kindern und Enkelkindern. Die Ehemänner werden wie Gäste behandelt, die oft länger bleiben, als ihre Anwesenheit erwünscht ist.[9] (Etwa 50 Prozent aller Ehen werden geschieden.)

In ehemaligen Sklavengesellschaften spielt die Großmutter eine wichtige Rolle, und ihre Position wird unter den Bedingungen der Armut in den Städten oft noch stärker. Bei den schwarzen Amerikanern der Unterschicht haben die Stärke und der Einfallsreichtum der Frauen große Bedeutung. Häufig sind in einem Haushalt drei Generationen vereint. Zu ihm gehören die Frau, eine oder mehrere ihrer Töchter und deren Kinder sowie außerdem die Männer, mit denen die Frauen zusammenleben. Wegen der großen Armut bleibt Frauen mit Kindern oft keine andere Wahl, als mit ihren Müttern zusammenzuleben und die zur Verfügung stehenden Mittel untereinander aufzuteilen. Auch Söhne, die keine Arbeit haben, leben oft weiterhin bei ihren Müttern.

Auch in der Karibik, wo die Großmütter ihre Enkel häufig von dem Zeitpunkt an aufziehen, wenn sie abgestillt sind, ist die Macht der Großmütter zu einer Institution geworden. In Jamaika kann eine Frau in ländlichen Gemeinschaften erst mit einer Heirat rechnen, wenn sich eine lange und fruchtbare Beziehung zu einem Mann entwickelt hat, der sie und ihre Kinder versorgt. Ältere Frauen sind darauf vorbereitet, eine zweite Familie zu versorgen, zu der die erstgeborenen Kinder ihrer Töchter und Kinder gehören, die außerhalb längerdauernder Beziehungen geboren wurden, wenn diese in mittleren Jahren sind. Normalerweise leben auch noch ihre eigenen Kinder bei ihr, und dann wachsen Geschwister, Tanten und Onkel zusammen auf. Zwar murren die Großmütter oft deswegen, es ist jedoch für eine Frau sehr erstrebenswert, gesunde Kinder um sich zu haben, wenn sie älter wird. Sie können Besorgungen für sie erledigen, Wasser und Feuerholz für sie holen, im Haushalt und im Garten helfen und die Waren auf dem Markt verkaufen. Im Laufe der Zeit, wenn die Großmutter älter wird, übernehmen die Mädchen allmählich immer mehr Verantwortung im Haushalt, und im Alter erwartet die Großmutter von den Enkelinnen, daß sie sich jetzt um sie kümmern. Es gilt als etwas sehr

[9] James Siegel: The Rope of God. Berkeley, California 1969.

Schlimmes, wenn alte Frauen ohne die Hilfe junger Leute allein zurückgelassen werden. Bei meinen eigenen Feldforschungen in Jamaika traf ich bei meinen Interviews auf zwei Haushalte, wo von den stolzen Großmüttern behauptet wurde, daß die jungen Männer, die auswandern wollten, absichtlich vorher noch ihre Freundinnen schwängern würden, damit ihre Mütter ein Baby zu versorgen hätten, wenn sie fortgingen. In einigen Fällen ziehen also auch die Mütter der Väter und nicht nur die Mütter der Frauen die Enkelkinder groß.

Auf der anderen Seite wird es in Jamaika mit schweren Sanktionen belegt, wenn eine Frau ein Kind bekommt, ohne daß der Vater die Verantwortung dafür trägt (eine Einstellung, die mit Illegitimität wenig zu tun hat). Wenn eine junge Frau schwanger wird, regt die Mutter sich nicht auf, wenn ein Mann da ist, der sich zur Vaterschaft bekennt; wenn es jedoch niemanden gibt, der die finanziellen Verpflichtungen übernimmt, kann es der Frau schlecht ergehen, und sie wird hinausgeworfen. Dann legen die Verwandten mütterlicherseits bei der Mutter Fürsprache für sie ein, damit sie ihre Tochter wieder aufnimmt, was sie normalerweise auch tut, wenn eine angemessene Zeit vergangen ist. Das Kind kommt dann im Haus der Großmutter zur Welt, und die junge Frau versorgt es mit Hilfe ihrer Mutter neun Monate oder auch ein Jahr lang. Dann sucht sie sich Arbeit in der Stadt und läßt das Baby bei ihrer Mutter. Dieser Ablauf ähnelt sehr stark den Gebräuchen bei den Ndembu in Sambia: das Mädchen verläßt das Haus der Mutter, um Kinder zu bekommen, die sie dann zu ihrer Mutter zurückbringt. Die Bestrafung und das Hinauswerfen stellen einen Übergangsritus dar und sind ein Zeichen dafür, daß das Mädchen jetzt Mutter wird. Es ist eine Zeremonie, bei der es für das Recht auf Sexualität und Mutterschaft »ihren Preis zahlt«. Dieser Vorgang ist ein Punkt in dem Zyklus, durch den der Haushalt der Großmutter durch neue Kinder erweitert wird, so daß sich ihre Abstammungslinie fortsetzt.

Raymond Smith[10] stellt fest, daß Männer in bestimmten Gebieten Guayanas wenig Mitspracherecht haben, und das nicht nur im Haushalt, sondern auch in anderen Bereichen des wirtschaftlichen und politischen Lebens; der Status der Frauen als Mütter ist dagegen klar definiert. Als Haushaltsvorsteherin übt

[10] Raymond T. Smith: The Negro Family in British Guiana: family structure and social status in the villages. Routledge, 1956.

die Großmutter nicht nur über ihre eigenen Kinder Entscheidungsgewalt aus, sondern auch über Kinder, die nicht zu ihren Nachkommen gehören. Smith berichtet, daß das Kind der Tochter, wenn sie bei ihrer Mutter lebt, oft seine Großmutter mit »Mama« bezeichnet und seine eigene Mutter mit dem Vornamen anredet, so als wäre sie die Schwester. Das ist besonders dann der Fall, wenn die Großmutter selbst noch kleine Kinder hat. Das ist notwendig, weil es sonst große Verwirrung geben würde, weil »die ältere Frau schwerlich die einen Kinder disziplinieren könnte, während sie die anderen als nachgiebige Großmutter verwöhnt, wenn alle demselben Haushalt angehören.«

Das führt uns zu einer wichtigen Frage über Großmütter allgemein. Gewöhnlich wird ihnen keine disziplinierende Funktion zugeschrieben, sondern sie gelten als diejenigen, die die Kinder verwöhnen. Anthropologen bezeichnen das als die »Äquivalenz der Generationen«, das bedeutet, daß abwechselnd aufeinanderfolgende Generationen strukturell gleichwertig sind und einander mit mehr Gelassenheit behandeln können, als direkt aufeinanderfolgende Generationen. Auch in Guayana gibt es dieses ganz normale Verhältnis zwischen Großeltern und Enkelkindern, das in »liebevoller Nachgiebigkeit und einer Art Gleichstellung« besteht.[11] Eine Großmutter identifiziert sich sehr häufig mit ihren Enkelkindern und ist auf Seiten der Kinder, wenn es zwischen ihnen und der Mutter Streit gibt. Wenn einem jungen Mädchen von der Mutter verboten worden ist, zum Tanz zu gehen, legt die Großmutter vielleicht ein gutes Wort für sie ein.

Großeltern und Enkelkinder können auf eine Weise miteinander fröhlich sein, wie das zwischen Eltern und Kindern oft undenkbar ist. Enkelkinder können ihre Großeltern necken und herausfordern, sogar ungehorsam sein, ohne daß sie mit Bestrafung zu rechnen haben. Das ist wohl der Grund, weshalb viele Großmütter sagen, sie können ihre Enkelkinder viel mehr »genießen«, als das je bei ihren eigenen Kindern möglich war. Die Großmutter braucht sich in ihrer Funktion als Mutter nicht mehr zu rechtfertigen und muß nicht mehr beweisen, daß sie fähig ist, mit ihrem Baby umzugehen. Probleme und Krisen im Familienleben kann sie vom Blickpunkt der Erfahrung aus be-

[11] Raymond T. Smith: The Negro Family in British Guiana: family structure and social status in the villages. Routledge, 1956.

trachten, so daß sie sich mit Gelassenheit dem Kind widmen und ihre Freude an ihm haben kann. Die Großmutter kann ihren Enkelkindern gegenüber sehr nachgiebig sein, sich aber gleichzeitig gegenüber ihren Töchtern autoritär verhalten und sie sogar tyrannisieren. In Taiwan kommt es bei Frauen, die mit ihren Schwiegermüttern zusammenleben, häufig zu Selbstmorden. Dort glaubt man, daß der Geist des Selbstmordes sehr mächtig ist und den Tod eines Menschen an der Person rächen wird, die schuld daran ist. Bei den meisten Frauen und ihren Schwiegermüttern beruhigt sich jedoch die Lage mit der Zeit und »sie belassen es bei einem gelegentlichen Gezänk«[12], denn sehr bald wird der jüngeren Frau klar, daß sie auch Vorteile davon hat, daß die ältere Frau mit im Haushalt lebt. Sie kann sich freimachen und ihre eigenen Eltern besuchen, und außerdem ist ihr die Schwiegermutter eine große Hilfe bei der Versorgung der Kinder. Es scheint tatsächlich so, als würde mit der Zeit zwischen ihnen ein geschwisterliches Verhältnis entstehen. Wie zwei Schwestern, die zusammenwohnen, streiten sie sich hin und wieder, scheinen aber ihren Spaß daran zu haben, und in diesem Fall versuchen beide, die Aufmerksamkeit des Mannes auf sich zu ziehen, der der Sohn der einen und der Ehemann der anderen ist. Ein Thema kann allerdings zur Dauerbelastung werden, und das ist die Auseinandersetzung zwischen den beiden Frauen über die Kindererziehung. Sehr oft üben die Großmütter Kritik an ihren Schwiegertöchtern, weil sie ihrer Meinung nach die Kinder zu hart bestrafen, auch wenn sie ihre eigenen Kinder vielleicht auf die gleiche Weise behandelt haben.

Auf Taiwan spielt die Großmutter auch bei der Eheanbahnung eine Rolle. Sie macht Pläne, wen die Kinder heiraten sollen, wenn sie erwachsen sind. Von den Schwiegertöchtern wird das toleriert, weil sie wissen, daß die Großmütter wahrscheinlich nicht mehr da sein werden, wenn solche Entscheidungen anstehen. Die Großmutter ist bei der Verfolgung ihrer Ziele häufig in der Nachbarschaft unterwegs und macht viele Besuche. Sie fungiert als bezahlte Vermittlerin zwischen einzelnen Familien. Manchmal vermittelt sie auch Adoptionen und schlichtet Familienstreitigkeiten. Außerdem handelt sie bei den verschiedensten Feindseligkeiten Kom-

---

[12] Margery Wolf: Women and the Family in Rural Taiwan. Stanford University Press, 1972.

promisse aus, bei denen alle Beteiligten »ihr Gesicht wahren« können.[13]

Alle großen Familienfeiern erfordern von den Frauen sehr viel Energieeinsatz und Arbeitskraft, und die Hilfe der Großmütter erweist sich zu solchen Gelegenheiten, wie Geburtstagen, Hochzeiten, Beerdigungen und religiösen Festen, als äußerst nützlich. Margery Wolf[14] schreibt, daß das Ausrichten solcher Feste sehr viel weniger Schwierigkeiten bereitet, wenn die junge Frau dabei auf die Erfahrungen der älteren Frau und deren Erinnerungen daran, wie die Dinge beim letzten Mal gehandhabt worden sind, zurückgreifen kann: »Für viele Frauen um die Sechzig ist diese immer noch bestehende Verantwortung, die Anerkennung, die sie dadurch wegen ihrer immer noch vorhandenen Kompetenz von Sohn und Schwiegertochter erntet, ein Anlaß zu großer Befriedigung.«

Einige Großmütter werden von den übrigen Dorfbewohnern bei Familienangelegenheiten, Eheproblemen und Fragen bei der Kindererziehung aufgesucht und werden so als die weisen Frauen der Gemeinschaft bekannt. Häufig betreiben sie auch etwas Handel, indem sie ihre eigenen Hühner und Enten an die Nachbarn oder auf dem Markt verkaufen oder mit recht hohen Zinsen Geld verleihen. Margery Wolf[15] bemerkt dazu, daß die hue-a, eine Gesellschaft für kurzfristige Kredite, in vielen Gemeinschaften völlig von alten Frauen beherrscht wird. Oft müssen sich die Familien von dieser Gesellschaft Geld leihen, damit sie genügend Mittel für eine Hochzeit oder eine Beerdigung haben. Eine weitere Lieblingsbeschäftigung der Großmütter, besonders der Frauen, die früher Prostituierte gewesen sind, ist das Glücksspiel mit Mah-Jong oder Karten. Für jede Familie ist es ein großes Problem, die Großmutter davon abzuhalten, daß sie die gesamten Ersparnisse der Familie verspielt.

Im Alter haben die Frauen auch mehr Zeit für religiöse Interessen. Es kann sein, daß sie sich zu einer Rundreise in die religiösen Zentren aufmachen, wobei sie Besichtigungstouren mit der Götterverehrung kombinieren. Gelegentlich werden Tempel restauriert, und diese Projekte werden dann von Groß-

[13] Margery Wolf: Woman and the Family in Rural Taiwan. Stanford Universitiy Press, 1972.

[14] Margery Wolf: Woman and the Family in Rural Taiwan. Stanford University Press, 1972.

[15] Margery Wolf: Woman and the Family in Rural Taiwan. Stanford University Press, 1972.

müttern geleitet, die das Geld aufbringen und schließlich die Einweihungsfeierlichkeiten organisieren. Bei religiösen Festen werden Freilichtopern und Puppenspiele aufgeführt, und »so wie viele amerikanische Frauen süchtig nach Rührstücken und Filmschnulzen sind«, stellt Margery Wolf fest, sitzen ältere Frauen, die der Last der täglichen Hausarbeit entfliehen können, stundenlang da und schauen sich sowohl die Nachmittags- wie auch die Abendvorstellungen der Volksoper an. Diese endlosen Opern und Puppenspiele gehören zu den erfolgreichsten Sendungen im Fernsehen Taiwans. Wenn eine solche Sendung auf dem Programm stand, war an Interviews gar nicht zu denken. In dem japanischen Dorf, das John Embree[16] in den vierziger Jahren beschrieben hat, waren kinderlose Paare zwar keine Seltenheit, doch in der traditionellen japanischen Familie spielen Fruchtbarkeit und männliche Nachkommen eine sehr große Rolle. Wenn ein Paar keine männlichen Erben hat, die den Familiennamen weitergeben und sich der Ahnentafeln annehmen können, und wenn es außerdem niemanden gibt, der das Paar im Alter versorgen könnte, dann adoptiert es einen Jungen – häufig den Sohn eines Bruders – und zieht ihn wie das eigene Kind groß. Auf diese Weise wird praktisch jeder alte Mensch Großmutter oder Großvater.

In Japan wird beim Übertritt in die höchste Altersgruppe mit einundsechzig Jahren ein Fest gefeiert. Von diesem Zeitpunkt an muß eine Großmutter mit sehr viel Rücksicht behandelt werden. Alles, was sie verlangt, muß sie auch bekommen, ihre Meinungen müssen respektvoll angehört werden und niemand sollte sie kritisieren. Der Gleichwertigkeit der Generationen wird starker symbolischer Ausdruck verliehen: Ein älterer Mensch kann wieder Rot, die Farbe der Kindheit, tragen. Zum Zeichen, daß eine alte Frau nun den vollen gesellschaftlichen Status der alternden Großmutter erreicht hat, kann sie jetzt ein karmesinrotes Unterkleid anziehen. Das Alter stellt also keine Behinderung dar, die man zu ignorieren versucht, sondern bedeutet einen Triumph: Ein Mensch hat schließlich am Ende einer mit Kindergroßziehen ausgefüllten Zeit ein Ziel erreicht.

In unserer Gesellschaft gilt es, eine positivere Rolle für Großmütter zu finden und Frauen, die ihre Kinder großgezogen haben, in ihrer Würde und Möglichkeit zur kreativen Tätigkeit zu entdecken. Durch alles das, was sie bei dieser Aufgabe gelernt haben, können sie einen wichtigen Beitrag in unserer Gesellschaft leisten.

---

[16] John F. Embree: A Japanese Village. Paul Kegan, 1946.

Im Kapitel ›Schwanger werden oder nicht‹ und im Kapitel ›Geburt – ein gesellschaftlicher Vorgang‹ haben wir uns bereits ein wenig mit den Schattenseiten des Mutterseins beschäftigt und die Einstellung der Frauen zu sich selbst als Mütter untersucht. Auch Männer bringen Frauen in ihrer Rolle als Mutter widersprüchliche Gefühle entgegen.

In den meisten Gesellschaften ist die Frau ein Paradoxon. Sie ist gefährlich, rätselhaft und verderblich, wird aber als Mutter gleichzeitig hoch verehrt. Außerhalb ihrer Mutterrolle, als erotisches Objekt, verkörpert sie die dunklen Mächte; mit ihrer animalischen Natur lenkt sie die Männer vom Geistig-Religiösen ab, und ihr verderblicher, befleckender Einfluß birgt die Gefahr in sich, daß die Männer ihrer vitalen Kräfte beraubt werden. Die äußerst negative Einstellung des Apostels Paulus gegenüber Frauen als den Versucherinnen der Männer unterscheidet sich nicht wesentlich von dem Leitmotiv zahlreicher östlicher Philosophien und persischer und griechischer religiöser Schriften. Diese Vorstellungen sind nicht durch das Christentum eingeführt worden, sondern aus einer alten Tradition heraus entstanden, in der die Welt in zwei Gegensätze eingeteilt war, in Schwarz und Weiß, Gut und Böse, das Fleischliche und das Geistige, das Weltliche und das Heilige. Frauen umgarnten die Männer und verführten sie dazu, die hohen Ziele zu vernachlässigen, nach denen sie strebten. Dieses Thema wird in der griechischen Mythologie immer wieder aufgenommen, ebenso wie der Mythos von der »vagina dentata«, von der der Held in der Mythologie vieler primitiver Völker eingefangen wird und verstümmelt zu werden droht.

Die frühchristliche Kirche entwickelte dieses Thema unverzagt weiter. Der hl. Hieronymus warnte davor, daß die Frauen das Tor zum Teufel seien. Thomas von Aquin bezeichnete sie als »unvollständige, mißgestaltete Männer«, Johannes von Damaskus prangerte sie als »Sendboten der Hölle«, »widerwärtige Eselinnen« und »scheußliche Bandwürmer« an, und Papst Gregor der Große ließ sich zu der Feststellung hinreißen, daß sie nur zu zwei Dingen nutze seien, zur Prostitution und zur Mutterschaft.

Als Mütter sind Frauen andererseits der Quell der Schöpferkraft und Liebe, die Verkörperung der Barmherzigkeit und Opferbereitschaft. In diesem Kapitel möchte ich auf die Vorstellungen eingehen, die Männer von Frauen als Müttern und von Frauen ohne Kinder haben, und den Widerspruch zwischen diesen beiden Vorstellungen untersuchen. Vielleicht lassen sich einige Hinweise dafür finden, weshalb Empfängnisverhütung in einigen Kulturen so wenig Anklang findet oder falsch angewendet wird, in Kulturen nämlich, wo Kinder nicht nur deshalb zur Welt gebracht werden, damit sie ihre Eltern im Alter versorgen oder um Stammhalter zu sein, sondern auch deshalb, weil eine Frau ohne Kinder nichts gilt.

Frauen sind in ihrer Eigenschaft als Mütter schon so lange Zeit in so vielen verschiedenen Kulturen aufs Podest gehoben worden, daß eine tiefe Kluft zwischen den Männern und ihren Vorstellungen von der idealen Mutter und den in der Wirklichkeit lebenden Frauen entstanden ist, die sich bemühen, dieser unerfüllbaren Idealvorstellung zu genügen. Vielleicht trägt das auch dazu bei, Klarheit über einige der Belastungen zu gewinnen, mit denen das Muttersein verbunden ist.

Mütter in Indien

In Indien gelten Frauen als untergeordnete, spirituell minderwertige, behinderte Wesen, die nur durch unbedingten, vorbehaltlosen Gehorsam gegenüber ihrem Ehemann erlöst werden können, gleichgültig, was für einen Charakter er hat oder wie er sie behandelt. Die Frau muß ihn verehren, auch wenn er ein schlechter Mensch ist. Nur über ihn als religiösen Mittler kann sie Opfer darbringen, fasten oder Gelübde ablegen. In ihr sind die ungezügelten Kräfte der irdischen Existenz personifiziert, die fleischlichen Leidenschaften, sie hängt an weltlichen Besitztümern und gibt sich mit den belanglosen Dingen dieser Welt ab. Wenn sie einen Mann umgarnt, beraubt sie ihn der Fähigkeit, zu asketischer Besinnung und spiritueller Stärke zu gelangen. In der indischen Mythologie gibt es viele Geschichten von Frauen, die Asketen und sogar Götter vom rechten Weg abbrachten und dafür sorgten, daß sie der ewigen Knechtschaft des sexuellen Verlangens niemals entrinnen konnten. Deshalb besteht die Rolle der Ehefrau darin, daß sie sich dem Willen ihres Gatten bedingungslos beugen und ihn wie einen Gott verehren muß. Zudem ist ihre Existenz allein schon durch die Tatsache, daß sie menstruiert und regelmäßig Flüssigkeit aus ihrem Körper ausscheidet, mit Verunreinigung verbunden. Jeden Monat muß sie vier Tage in der Isolation verbringen, so daß jeder im Haushalt immer wieder an ihre minderwertige Stellung und ihre fleischliche Abhängigkeit erinnert wird.

Als Mutter wird die Frau jedoch verehrt. Die Einstellung zur Mutterschaft ist emotionsbeladen und spielt in der gesamten indischen Kultur eine große Rolle. Die Macht und der große Einfluß der Mütter über ihre Kinder wird durch die Absonderung der Frauen noch verstärkt, insbesondere durch die Sitte des Purdah und durch das traditionelle Desinteresse der Väter an häuslichen Angelegenheiten. Richard Lannoy weist in seiner eindrucksvollen Untersuchung der indischen Gesellschaft[1] besonders auf die starke, gefühlsbetonte Beziehung zwischen Mutter und Sohn hin, die auf die Einrichtung des Systems der Gemeinschaftsfamilien in der späten Entstehungszeit der Veden zurückgeht und in der modernen Kleinfamilie der Mittelschicht immer noch vorhanden ist. In seiner Darstellung betont er die Zwiespältigkeit und Doppelbödigkeit ihrer Rolle als Mutter, zum einen als sexuelles Wesen, zum anderen als verehrungswürdige Mutter. Auf der einen Seite »lockt sie ihren Ehemann von seiner Arbeit und seinen spirituellen Pflichten fort« und stellt eine Bedrohung dar, indem sie durch ihre fatale sexuelle Anziehung und ihr unstillbares Verlangen den Mann dazu verleitet, seine Sehnsüchte zu befriedigen und seinen Samen zu vergeuden, so daß sie ihn sowohl psychisch wie auch physisch schwächt. Auf der anderen Seite dagegen wird sie idealisiert und »auf die Stufe einer Hausgöttin erhoben«.

In einer Untersuchung über die urbane Hindu-Familie[2] wurden die Familienmitglieder gebeten, die Stärke ihrer emotionalen Bindungen zu anderen Familienmitgliedern in eine Rangfolge einzuordnen. Von 157 Personen gaben 115 an, daß die Mutter-Sohn-Beziehung am intensivsten sei, es folgten die Bruder-Schwester-Beziehung bei 90 der Befragten, die Beziehung zwischen Brüdern bei 75, die Vater-Sohn-Beziehung bei 74, die Vater-Kind-Beziehung bei 24, die Mann-Frau-Beziehung bei 16

[1] Richard Lannoy: The Speaking Tree. O.U.P., New York 1971. In diesem Abschnitt beziehe ich mich im besonderen auf Lannoys Material.
[2] Aileen Ross: The Hindu Family in its Urban Setting. Toronto University Press, 1961.

und die Beziehung zwischen Schwestern bei 5 der Befragten. Es ist auffallend, daß die Beziehung zwischen Mann und Frau zwar nicht gerade an letzter Stelle auf der Rangliste erscheint, aber immerhin relativ weit hinten steht. Nur als Mutter nimmt die Frau im Haushalt eine gewisse Machtstellung ein.

Diesen Status erhält eine Frau in Indien besonders in Verbindung mit ihrem erstgeborenen Sohn. Erwachsene Männer können sich sehr beredt über ihre Mütter äußern und benutzen religiöse Symbole, um ihre Reinheit, Weisheit und Selbstaufopferung zu beschreiben. »Wenn Gott Liebe ist, dann kommt es mir so vor, als sollten wir uns ihn als Mutter vorstellen, und nicht als Vater . . . In meiner Jugend gab es eine Zeit, in der ich mich mit meiner Liebe zu Gott krank machte . . . Ich . . . sah konzentriert in das Gesicht meiner Mutter und glaubte, daß Gott, wenn es ihn gäbe, das höchste Abbild der selbstlosen Liebe meiner Mutter sein müsse.«[3]

Richard Lannoy[4] weist auf die Zwiespältigkeit hin, die im Haus herrscht: der asketische, bestrafende, autoritäre Paternalismus, dem eine verwöhnende, nachgiebige und tolerante Einstellung seitens der Mutter gegenübersteht. Das Kind wächst in einer Umgebung voller Inkonsequenz und Widersprüche auf, in der auf der einen Seite »gelassene Flexibilität bei der Kinderversorgung« zum Ausdruck kommt; auf der anderen Seite muß das alles jedoch sehr verwirrend sein, denn das Kind wird in früher Kindheit verhätschelt und verwöhnt, dann aber mit einer übertriebenen Prüderie, peinlichster Sauberkeit und elterlicher Ablehnung konfrontiert. Die »Nestwärme« des Systems der Gemeinschaftsfamilien gibt dem Kind nicht unbedingt große Sicherheit. Vom nostalgischen Standpunkt unseres eigenen Kleinfamiliensystems aus neigen wir vielleicht dazu, die Vorteile überzubewerten.

Die Kinder lernen durch unmittelbare Beobachtung und Beteiligung am erweiterten Haushalt. Sie erhalten nur wenige Anweisungen, die noch dazu oft widersprüchlich sind, denn die vielen Erwachsenen und das große Angebot an Ersatzmüttern bedeutet, daß jeder dem Kind wieder etwas anderes sagt. Das kleine Kind ist lediglich ein »passiver Beobachter des geschäfti-

[3] Krishnalal Shridharani: My India, My America. Duel, Sloan and Pearce, New York 1941, zitiert nach: Richard Lannoy: The Speaking Tree. O.U.P., New York 1971.

[4] Richard Lannoy: The Speaking Tree. O.U.P., New York 1971.

gen Lebens im Hof«[5] und lernt nie die Erfahrung kennen, für
irgend etwas persönlich die Verantwortung übernehmen zu
müssen.

Bei der Kindererziehung wird sehr viel Wert auf Wärme und
auf eine intensive Mutter-Kind-Beziehung gelegt. Wie das Kin-
dererziehungsideal bei den Hindus auch immer aussehen mag,
so ist es doch nur für die Hindus der oberen Kasten anwendbar,
bei denen es auch praktisch möglich ist, ein Kind zu verwöhnen
und zu umhegen. Jedes zehnte Kind stirbt im Säuglingsalter. In
Indien verbreitete Krankheiten wie Malaria, Ruhr und Pocken
schwächen die Gesundheit und führen häufig zum Tod. Das
bedeutet nicht nur, daß Kinder mehr oder weniger wie selbstverständlich hingenommen werden, sondern durch den Glauben an die Wiedergeburt bekommt diese hohe Todeszahl Bedeutung und erscheint auch gerechtfertigt. Deshalb ist kein
Kind einmalig. Jedes einzelne ist Bestandteil des großen Le-
bensstroms, der durch das Universum fließt.

Lannoy[6] stellt fest: »Die indische Familie ist stark von Ambi-
valenz gekennzeichnet. Darin spiegelt sich das menschliche Di-
lemma wider, das durch eine Umwelt mit extremen klimati-
schen Bedingungen hervorgerufen wird. Das bedeutet für die
Säuglinge große Leiden. Sie bekommen Hitzepickel und andere
Hautausschläge, sind während des Monsuns ständig hoher
Feuchtigkeit, Schlamm, Insekten, Fliegen, Nagetieren und
Staub und im Winter bitterer Kälte ausgesetzt. Nachts schreien
Schakale, oder in der auf engem Raum lebenden Familie gibt es
Streit, wodurch das Kind im Schlaf gestört wird. Am Tage zan-
ken und streiten sich die Erwachsenen, und unter den einge-
pferchten, eifersüchtigen Frauen entsteht eine gereizte Stimmung. Wenn die Jahreszeiten wechseln, kommen Stürme auf
oder es wehen sengende Wüstenwinde. Das Kind muß plötzlich
seinen Tagesablauf ändern, ohne darauf vorbereitet zu sein.
Jungen und Mädchen wachsen mit dem Gefühl auf, daß jede
Veränderung eine Qual ist, und bekommen den Eindruck, daß
sie durch keine ihrer Handlungen Einfluß auf ihre Lebensbedingungen ausüben oder die Verletzbarkeit des Einzelnen durch
die rohen Kräfte der Natur mildern können.«

Die Mutter ist die Vermittlerin zwischen dem Kind und sei-

[5] Leigh Minturn, John T. Hitchcock: The Rhajputs of Khalapur, India. Wiley,
New York 1966.
[6] Richard Lannoy: The Speaking Tree. O. U. P., New York 1971.

ner Umgebung, doch sie kann ihr Kind niemals vollkommen davor schützen. Wenn sie es hinlegt, ist es von Kopf bis Fuß in Windeln eingewickelt und liegt mit wenig oder völlig ohne Spielzeug da, kann sich mit nichts beschäftigen, sondern hat nur die Möglichkeit, den eigenen Körper zu betrachten und über ihn und seine inneren Vorgänge zu meditieren. Sie neigt dazu, das Baby unpersönlich und mit einer formellen Zurückhaltung zu behandeln. Sie geht dabei so akkurat und ökonomisch vor, daß jede unnötige Zärtlichkeit oder andere Gefühlsregungen ausgeschlossen zu sein scheinen. Beim Waschen behandelt die Mutter ihr Baby ziemlich unsanft. Vorstellungen von Verunreinigung führen dazu, daß das Baby beim Baden ziemlich rauh behandelt wird und die Haut, die vom Ausschlag sowieso schon wund und empfindlich ist, recht stark gerubbelt wird.

Wenn ein Baby geboren wird, werden Mutter und Kind in einem Raum im Inneren des Gebäudes isoliert und verbringen dort einige Tage in ritueller Unreinheit. Während dieser Zeit wird das Horoskop des Babys angefertigt. Das Haus wird gereinigt, doch erst nach weiteren 34 Tagen nimmt die Frau ihre Arbeit im Haushalt und andere Aufgaben wieder auf. Das Baby wird nach Bedarf gestillt. Man läßt kleine Kinder nicht schreien, weil angenommen wird, daß sie davon schwach werden. Die Kinder werden zwei Jahre oder länger gestillt und ganz allmählich abgestillt. Das Baby hat Hautkontakt zu seiner Mutter oder einer anderen Bezugsperson, auf deren Rücken es mit gespreizten Beinen getragen wird, bis es selbst laufen kann. In einigen ländlichen Gegenden wird das Kind auf diese Weise unter dem Sari der Mutter getragen. Kleine Kinder werden nie allein gelassen. Auch bei der Arbeit trägt die Mutter entweder ihr Baby mit sich herum oder legt es ganz in ihrer Nähe hin. In der Idealvorstellung der Hindus wird die symbiotische Abhängigkeit zwischen Mutter und Baby unterstützt. In der Praxis sieht das jedoch so aus, daß die liebevolle Fürsorge, die dem Baby eigentlich zugedacht ist, durch extreme Armut, die rückständige technologische Entwicklung, die Unterernährung oder sogar den Hungerzustand der Mutter sehr eingeschränkt ist. In Armut lebende Mütter müssen feststellen, daß ihre Milch versiegt, wenn sie selbst hungrig oder unterernährt sind, oder sie müssen so hart arbeiten, Brennmaterial herbeischaffen, kochen, saubermachen oder auf dem Feld arbeiten, daß das Baby eine Zeitlang warten muß, bis es versorgt wird.

Bei der Sauberkeitserziehung herrscht große Gelassenheit.

Das steht in einem krassen Gegensatz zu den Tabus, die mit Verunreinigung verbunden sind, und der »Waschbesessenheit«, die viele erwachsene Hindus an den Tag legen. Der Grund hierfür mag darin liegen, daß das Kind in diesem Stadium als ein Teil des Körpers der Mutter betrachtet wird, jedoch noch keine spirituellen oder rituellen Pflichten hat. Da die Mutter ihr Baby meistens am Körper trägt, kann sie schon sehr früh den richtigen Zeitpunkt erkennen, in dem sie das Baby nimmt und von sich abhält, so daß es seinen Darm entleeren kann. Dann wischt sie auf und wäscht das Baby. Im Alter von etwa zwei Jahren lernt das Kind, auf den Hof zu gehen und sich hinzuhocken, und es beginnt dann die strengen Regeln bezüglich der fäkalen Verunreinigung zu lernen. Mit fünf geht es mit einem Topf voll Wasser in die Felder oder benutzt – in einem Haushalt der Mittelschicht – die Toilette. Wenn das Kind ungefähr zwei Jahre alt ist, beginnt die Mutter ihm beizubringen, daß seine rechte Hand »sauber« ist, und daß es sich nur mit der linken Hand abwischen darf, die »schmutzig« ist. In dieser Zeit wird es auch mit der dauernden und allgemeinen Verunreinigung durch die niederen Kasten vertraut gemacht, so daß die Wertvorstellungen über persönliche Hygiene und zeitweilige, individuelle Verschmutzung unmittelbar mit dem Status innerhalb des Gesellschaftssystems und mit dem Wertsystem im weiteren Sinne in Zusammenhang gebracht werden.

In Indien darf ein Baby sehr lange klein sein. Die ersten vier oder fünf Jahre schläft es bei seiner Mutter. Für das Kleinkind wird alles Erdenkliche getan; es wird gefüttert, gebadet und angezogen. Niemand versucht, ihm das Laufen oder das Sprechen beizubringen, es fängt damit an, wenn es soweit ist. Die Mutter unternimmt wenig bewußte Versuche, um das Verhalten ihres Kindes zu formen. Auf freundliche Art betont sie nur immer wieder beständig den Unterschied zwischen sauber und unsauber, zwischen geheiligt und verunreinigt. Gutes Verhalten wird selten belohnt, doch hin und wieder gibt es einen Klaps oder Schelte, wenn die Kinder sich so benehmen, wie es dem Brauch nach als schlecht oder verunreinigend gilt.

Es sind immer ältere Kinder und Erwachsene in der Nähe, auf deren Hilfe sich das kleine Kind verlassen kann. Deshalb besteht keine Notwendigkeit zur Selbständigkeit, und da die gesamte Großfamilie zusammen lebt und zusammen arbeitet, ist es auch nicht notwendig, sich mit anderen zu messen. Vielmehr wird davon ausgegangen, daß das Kind sich ohne Veränderungen und Experimente dem Rhythmus und dem Lebensstil der Familie anpaßt.

Besondere Schwierigkeiten haben die Mütter bei der Erziehung und Maßregelung heranwachsender Jungen. Sie selbst haben eine untergeordnete Stellung und müssen ihren Ehemännern widerspruchslos gehorchen. Das finden die Kinder sehr bald heraus. Ein rebellischer kleiner Junge kann sich die Situation seiner Mutter zunutze machen und sehr anspruchsvoll werden. Erst ab fünf untersteht der Junge der direkten Erziehungsgewalt des Vaters, und von diesem Alter ab bis zu ungefähr sieben Jahren kann er die untergeordnete Stellung seiner Mutter im hierarchischen System der Familie ganz und gar dazu ausnutzen, sich ihrer Autorität zu entziehen, indem er aus dem Haus hinausläuft und an Plätze geht, an denen sie keinen Einfluß auf ihn hat und wo sie vielleicht selbst gar nicht hingehen darf. Dann quengelt, bettelt und fleht er so lange, bis er seinen Willen kriegt. Er lernt schnell, daß Temperamentsausbrüche und Wutanfälle sehr wirkungsvoll sind. Auch im Erwachsenenalter stellen heftige Zornesausbrüche weiterhin eine wirkungsvolle Methode dar, um Einfluß auf das Verhalten jener zu bekommen, deren Status nicht festgelegt ist.

Die Mutter schimpft mit ihrem ungezogenen Kind und sagt ihm, daß es ausgestoßen wird oder ein »Unberührbarer« ist. Sie droht mit Geistern und Hexen und damit, daß Kali, die Göttin der Zerstörung (die die Schattenseite des Mutterbildes darstellt), kommt und ihm etwas antut. Wenn Schimpfen nichts nützt, wird das Kind in ein dunkles Zimmer eingesperrt. Lannoy stellt fest, daß das eine sehr beängstigende Erfahrung für ein kleines Kind ist, und hält es für bemerkenswert, daß die Meditation in einem dunklen Raum, eine der Techniken, die von heiligen Männern angewandt wird, als eine schwere Prüfung gilt.

Doch wie sehr das Kind seine Mutter auch ausnutzen mag, wenn es erwachsen ist, denkt es mit einer Verehrung an sie zurück, die an Ehrfurcht grenzt. Das große vedische Reinigungsopfer, der Soma, versinnbildlicht die Vorstellungen der Erwachsenen von der Mutterschaft. Um »in die heilige Existenz hineingeboren zu werden«[7] muß der Bittsteller zuerst in den Mutterleib zurückkehren und wieder ein Fötus werden. Er muß

[7] H. Hubert, M. Mauss: Essay on the Nature and Function of Sacrifice. Cohen and West, 1965.

wieder von seiner Mutter abhängig werden, der Grundlage seines Daseins, und folglich auch von der gesellschaftlichen Gesamtheit. Im Somaopfer kristallisieren sich Vorstellungen über die Beziehung des Menschen zu seiner Mutter und auch zur Gesellschaft. Der Körper des Menschen ist »der Lotos der neun Türen«[8], der ständig der Verunreinigung von innen und von außen ausgesetzt ist und seine Einheit nur beibehalten kann, wenn das Gleichgewicht zwischen den verschiedenen Körperteilen und den verschiedenen Teilen der Gesellschaft aufrecht erhalten bleibt. Im Somaopfer wird eine infantile Einstellung verkörpert und dargestellt. Als einer der übergeordneten Werte zur Erlangung der Reinigung werden hierbei das Bild der Mutter und die Rückkehr zu ihr in fötaler Abhängigkeit beibehalten.

In der indischen Mittelschicht sind die traditionellen Haltungen einem schnellen Wandel unterlegen. Die Frauen üben mehr und mehr Autorität im Haushalt aus, und oft nehmen sie auch eine Stelle im Berufsleben an. In den Städten haben Kleinfamilien das Großfamiliensystem abgelöst, wodurch einige der früheren Belastungen weggefallen sind, an deren Stelle jedoch neue getreten sind. In der Gemeinschaftsfamilie besteht ein ununterbrochener Ablauf der Betätigungen. Die Jungen lernen ganz genau, was sie zu tun haben, indem sie den Älteren nacheifern. Wenn ein solches System zusammenbricht, besteht ein großes Problem darin, daß die jungen Leute die Familie verlassen müssen, um einen neuen Beruf zu lernen. Das ist mit mehr Individualität und Unabhängigkeitsbestrebungen verbunden, mit mehr Freiheiten und einem besseren Lebensstandard. Sehr häufig sind es die Frauen, die aus der Gemeinschaftsfamilie ausbrechen möchten und ihre Männer dazu überreden, sich selbständig zu machen. Das ist mit großen psychologischen Umstellungen verbunden, denn die relativ isolierte, aus Frau und Mann bestehende Einheit muß allein, ohne die Unterstützung der Gemeinschaftsfamilie, zurechtkommen. Ohne andere Frauen, die als Ersatzmütter für das heranwachsende Kind einspringen können, ist die Mutterrolle sehr viel intensiver geworden, und das kann zu besonders großen Schwierigkeiten in der Mutter-Sohn-Beziehung führen, in der die Mutter einen starken Einfluß auf ihren Sohn ausübt und emotional stark von ihm abhän-

[8] Aus dem Athar-Veda, zitiert nach: Richard Lannoy: The Speaking Tree. O.U.P., New York 1971.

gig ist. Dadurch kommt es zu Spannungen, wenn der Junge von zu Hause fortgeht. Die Folge davon ist, daß die traditionelle Gelassenheit, Ruhe und Ausgeglichenheit des Lebens der Inder abgelöst wird von »Nervosität, Ruhelosigkeit und einem unerträglichen, verzweifelten, düsteren Gefühl, daß es in dieser Welt keine Liebe mehr gibt«.[9]

In Indien stehen die Frauen jedoch noch nicht im gleichen Maße in einem Wettbewerbsverhältnis zu den Männern, wie das im Westen der Fall ist. Auch benehmen sie sich nicht auf eine Art, die von Lannoy ziemlich betulich als »maskuline Verhaltensweise, wie sie bei ihren Ebenbildern in den angelsächsischen Ländern anzutreffen ist«, bezeichnet wird. In den meisten Fällen brauchen sie keinen Erfolg im Beruf zu suchen, denn sie haben ganz still die ganze Macht im Haus uneingeschränkt an sich genommen. Die moderne indische Mutter ist souverän.

Das jüdische Mutterideal

Die übermächtige, allumfassende und manchmal erdrückende Liebe der jüdischen Mutter zu ihren Kindern ist ein Thema, das in Romanen der letzten Zeit immer wieder aufgenommen worden ist. Ich möchte mich jedoch in diesem Abschnitt nicht mit Sozialpathologie beschäftigen, sondern mich interessiert die jüdische Idealvorstellung vom Muttersein, und ich möchte feststellen, wie sie geschichtlich ihren Niederschlag gefunden hat.

Die traditionelle jüdische Familie ist als »ein mit Mauern umgebener Garten«[10] bezeichnet worden, als die Kernzelle der Gemeinde Israels, der Heimat und der Synagoge. Der Vater ist ein Priester und die Kinder sind Meßgehilfen, jede Mahlzeit ist eine heilige Kommunion. Beinahe jedes jüdische Ritual betrifft die Familie, und fast jedes Familientreffen ist mit einem Ritual verbunden. Das patriarchische System kommt in der Person Abrahams und in der unbedingten Verpflichtung des Vaters

9 Richard Lannoy: The Speaking Tree. O. U. P., New York 1971.
10 Chaim Bermant: The Walled Garden. The saga of Jewish family life and tradition. Weidenfeld & Nicholson, 1974. Diesem Buch verdanke ich in besonderem Maße die in diesem Abschnitt enthaltenen Informationen.

zum Ausdruck, seine Frau und seine Kinder zu unterweisen. Das erste Gebot lautet »Seid fruchtbar und mehret euch«, es gilt die Familie in die Zukunft hinein zu erweitern und die unlösbaren Verbindungen zu stärken, die in die Geschichte zurückgehen, »den Felsen, aus dem ihr gehauen seid, und das Loch und die Grube, wo ihr ausgegraben wurdet«.

In der althebräischen Kultur bestand die wichtigste Aufgabe der Frau darin, männliche Nachfolger hervorzubringen. Ihr Status als Frau war von dieser Fähigkeit abhängig. Ein Mann konnte sich von einer unfruchtbaren Frau scheiden lassen, und wenn seine Frau mit der Zeit älter wurde, konnte er sich eine neue Frau nehmen. Bei den streng orthodoxen Juden gelten die Frauen auch heute noch als zweitrangige Mitglieder der Gemeinde. Während die Geburt eines Sohnes aufwendig gefeiert wird, schenkt man der Geburt einer Tochter nur wenig Aufmerksamkeit. Im Talmud heißt es zwar, daß ein Vater »die Geburt einer Tochter als Segen des Herrn betrachten« solle, doch werden daraus andere Schlüsse gezogen. Das Morgengebet des frommen Juden lautet: »Gelobt bist du, o Herr unser Gott, König des Weltalls, der du mich nicht zu einer Frau gemacht hast.«

Es wird berichtet, daß Rabbiner Eliezer ben Hyrkanos an einer bestimmten Stelle seiner Lehren von einer klugen Frau angegriffen wurde und voller Ungeduld seinem Protest Ausdruck verlieh: »Einer Frau kommt keinerlei Lehre zu außer der über die Spindel. Laßt das Feuer die Worte der Torah verschlingen, doch laßt nicht zu, daß sie an eine Frau weitergegeben werden«.[11]

Der Körper einer Frau ist wie ein Gefäß, dessen Öffnungen geschlossen bleiben müssen, aus dem jedoch regelmäßig verunreinigende Flüssigkeit ausfließt. Die Frau als sexuelles Wesen ist wegen der Menstruation eine Verursacherin von Unreinheit: »Und wenn eine Frau einen Ausfluß hat, und dieser Ausfluß aus ihrem Körper blutig ist, dann soll sie sieben Tage lang in ihrer Unreinheit verweilen.«[12] »Wenn ein Mann bei einer Frau liegt, die ihre Krankheit hat, und er ihre Nacktheit aufdeckt – hat er ihren Ursprung entblößt und sie hat den Brunnen ihres

[11] Rabbiner Eliezer ben Hyrkanos, zitiert nach: Chaim Bermant: The Walled Garden. The saga of Jewish family life and tradition. Weidenfeld & Nicholson, 1974.
[12] 3. Mose 15,19.

Blutes enthüllt – dann sollen beide von ihrem Volk abgeschnitten werden.«[13]

Selbst wenn der Fleck, den das Blut hinterläßt, »nicht größer ist als ein Senfkorn«, gilt die Frau als unrein, deshalb wurden die sieben Tage von den Rabbis zur Sicherheit auf zwölf Tage verlängert. In ›Baraita in Niddah‹ wurde festgestellt, daß der Atem einer menstruierenden Frau giftig und ihr Blick gefährlich sei, und daß sie die Luft um sich herum verunreinige. »Sie galt als das Äußerste an Verdorbenheit, als eine wandelnde, stinkende, eiternde Seuche.«[14] Es kam nicht selten vor, daß die Frauen den Rabbi um Rat fragten, wenn sie nicht sicher waren, ob die Flecken auf ihrer Unterwäsche groß genug waren, um sie als unrein gelten zu lassen oder nicht. Sie suchten ihn mit den befleckten Kleidungsstücken auf, damit er sie untersuchen konnte. Er entledigte sich dieser Aufgabe mit der Unpersönlichkeit eines Arztes, der eine sorgfältige klinische Untersuchung vornimmt.

Der Schulchan Aruch, ein im 16. Jahrhundert veröffentlichter Auszug aus dem jüdischen Ritualgesetz, weist die Frau an, daß sie die Verantwortung für Vorsichtsmaßnahmen zu tragen habe, damit ihr Ehemann sie nicht aus Versehen berührt, wenn sie in diesem unreinen Zustand ist. In den Wohnungen orthodoxer Juden ist das Doppelbett unbekannt, und es ist von vielen Rabbis als Symbol der Verworfenheit heftig kritisiert worden. Nach der Absonderung muß die Reinigungszeremonie des rituellen Bades ausgeführt werden. Die Frau muß dreimal in fließendem Wasser untertauchen, das kann in einem besonderen Ritualbad (Mikwe) oder in einem Fluß oder im Meer erfolgen. Es ist für Mann und Frau Pflicht, in der Nacht nach dem Eintauchen ins Wasser Verkehr miteinander zu haben, zu einem Zeitpunkt, der häufig mit dem Eisprung zusammenfällt, also mit den fruchtbarsten Tagen der Frau. Wenn sich nach zehn Jahren herausstellt, daß die Frau unfruchtbar ist oder wenn das Paar Verhütungsmittel verwendet und deshalb keine Kinder bekommen hat, dann leben sie nach Auffassung der ultraorthodoxen Juden in Sünde. Im allgemeinen wenden Angehörige des jüdischen Glaubens jedoch Empfängnisverhütungsmittel an, und zwei, höchstens drei Kinder sind die Norm. Die Benutzung eines

[13] 3. Mose 20,18.
[14] Chaim Bermant: The Walled Garden. The saga of Jewish family life and tradition. Weidenfeld & Nicholson, 1974.

Condoms gilt als Sünde und wird mit der Sünde des Onan gleichgesetzt. Die Verantwortung für die Empfängnisverhütung übernimmt die Frau. Die Pille wird als mit den Glaubenssätzen übereinstimmend akzeptiert. Im Talmud sind die Pflichten der Frau festgelegt, zu denen es gehört, daß sie ihrem Mann das Gesicht wäscht und ihm die Getränke einschenkt. Maimonides hat diesen Pflichten noch viele andere Dienste hinzugefügt, sie stammen aus seinen Beobachtungen der Verhaltensweisen in der moslemischen Kultur, wo er gelebt hat. Eine Aufgabe, auf die er großen Wert gelegt hat und die auch für das Thema dieses Buches von Bedeutung ist, besteht darin, daß die Frau ihre Kinder selbst stillen sollte.

Es ist die Pflicht beider Eltern, dafür zu sorgen, daß ihre Kinder eine gute Erziehung und Ausbildung erhalten. Töchter sollen in der Kunst der Haushaltsführung unterrichtet werden, damit sie eine gute Partie machen, Söhne sollen zur Weisheit erzogen werden, damit sie gute Familienoberhäupter werden. Es wird sehr viel Wert auf hohe geistige Leistungen und die Gelehrsamkeit gelegt, die ein guter Rabbi braucht. Es gibt nur ein speziell jüdisches Wiegenlied in englischer Sprache, das die Mütter ihren Kindern vorsingen. Es kommt darin das Ideal einer Erziehung zum Ausdruck, die Bestandteil der ernsten Angelegenheit des täglichen Lebens ist:

»O still, mein Liebling, schlaf tief mein Sohn,
schlaf tief und süß, bis der Tag beginnt;
denn unter den Betten von braven Kindern
liegt bis zum Morgen ein schneeweißes Zicklein.
Wir schicken es zum Markt, dort kauft es Sechora (Vorräte),
während mein kleiner Junge studiert die Thora.
Schlaf tief des Nachts und lerne am Tag die Thora,
dann wirst du ein Rabbi sein, bevor ich grau geworden bin.
Morgen gebe ich dir reife Nüsse und ein Spielzeug,
wenn du jetzt einschläfst, ich bitt' dich, mein lieber kleiner Sohn.«[15]

Die Eltern leihen sich Geld und sparen, damit der Sohn die Universität besuchen kann und »mein Sohn, der Doktor« wird, der aber aufgrund seiner Ausbildung und der neuen Gesellschaftsschicht, zu der er jetzt Zugang hat, plötzlich andere Freunde, Interessen und Überzeugungen hat. Dann kann es passieren, daß er seinen Eltern zu großer Enttäuschung und

[15] Solomon Schechter: Studies in Judaism. Philadelphia 1903.

Bestürzung Anlaß gibt, die sich mit Stolz und Verzweiflung mischen. Chaim Bermant[16] gibt uns eine Definition der besonderen Eigenschaften des »naches«, das sich Eltern von ihren Kindern erhoffen. Es geht dabei um »eine Mischung aus Genugtuung, Stolz, Freude, Dankbarkeit, etwas wie Glückseligkeit, das Gefühl, daß Gott wohlgefällig herablächelt«. Er fährt fort: »Wenn ein Elternteil vorwurfsvoll sagt: ›Ich will ja nur, daß du glücklich bist‹, dann ist damit gemeint: ›Ich will ja nur naches von dir‹, und naches wird am besten dadurch erreicht, daß das Kind das tut, was seine Eltern getan hätten, wenn sie an Stelle des Kindes gewesen wären.«

Traditionell gilt eine akademische Bildung für Jungen als angemessen. Auf ihre Töchter sind die Eltern jedoch dann stolz, wenn sie Ehefrauen und Mütter werden. Nur in der Mutterschaft kann die Frau wirklich Erfüllung finden und nur dadurch kann der ererbte Makel weiblicher Sexualität überwunden und umgewandelt werden.

Die Domäne der orthodoxen jüdischen Frau ist das Heim, das ihr untersteht und mit dem sie gleichgesetzt wird. Ein Rabbi sagte einmal: »Ich habe meine Frau nie als meine Frau bezeichnet, ich nannte sie ›mein Heim‹.«[17] Ihre Hauptaufgabe besteht darin, für »Frieden im Haus« zu sorgen und ein stabiles Familienleben zu gewährleisten. Die Familien sind immer kleiner geworden, und ihre unermüdliche Energie, ihre Entschlossenheit und ihre Besorgnis um das Wohlergehen ihres Nachwuchses konzentriert sich auf wenige Kinder. Das kann zu der erdrückenden Mutterliebe führen, aus der Ängste und Neurosen entstehen, wenn die heranwachsenden Kinder versuchen, sich dem vereinnahmenden Stolz zu entziehen.

Die Mutter der Familie hat daheim schon immer eine wichtige rituelle Funktion innegehabt, und im heutigen jüdischen Familienleben nimmt die rituelle Bedeutung ihrer Rolle als Mutter sogar zu. Durch die Anforderungen des modernen Lebens außerhalb der jüdischen Gemeinschaft sind die Möglichkeiten, draußen den jüdischen Glaubenssätzen entsprechend zu leben, sehr eingeschränkt. Deshalb wird ihre Aufgabe, das Zuhause zum Zentrum der jüdischen Kultur zu machen, immer wichti-

[16] Chaim Bermant: The Walled Garden. The saga of Jewish family life and tradition. Weidenfeld & Nicholson, 1974.
[17] Chaim Bermant: The Walled Garden. The saga of Jewish family life and tradition. Weidenfeld & Nicholson, 1974.

ger. Häufig finden es die Familienmitglieder zu kompliziert, außerhalb des Hauses auf die Einhaltung koscherer Ernährungsvorschriften zu achten, sie erwarten jedoch von der Mutter, daß sie sie daheim einhält. In der heutigen Welt kommt der Mutter deshalb eine außergewöhnliche Rolle bei den Ritualen zu. Sie sorgt dafür, daß die Traditionen und Zeremonien beibehalten werden und jüdische Gebräuche bestehen bleiben. Sie macht ihre Kinder unmittelbar und vorschriftsmäßig mit dem jüdischen Brauchtum bekannt, zum Beispiel mit dem Anzünden der Kerzen am Sabbat. Die Mutter wird in der jüdischen Familie folglich immer mehr zu der vereinzelten Person, von der allein die Vermittlung der Kultur abhängt. Diese Funktion hat sie inne, und nicht der Vater, der für seine Kinder die Verkörperung des Judentums darstellt.

Dadurch kann ihre grundlegende körperliche Unreinheit, die ihre Ursache darin hat, daß sie als Frau geboren wurde, überwunden werden. So stellt sie das historische Verbindungsglied eines jeden Juden mit seiner Vergangenheit dar.

Das Ideal des Mittelmeerraums

Auch für die griechische Bäuerin stellt die Mutterschaft eine Erfüllung dar, und mehr noch als das: sie ist die Erlösung von der Sünde, als Frau geboren worden zu sein. Frauen werden als schwache, empfindliche Wesen angesehen, die ständig gegen die unvermeidlichen spirituellen Nachteile ankämpfen müssen, die mit ihrer Weiblichkeit zusammenhängen. Sie müssen immer und ewig auf der Hut sein, um ihre Keuschheit zu bewahren und sich gegen die männliche Sexualität verteidigen zu können. Die Schamhaftigkeit ist eine Tugend, und ein Sprichwort lautet: »Es ist besser, ein Auge zu verlieren als den guten Ruf«. Als Gott das Universum schuf, versah er den Mann mit Intellekt, doch nach seinem Willen blieben die Frauen unvernünftig, gefühlsbetont, streitsüchtig, geschwätzig und albern und immer dazu aufgelegt, Unruhe im Dorf zu stiften. »Männer sind intelligent«, heißt es, »Frauen jedoch sind Klatschweiber.« Sie sind alle »Evas«.[18]

---

[18] Siehe hierzu: Juliet de Boulay: Portrait of a Greek Mountain Village. O. U. P., New York 1974. Diesem Buch verdanke ich einen großen Teil des in diesem Abschnitt enthaltenen Materials.

Die Menstruation gilt als Beweis für die Unreinheit der Frau. Sie darf in diesem Zustand keine rituellen Handlungen ausführen, zum Beispiel nicht die Weihnachtswürste herstellen, kein Brot für die Liturgie backen oder Festessen bereiten, sie darf keine Kirchenkerzen anzünden, nicht vor einer Ikone niederknien und das Licht in heiligen Stätten nicht anzünden. Das Wort »nehmen« wird auch bei der Pflanzenveredelung verwendet: Wenn eine Frau diese Dinge tut, dann »nimmt« oder »greift« die Handlung nicht – sie hat keinen Sinn, weil die Gnade nicht strömen kann. Männer sind dagegen »rein«, und das verleiht ihnen von vornherein mehr Verantwortung. Sie können sich wirkungsvoller an Gott wenden und ohne Behinderungen Kontakt zur heiligen Welt herstellen. Juliet de Boulay zählt die Eigenschaften auf, die mit der männlichen und der weiblichen Natur in Zusammenhang gebracht werden, um die Polarität zwischen Männlichkeit und Weiblichkeit aufzuzeigen:[19]

Mann:	Frau:
Adam	Eva
überlegen	unterlegen
rechts	links
näher bei Gott	näher beim Teufel
intelligent	unintelligent, dumm
willensstark	leichtgläubig
besonnen, tapfer	ängstlich
zuverlässig	unzuverlässig
stark	schwach (auch im Hinblick auf die Sinnlichkeit)
verantwortungsbewußt	verantwortungslos

Aber eine Frau besitzt noch eine zusätzliche Qualität, nämlich die der sexuellen Schamhaftigkeit und Bescheidenheit, und dadurch ist sie davor geschützt, allen ihren negativen Eigenschaften nachzugeben. In ihren Händen liegt nicht nur ihre eigene Selbstachtung als Frau, sondern auch die Ehre ihrer Familie. Campbell weist darauf hin, daß die Mutter ein Symbol für den Zusammenhalt der Familie ist, und daß deren Ehre und Redlichkeit von ihrer Tugendhaftigkeit abhängt: »Eine Mutter, von

[19] Juliet de Boulay: Portrait of a Greek Mountain Village. O.U.P., New York 1974.

der angenommen wird, daß sie ihre Jungfräulichkeit schon vor der Ehe verloren oder sie Ehebruch begangen oder auch nur eine offensichtliche Bereitschaft dazu gezeigt hat, steckt ihre Kinder mit dem Makel ihrer Unehrenhaftigkeit an. Die Kinder mögen ein noch so tadelloses Verhalten an den Tag legen, den Ruf ihrer Familie können sie nicht wiedergutmachen.«[20]

Er beschreibt eine Frau, die immer lachte und fröhlich war und sich so verhielt, wie das ihrer Armut nicht angemessen zu sein schien. Sie hätte mehr über die vielen Sorgen nachdenken sollen. Alle waren sich darüber einig, daß ihre Tochter Chrysante bescheiden und arbeitsam war, dennoch wartete das ganze Dorf »mit ziemlicher Gewißheit« darauf, daß ihre moralischen Verfehlungen ans Tageslicht kämen.

Etwa ab siebzehn muß sich ein Mädchen »wie eine ehrsame Jungfrau benehmen, deren Schamgefühl sehr stark ausgeprägt ist«.[21] Wenn sie sich ihre Jungfräulichkeit nicht unangetastet bewahrt, droht ihr der mögliche Tod, auf jeden Fall jedoch Entehrung und eine unehrenhafte Verheiratung mit einem Witwer oder einem Mann, der einen sehr schlechten Ruf hat.

»Unbescheidenheit ist ein Zeichen dafür, daß eine Frau sich von ihrer Weiblichkeit lossagt, daß sie Verrat an ihrer ureigenen Natur begeht, und somit auch an ihrer von Gott vorgegebenen Rolle, an ihrer Herkunftsfamilie und an ihrer Ehe, die ihr notwendigerweise Ehre hat angedeihen lassen, und das ist das kostbarste Gut, das damit verbunden ist.«[22]

Beim Schamgefühl des Mannes verhält es sich anders. Es handelt sich hierbei nicht um sexuelle Scham, sondern um die Schande, bei der Erfüllung der kulturellen Rolle des Mannes zu versagen. Für die Frau stellt das Schamgefühl eine Möglichkeit zur Erlösung dar, ohne dieses Schamgefühl ist sie einer rein animalischen Natur ausgeliefert. Alle Männer in der Familie müssen sich darum bemühen, ihre Frauen und Kinder vor Schande zu bewahren, denn ihre eigene Ehre hängt davon ab, daß es ihnen gelingt, ihre Angehörigen vor jeglicher Schande zu schützen.

[20] J. K. Campbell: Honour, Family and Patronage: a study of institutions and values in a Greek mountain community. Clarendon Press, 1964.

[21] J. K. Campbell: Honour, Family and Patronage: a study of institutions and values in a Greek mountain community. Clarendon Press, 1964.

[22] J. G. Peristiany: Honour and Shame in a Cypriot Highland Village. In: J. G. Peristiany (Hrsg.): Honour and Shame: the values of Mediterranean Society. Athen 1965.

Durch eben dieses Schamgefühl steht jede Frau im Zusammenhang mit den Verfehlungen Evas, des Inbegriffs der Frau, außerdem birgt es aber auch für sie die Möglichkeit in sich, sie über den Zustand einer unbedeutenden, schwachen Frau zu erheben und ihr die Erfüllung der erstrebenswertesten Rolle zu gewähren, die einer Frau offensteht – Ehefrau und Mutter zu werden. Dadurch wird auch »die Entstehung einer idealen Ehebeziehung in der Gesellschaft ermöglicht, die Symbiose, oder mit den Worten der Dorfbewohner, einer Beziehung, in der sowohl der Mann wie auch die Frau in gleichem Maße notwendig sind«.[23] Juliet de Boulay bemerkt hierzu: »Nur die Ehe ermöglicht der Frau, ihre Natur zu transzendieren, die Teil ihres gesellschaftlichen und metaphysischen Erbes ist. Nur die Ehe verschafft der Frau ein eigenes Zuhause, und durch dieses Zuhause kann sie sich selbst zum Ausdruck bringen. Während Mädchen und Frauen von neutralen Mitgliedern der Gesellschaft als Unterprivilegierte behandelt werden und Witwen als gefährliche und zersetzende Verkörperung der dunklen Mächte der weiblichen Natur gelten, erhält nur die verheiratete Frau das Privileg . . . jene Elemente zu zähmen und zu unterwerfen, von denen die Gesellschaft bedroht wird.« Und genau diese Funktion erfüllt die Mutter. Ihre Aufgabe besteht darin, die unberechenbaren und ungestümen Naturkräfte ihrer Kinder zu bändigen und im Leben ihrer Kinder und Enkelkinder ihre eigene Ausdrucksmöglichkeit zu finden, die ihr Erfüllung bringt. Das geschieht im besonderen Maße durch die Ehre, die ihre Söhne und Enkelsöhne ihr machen. Eine Dorfbewohnerin erzählte über ihre Enkelkinder: »Ich bin jetzt bis zum kleinen Christos. Wir leben jetzt bis zu Klein Christos«[24], eine Aussage, die deshalb von Belang ist, weil sie seine jüngere Schwester Tassoula dabei völlig ignorierte.

Die Mutter »hält das Haus zusammen« und ihr ureigenes Betätigungsfeld ist der Haushalt. Dabei ist nicht nur die praktische Arbeit, das Kochen und Saubermachen, das Brotbacken und die Käsezubereitung, die Versorgung der Ziegen und Hühner, das Wasserholen und die Kinderbeaufsichtigung, alles das, was sie tagtäglich leistet, wichtig, sondern auch die Art, in der sie dafür sorgt, daß das Haus eine Zufluchtsstätte ist, in die

[23] Juliet de Boulay: Portrait of a Greek Mountain Village. O. U. P., New York 1974.
[24] Juliet de Boulay: Portrait of a Greek Mountain Village. O. U. P., New York 1974.

man sich vor den Sorgen der Außenwelt zurückziehen kann. Das gelingt ihr zum Teil dadurch, daß sie gewissenhaft für die korrekte Einhaltung der rituellen Handlungen sorgt. Sie muß religiöse Fastenzeiten einhalten, regelmäßig in die Kirche gehen und als Vertreterin des Hauses Gedenkgottesdienste besuchen, Festessen zubereiten und die Stränge der selbst hergestellten Kerzen zählen, mit denen der Toten ihrer eigenen Familie und der ihres Mannes gedacht wird. Sie stellt das Bindeglied zur geschichtlichen Vergangenheit dar, denn sie erinnert sich für die anderen und verleiht so symbolisch dem Fortbestand der Familie und der Gemeinschaft aller Verwandten Ausdruck, sowohl der toten wie der lebenden.

Im allgemeinen wird angenommen, daß sie ihren Kindern näher steht als der Vater. Er hat sie »aus seinem Bauch hinausgeworfen«, doch sie kommen aus ihrem Schoß. Da der Mann tagsüber außer Haus beschäftigt ist, trägt die Frau die alleinige Verantwortung für die Kinderversorgung. Kleine Kinder bekommen ihren Vater außer an Festtagen selten zu Gesicht.

Wie die traditionelle jüdische Frau wird auch die griechische Bäuerin mit dem Haus gleichgesetzt. Das griechische Wort für »Ehefrau« ist dasselbe wie für »Haus«. Wenn eine Frau lange von zu Hause abwesend ist, gilt das als eine Art »spirituelle Untreue«. »Ohne die Hausfrau«, so sagen die Dorfbewohner, »kann das Haus nicht funktionieren«.[25] Im Haus kann eine Frau ihre Kreativität zum Ausdruck bringen und durch das Haus erhält sie ihre Berechtigung als Frau. Die Ordnung und die Abläufe der heiligen Welt spiegeln sich in der Ordnung, der großzügigen Gastfreundschaft, der Liebe und dem Frieden des Heimes wider, und die Mutter ist die Hüterin des Hausaltars. Für alle, die kommen, muß genügend Essen da sein, ein herzliches Willkommen und eine Bereitschaft, die geistige Übereinstimmung zu teilen, deren Urquell das Heim idealerweise ist. Das Heim ist ein Abbild der heiligen Welt im Mikrokosmos, und die Mutter ist deren Priesterin.

Eine Frau genießt in den drei Gesellschaften, mit denen wir uns in diesem Kapitel beschäftigt haben, wenig Ansehen, solange sie keine Mutter ist. Sie hat die Möglichkeit zu gebären und wird aus diesem Grund anerkannt, doch eine Existenzberechtigung verschafft sie sich erst dadurch, daß sie heiratet und Kin-

[25] Juliet de Boulay: Portrait of a Greek Mountain Village. OUP, New York 1974.

der bekommt. Wenn in solchen Gesellschaften von den Frauen eine Beschränkung der Kinderzahl erwartet wird und der Bevölkerungsexplosion Einhalt geboten werden muß, dann muß an die Stelle der Gebärfähigkeit ein neuer Wert treten. Diese und ähnliche Gesellschaften müssen sich dann verändern, und zwar in dem Sinne, daß Frauen wegen Eigenschaften geschätzt werden, die sich nicht auf das Gebären und Großziehen von Kindern beschränken.

Traditionell gesehen ist die Gesellschaft durch die Idealvorstellung von der Mutterschaft bereichert worden. Dadurch haben Vorstellungen von Zärtlichkeit, Mitgefühl, Großzügigkeit, Selbstlosigkeit, Liebe, Harmonie und Kreativität Eingang in diese Gesellschaft gefunden, die anderen eher aggressiven und überheblichen, als Inbegriff der »Männlichkeit« geltenden Eigenschaften wie Mut, Macht, Kampfgeist, Gerechtigkeit und technischer Leistungsfähigkeit gegenüberstehen. Doch wir leben am Ende des 20. Jahrhunderts. Die Gesellschaft verändert sich. Wir können es uns nicht länger leisten, die Mutterschaft über die Kinderlosigkeit zu stellen. Wir machen eine kulturelle Revolution durch. Eigenschaften, die mit dem Muttersein in Verbindung gebracht werden, müssen auch auf andere Weise als nur durch das Mutterwerden zum Ausdruck kommen können.

Wenn nur noch wenige Frauen Mütter werden oder das Gebären auf einen kleinen Teil der Bevölkerung beschränkt ist, besteht die Gefahr, daß wir das Männliche überbewerten und das »Weibliche«, das weniger rational und deswegen verdächtig zu sein scheint, unterschätzen. Vielleicht müssen wir jene Werte wiederentdecken, die in der Mutterschaft von der Tradition her zum Ausdruck gekommen sind. Vielleicht ist es dann möglich, daß sich diese Werte nicht nur in der biologischen Figur der Mutter, sondern in uns allen verwirklichen lassen.

Ebenso wie mit anderen Formen des sozialen Daseins ist auch mit dem Muttersein experimentiert worden. Man versuchte, die Mutterrolle den jeweiligen Moden und Zeitströmungen anzupassen oder sie einem hohen gesellschaftlichen Ideal zu unterstellen. Das hat zu radikalen Veränderungen im Dasein als Mutter geführt. Manchmal sind von diesen Experimenten nur wenige Personen oder nur ein kleiner Teil der Bevölkerung betroffen gewesen. In den Vereinigten Staaten entstand unmittelbar nach dem Krieg ein Kult, demzufolge ein Kind das ewige Leben erlangen würde, wenn man ihm gegenüber niemals von Tod oder Krankheit spräche. Die Mitglieder der betreffenden Sekte versuchten also, das Kind isoliert und streng behütet in einem Zustand verbaler Asepsis aufwachsen zu lassen. Es kam nicht mit anderen Kindern in Berührung, Fernsehen und Radio waren für es tabu. Es war ausschließlich von schönen Dingen und Menschen mit liebevollen Gedanken umgeben, die das Kind als zukünftigen Erlöser verehrten, der die Menschheit von Schmerz und Leid befreien würde. Dies war natürlich eine viel zu wichtige und spezialisierte Aufgabe, als daß man sie der Mutter hätte überlassen können. Deshalb wurde das Kind von denen großgezogen, die es anbeteten und die gleichzeitig auch seine Gefängniswärter waren. Es durfte keine Haustiere haben für den Fall, daß sie sterben oder sich verletzen würden. Auch durfte es sich nicht an eine einzige Person gewöhnen, denn auch sie hätte ja krank werden oder sterben können, und dann wäre es mit Krankheit, Schmerz, Leiden und Tod in Berührung gekommen. Wonne und Freude waren die einzigen Erfahrungen, die ihm gestattet waren.

Die meisten anderen Experimente jedoch, über die Aufzeichnungen existieren, standen im Zusammenhang mit einer umfassenderen gesellschaftlichen Zielsetzung.

Mutterschaft in Utopia

Eines der wichtigsten »Experimente mit der Mutterrolle« fand in der Oneida-Gemeinschaft statt, die von einem religiösen Seher, John Humphrey Noyes, Mitte des 19. Jahrhunderts in Amerika ins Leben gerufen worden war. Ein wichtiges Element dieser Gemeinschaft bestand in der öffentlichen Kritik in einer Gruppe von Gleichaltrigen (peer group), und jeder, der sich über seine Beweggründe oder den Sinn bestimmter Vorgehensweisen im unklaren war, stellte sich freiwillig der Kritik aller Teilnehmer der Zusammenkünfte, die zu diesem Zweck regelmäßig abgehalten wurden. Die Perfektionisten, wie sie sich selbst nannten, bauten ihre Organisation auf kommunistischen Ideen und einer Lebensweise auf, die später unter dem Begriff »freie Liebe« von sich reden machte. Noyes warnte seine Anhänger in bezug auf die Sexualität jedoch vor »der Versuchung, ein eigenes Hobby daraus zu machen. Alle sollten das Gemeinsame miteinander teilen und sich vor einer zu starken Bindung an einzelne hüten«. Das ermöglichte den freien »Kreislauf« und den Austausch »magnetischer Einflüsse«. Der Geschlechtsverkehr stellte die intimste und wirkungsvollste Art des »Handauflegens« dar und sollte nicht auf einen einzigen Partner beschränkt sein. Die Mädchen wurden etwa im Alter von dreizehn in die sexuelle Liebe eingeführt, nicht selten von Noyes persönlich. 1848 führte er ein System »männlicher Enthaltsamkeit« oder den Coitus reservatus ein, seinen Lehren zufolge eine gesundheitsfördernde Maßnahme, die in der Gemeinschaft als wirkungsvolle Methode zur Empfängnisverhütung diente. 1869 wurde mit einem Experiment begonnen, von dem sich die Perfektionisten erhofften, daß es schließlich die amerikanische Gesellschaft und die ganze Welt verändern würde. Jeder hatte das Recht, sich dem Geschlechtsverkehr mit einem anderen zu verweigern, doch nur die von Noyes Auserwählten durften Kinder haben. Wenn es bei einem Paar zur Empfängnis gekommen war, wurde von ihnen keineswegs erwartet, daß sie sich besonders aneinander banden. Sie sollten vielmehr anderen Mitgliedern der Gemeinschaft Platz machen und nicht »aneinander kleben bleiben«. Die jungen Frauen der Gemeinschaft brachten eine Erklärung heraus, in der es hieß: »Wir haben keinerlei Rechte oder persönliche Gefühle in bezug auf das Kindergebären, die ihm (Noyes) im geringsten zuwiderlaufen oder ihn bei seiner Zusammenstellung wissenschaftlicher Kombination in Verlegenheit bringen könnten ... Wenn es notwendig erscheint ... verzichten wir gerne auf alle unsere Kinderwünsche, wenn Mr. Noyes uns aus irgendeinem Grund als

Fortpflanzungsmaterial für ungeeignet hält. Vor allem bieten wir uns Gott und dem wahren Kommunismus als ›lebende Opfergaben‹ an.«[1]

In der Praxis waren es oft ältere, von allen verehrte »spirituell gesinnte« Männer der Gemeinschaft, die als Väter der Kinder ausersehen wurden, denn Noyes glaubte an die Vererbbarkeit erworbener Eigenschaften besonders durch den Vater. Er war der Meinung, daß der Vater einen größeren genetischen Einfluß hat als die Mutter, außerdem war auch ein Prinzip aufgestellt worden, daß die Gemeinschaft »emporgehoben« werden müsse, und es hieß, daß Noyes persönlich der Vater von vielen der Kinder war.

Es fiel den Paaren sehr schwer, sich zu trennen, wie es von ihnen erwartet wurde, wenn ein Kind unterwegs war. In einem zeitgenössischen Bericht, der von einem Besucher der Gemeinschaft[2] verfaßt wurde, wird ein schmerzlicher Zwischenfall beschrieben, bei dem ein junger Mann öffentlich wegen seiner Zuneigung zu der Frau »kritisiert« wurde, die ein Kind von ihm bekam. Es wird berichtet, daß er von Noyes die Anweisung erhielt, ein anderer Mann solle mit ihr schlafen. Wahrscheinlich wurde aufgrund solcher Zwischenfälle ein System entwickelt, demzufolge Paare vor der Geburt und auch eine gewisse Zeit nach der Geburt zusammenlebten und sich dann erst trennten. Mütter versorgten ihre Babys bis zum Alter von neun Monaten, nachts bis zu achtzehn Monaten. Nach Ablauf dieser Zeit besuchten die »Stirps« (die Babys) ihre Mütter zweimal in der Woche. Doch sowohl die Mütter wie auch die Kinder wurden öffentlich kritisiert, wenn sich zeigte, daß sie ungebührlich stark aneinander hingen. Doch nicht nur die Liebe zwischen Mutter und Kind war verdächtig, auch Kinder, die allzu große Zuneigung zu ihren Freunden zum Ausdruck brachten, wurden kritisiert und voneinander getrennt. Es wurde erwartet, daß keiner am anderen »klebte«. Es sollte keine Besitzansprüche, keine Ausschließlichkeit und keine Verantwortlichkeit zwischen Einzelpersonen geben, sondern nur die Verantwortlichkeit gegenüber der Gemeinschaft und eine Ausschließlichkeit gegenüber der Außenwelt. Pierrepont Noyes, der Sohn des Be-

---

[1] John McKelvie Whitworth: God's Blueprints: A sociological study of three Utopian sects. Routledge, 1975.

[2] Charles Nordhoff: The Communistic Societies of the United States. Dover, New York 1966 (Erstausgabe: Harper & Row, 1875).

gründers der Gemeinschaft, schrieb über seine Kindheit: »Wir Kinder der Gemeinschaft lebten in einer kleinen Welt, die von allen Seiten durch Isolation begrenzt war. Wir glaubten daran, daß sich außerhalb dieser Mauern Horden von Philistern befänden, die auf einer religiösen Irrlehre und sozialen Verhaltensnormen bestanden, in deren Namen sie sündigten und unter der sie litten. Als ich ein Kind war, war die Welt ›draußen‹ eine Welt der Tabus.«[3]

Wenn die Kinder mit etwa zwei Jahren abgestillt waren, übernahmen männliche und weibliche Kinderschwestern in der Kinderstube ihre Versorgung. Wenn sie drei oder vier Jahre alt waren, begannen sie, ihre Mahlzeiten mit den Erwachsenen zusammen einzunehmen, doch sie saßen an einem extra Tisch. Ihre Erziehung oblag nicht ihren Müttern, die ihre Kinder aufgegeben und keinen Anspruch mehr auf sie hatten, sondern war Aufgabe der ganzen Gemeinschaft. Es wurde in der Oneida-Gemeinschaft eine Methode entwickelt, derzufolge eine enge Bindung zwischen Mutter und Kind nicht nur ignoriert wurde, sondern mit der bewußt bewirkt werden sollte, daß sie unterbunden wurde. Die Kommentare, die ein recht bestürzter Besucher der Gemeinschaft abgibt, nehmen einige der Beobachtungen voraus, die René Spitz[4] und John Bowlby[5] gemacht haben, die untersucht haben, welche Wirkung es hat, wenn Kinder keine Zweierbeziehung zu einem Erwachsenen aufnehmen können: »Die Kinder, die ich sah, waren wohlgenährt und sahen gesund aus; sie kamen mir jedoch etwas gedämpft und betrübt vor, als würde ihnen die ausschließliche Fürsorge und Liebe eines Vaters und einer Mutter fehlen. Diese Eindrücke können meiner Phantasie entsprungen sein. Es würde mir jedoch großen Kummer bereiten, wenn ich in den Augen meiner eigenen Kleinen einen Ausdruck bemerken würde, wie ich ihn bei den Oneida-Kindern festgestellt zu haben meine; er läßt sich schwer beschreiben – vielleicht könnte ich sagen, daß es ein Mangel an Schwung, Vertrauen und Fröhlichkeit war. Für einen Mann oder eine Frau ist es vielleicht nicht so schwierig, Teil

---

3 Pierrepont Noyes: A Goodly Heritage. New York 1958.
4 René Spitz: Anaclitic Depression. In: A Psychoanalytic Study of the Child. Vol. II, International Universities Press, 1946.
5 John Bowlby: Bindung. Eine Analyse der Mutter-Kind-Beziehung. München 1975; John Bowlby: Trennung. Psychische Schäden als Folge der Trennung von Mutter und Kind. München 1976.

einer großen Maschine zu sein, doch ich befürchte, daß es für ein kleines Kind sehr viel schwieriger ist.«[6]

Wir erfahren nie, was die Frauen empfanden, die sich von ihren Kindern trennen mußten. Aus Untersuchungen an Rhesusaffen[7] kann man schließen, daß es für jene, die in der Bewegung aufgewachsen sind und selbst als Kinder einen »Mangel an mütterlicher Zuwendung« und einen beabsichtigten Liebesentzug erfahren haben, später im Leben sicherlich schwer war, eine Beziehung zu anderen Menschen herzustellen. Dadurch war es wohl aber auch leichter für sie, ihre Kinder ohne großes Leid der Gemeinschaft zu übergeben.

Die Volksrepublik China

Einige der einschneidendsten Veränderungen hat die Mutterrolle im kommunistischen China durchgemacht. Seit 1949 gilt das Ehegesetz als Grundlage für die Familiengründung. Durch dieses Gesetz ist die bis dahin in China übliche Feudalehe abgelöst worden. In dem Gesetz wird die Gleichheit von Mann und Frau verkündet und auf die Pflichten von beiden bei der Kindererziehung hingewiesen. Während der Schwangerschaft der Frau oder innerhalb des ersten Jahres nach der Geburt darf der Mann nicht die Scheidung einreichen. In den fünfziger Jahren wurde es für Paare, die Kinder hatten, immer schwieriger, sich scheiden zu lassen.

Nach der Eheschließung zieht eine Frau häufig wie früher mit ihrem Mann in den Haushalt von dessen Eltern, so daß die Beziehung zur Schwiegermutter in ihrem Leben eine große Rolle spielt und Einfluß darauf hat, wie sie ihre Kinder großzieht. Delia Davin[8] berichtet, daß die Spannungen zwischen diesen beiden Frauen das Thema vieler neu erschienener Romane darstellen, und daß die Problemseiten in den Zeitungen damit gefüllt sind; sie nehmen bei weitem mehr Raum ein, als alle

[6] Charles Nordhoff: The Communistic Societies of the United States. Dover, New York 1966.

[7] Harry F. Harlow: Development of affection in primates. In: E. L. Bliss (Hrsg.): Roots of Behaviour. Harper, New York 1962.

[8] Delia Davin: Women – work: women and the Party in revolutionary China. OUP, New York 1976. Ich bin dankbar für das Material, das ich dem Buch für diesen Abschnitt entnehmen konnte.

anderen Ehe- und Familienprobleme. Während die Schwiegermutter früher die übergeordnete Autorität im Haus war, geht die jüngere Frau heute häufig arbeiten. Dann muß die ältere alle die untergeordneten Arbeiten ausführen, die früher Aufgabe der jüngeren waren. Einige Schwiegermütter entziehen sich dem, indem sie selbst berufstätig werden. Dann teilen sich die zwei Frauen die Arbeit untereinander auf. Andere lehnen es ab, die Hausarbeit zu machen oder sich um die Kinder zu kümmern, oder sie kochen nur für ihren Sohn und weigern sich, das Essen für seine Frau zuzubereiten. Mit solchen Problemen können sich die Frauen an die Kader der Dorffrauen wenden, die die Revolution auf lokaler Ebene überwachen. Oft sieht die Lösung so aus, daß der Großvater die Kinderversorgung übernimmt und beide Frauen ihrer Berufstätigkeit nachgehen.

Trotz der unterschiedlichen Weisungen von oben zur Rolle der Frauen in der Gesellschaft werden die praktisch angewandten Methoden auf empirischer Grundlage erarbeitet. Auf dem Land leben und essen die Familien noch zusammen und arbeiten in der gleichen landwirtschaftlichen Arbeitsgruppe. Bäuerinnen sind schon immer daran gewöhnt gewesen, in Krisensituationen während der Erntezeit vollen Einsatz zu leisten. Die Babys und kleinen Kinder werden dann der Aufsicht einer älteren Frau oder einer Großmutter überlassen, der die Füße abgebunden worden sind und die deshalb keine Erntearbeit leisten kann. Dieses System ist zur regelmäßigen kommunalen Kinderbeaufsichtigung ausgedehnt worden. In einem Dorf zum Beispiel, in dem 42 Prozent der Arbeitskräfte Frauen waren, wurde eine Versammlung abgehalten, auf der beschlossen wurde, daß eine richtige Kindertagesstätte eingerichtet werden solle, denn die Mütter hatten Bedenken angemeldet, ob ihre Kinder auch gut versorgt würden, und die Aufsichtspersonen waren wegen der übernommenen Verantwortung beunruhigt. Es wurde Einigung darüber erzielt, daß die älteren Frauen des Dorfes und die Kinder über zehn diese Tagesstätte leiten sollten, und daß die Mütter sich abwechselnd zur Verfügung stellten, falls das nötig sein sollte. Es wurden einfache Regelungen festgelegt, zum Beispiel, daß die Aufsichtspersonen dafür zu sorgen hatten, daß die Hühner den Babys nicht die Gesichter zerkratzten. Als Spielzeug wurden Gemüse, Blätter, Lehm und leere Streichholzschachteln verwendet.

Von den Männern wurde erwartet, daß sie eine Distanz zu

ihren Kindern herstellten, wenn diese etwa sechs Jahre alt waren, damit sie nicht zu intim und wild mit ihnen umgingen. Während der Vater mehr und mehr Autoritätsperson wurde, verbündete sich die Mutter mit ihren Kindern, besonders mit ihren Söhnen. Sie benutzte die Isolation ihres Mannes dazu, um eine engere gefühlsmäßige Bindung zu ihnen herzustellen, sie deutete ihren Kindern gegenüber sein Verhalten, verhandelte mit ihm, um ihnen Bestrafungen zu ersparen und trat allgemein als Vermittlerin auf. Margery Wolf schreibt über die traditionelle Familie: »Den Kindern wurde dadurch endgültig klar, welches ihre uterine Familie im Gegensatz zu der von ihrem Vater definierten Familie war, daß der Vater nicht nur sie selbst, sondern auch die Mutter schlug ... (Also) sind Frauen im modernen China keine glänzenden neuen Vorbilder, die speziell für die neue Gesellschaft erschaffen worden sind. Ein schweigsamer und unterdrückter weiblicher Teil der Bevölkerung verwandelte sich nicht über Nacht in eine energische und kluge Gesellschaftsgruppierung mit politischem Einfluß. Das Familiensystem, von dem sie jahrhundertelang vernachlässigt worden sind, hat sie aber auch mit Eigenschaften versehen, die ihnen eine Teilnahme an der Revolution und der neuen Gesellschaft erleichtert haben. Sie haben sehr viel mehr Erfahrung als ihre Brüder, wenn es darum geht, sich eine Meinung zu bilden, verändernde Einstellungen zu erspüren und persönliche Vor- und Nachteile in den verschiedensten Situationen abzuschätzen. Nicht ihre Fähigkeiten sind neu, sondern neu ist, daß diese Fähigkeiten Anerkennung finden.«[9]

In den Städten sind die Mitglieder der Kleinfamilie tagsüber normalerweise getrennt, kommen aber nach der Arbeit, wenn sie das Baby aus der Kinderkrippe abgeholt haben, als Familie zusammen. Nach der Geburt des ersten Kindes verlassen sich die Paare sehr stark auf die Hilfe der Großeltern, obwohl es allgemein akzeptiert wird, daß sich der Mann an der Hausarbeit, dem Wäschewaschen und der Kinderversorgung beteiligt und obwohl es am Arbeitsplatz Krippen gibt. Die Frauen bitten die Mutter oder die Schwiegermutter, bei ihnen zu wohnen, wenn das Baby geboren ist. Die Folge davon, daß sowohl der Mann wie auch die Frau berufstätig sind, besteht darin, daß die Beziehungen innerhalb der Familie enger werden und daß sich

[9] Margery Wolf: Chinese women: old skills in a new context. In: Margery Wolf: Women and the Family in Rural Taiwan. Stanford University Press, 1972.

die Bindungen zwischen Eltern und Großeltern festigen. Selbst wenn entsprechende Kindertagesstätten zur Verfügung stehen, ist es für die Eltern eine große Hilfe, wenn Großeltern da sind, die das Kind in die Krippe bringen und wieder abholen können und die in den Schulferien und bei Krankheit einspringen. Überraschenderweise werden auch Hausmädchen angestellt, allerdings können sich das nur wenige berufstätige Frauen leisten. Delia Davin betont, daß es niemals eine Massenbewegung mit dem Bestreben gegeben hat, der Familie die Versorgung der Kinder zu entziehen. Die kommunistische Revolution hat keineswegs eine Auflösung der Familie bewirkt, sondern im Gegenteil in vielerlei Hinsicht zu ihrer Stärkung beigetragen. »Nach einem Jahrzehnt struktureller Veränderungen«, fügt sie hinzu, »bildet die Familie noch immer das tragfähige Fundament der chinesischen Gesellschaft.«[10]

Der Kibbuz

Ein weiteres umfangreiches Experiment, durch das die Mutterrolle beeinflußt wurde, stellen natürlich die Kibbuzim in Israel dar.

Das Ideal, das zur Bildung der Kibbuzim führte, hatte wenig mit Muttersein zu tun, sondern mit dem Aufbau: »Eine neue Lebensweise in einem sehr alten, feindlichen Land. Das Aufwachsen einer neuen Generation mit dieser Lebensweise wurde tatsächlich schon bald von immer größerer Wichtigkeit, doch es mußte hinter anderen Notwendigkeiten zurücktreten. Wie konnte die erste Generation denn einer neuen Generation Schutz bieten, wenn die Gesellschaft noch gar nicht richtig entstanden war?«[11]

Nachdem das Land besät und die Ernte eingebracht war, die Wirtschaft florierte und die Einwanderer schließlich das Gefühl hatten, sich auf eigenem Grund und Boden zu befinden, wurde das Kibbuzideal auf die Qualität der Beziehungen zwischen

[10] Delia Davin: Woman – work: women and the party in revolutionary China. OUP, New York 1976.

[11] Bruno Bettelheim: The Children of the Dream: Communal child rearing and its implications for Society. Thomas and Hudson, 1969.

der gesamten Gemeinschaft und seinen jungen Mitgliedern, der Hoffnung für die Zukunft, konzentriert. Der Kibbuz begann als Alternative zum herkömmlichen Familienleben, in der die gemeinsame Kinderbetreuung nicht klar abgegrenzt und ziemlich emotionslos vonstatten ging; doch heute ist die Beziehung zwischen Eltern und Kindern von zentraler Bedeutung.

Am Anfang wurden alle vorrangigen Aufgaben bei der Kinderversorgung von dafür ausgebildeten Leuten, den Metapelets, übernommen. Die Kinder kamen in die Baby- oder Kinderhäuser, während die Mutter freigestellt war, um produktiv zu arbeiten. Das war zum Teil eine Reaktion auf die traditionelle weibliche Rolle der Gettos, in denen die Frauen ihr ganzes Leben ihren Männern und ihren Kindern gewidmet hatten. Man ging davon aus, daß die weibliche Vorkämpferin, die Chalitzah, wirklich frei und den Männern gleichgestellt sein müsse. Das ließ sich nur verwirklichen, wenn sie sich der Aufgaben des Mutterseins entledigen konnte und wie der Mann Wachdienst leistete, Traktor fuhr, Häuser baute und sich an den Straßenbauarbeiten beteiligte. In der Praxis war es jedoch so, daß nur wenige Frauen in gleichem Maße die harte Arbeit in der Landwirtschaft übernahmen wie die Männer.

Das Ideal, die Rollendifferenzierung zwischen den Geschlechtern aufzuheben, bestand jedoch. Überdies war es notwendig, alle zur Verfügung stehenden männlichen und weiblichen Arbeitskräfte einzusetzen, um das gemeinsame Ziel, die Errichtung und den Ausbau des Kibbuz, erfüllen zu können. Niemand hatte Zeit, sich auf seine Privatinteressen zu konzentrieren. Die Kibbuzzim verdanken ihre Entstehung der Tatsache, daß Geschlechterrollen und gemeinschaftliche Ziele radikal neu durchdacht wurden.

In den Anfangsjahren der Kibbuzim war die Kinderbetreuung institutionalisiert, beruhte also nicht auf Eigeninitiative und persönlicher Fürsorge. Die Versorgung war immer wieder durch Schichtwechsel unterbrochen, denn die Metapelets, die sich um die Kinder in den Kinderhäusern kümmerten, lösten sich regelmäßig ab. Auch wechselten die Kinder von Babyhäusern in Kinderhäuser über. Bruno Bettelheim ging davon aus, daß das bei den Müttern zu Schuldgefühlen führte, weil sie nicht in gleicher Weise für ihre Kinder sorgten wie ihre eigenen Mütter und auch, daß die Frauen, die selbst in einem Kibbuz aufgewachsen waren, später eine gewisse Distanz zu ihren Kindern entwickelten.[12] Allerdings verließen einige Paare den Kibbuz nach der Geburt ihres zweiten oder dritten Kindes, weil die Mutter sich selbst um ihr Baby kümmern wollte. Beim ersten Kind war sie vielleicht froh gewesen, daß andere die Versorgung übernahmen, weil sie selbst kein Zutrauen zu ihren Fähigkeiten als Mutter hatte.

Normalerweise werden die Babys im Kibbuz gestillt. Als ich in Israel war, besuchte ich einen Kibbuz, in dem Flaggen gehißt wurden, so daß eine Frau, die auf dem Feld oder an einem anderen Ort in der Nähe arbeitete, an der Farbe der Flagge erkennen konnte, ob ihr Baby gestillt werden wollte. Sechs Monate galten jedoch als völlig ausreichend. Die Mütter erwarten nicht, daß sie ihr Kind länger stillen können, und es ist auch nicht gestattet. Vielleicht geschieht das auch deshalb, weil die Metapelets genügend Zeit haben, sich auf das Kind zu konzentrieren, wenn sie es mit Brei füttern, während die Mutter dazu neigt, ihr Kind zur Eile anzutreiben oder zumindest immer die Uhr im Auge behält, weil sie wieder zu ihrer Arbeit zurückkehren muß. Eine solche Situation ist für eine glückliche Stillbeziehung und eine gute Milchbildung nicht gerade förderlich. Mit Flaschen ernährte Babys werden normalerweise mit vier Monaten auf das Trinken aus der Tasse umgestellt. In einem System, in dem die Kinder schon früh zur Unabhängigkeit von der Mutter angehalten werden, damit sie auf die gemeinschaftliche Arbeit zur Erreichung der Ziele des Kibbuz vorbereitet werden können, sind solche Maßnahmen wohl unabdingbar. Das mag auch der Grund dafür sein, weshalb Babys schon mit sechs Wochen in Gitterbettchen auf eine weiße, flache Unterlage gelegt werden, wo sie um sich herum Platz haben. Sie bekommen also keine kuscheligen Krippen, Stubenwagen oder Tragetücher, wie das in vielen anderen Gesellschaften üblich ist.

In vielen Kibbuzim ist es üblich, daß die Eltern zwei Stunden täglich mit ihren Kindern zusammen verbringen, meist in der Zeit zwischen fünf und sieben Uhr abends. Die übrige Zeit werden die Kinder in den Baby- oder Kinderhäusern betreut. Ursprünglich verbrachten alle Kinder die Nacht in Schlafsälen, gingen also auch nachts nicht zu ihren Eltern zurück, doch in einigen Kibbuzim schlafen die Kinder jetzt wieder daheim bei ihren Eltern. Am Sabbat sind die Kinder längere Zeit mit den

---

[12] Bruno Bettelheim: The Children of the Dream: Communal child rearing and its implications for Society. Thomas and Hudson, 1969.

Eltern zusammen. Mir wurde gesagt, daß es am Sabbat heutzutage im Kibbuz »wie bei einem Familientreffen« zugeht. Das ist um so mehr in einigen älteren Kibbuzim der Fall, in denen vier Generationen einer Familie zusammenleben, von Fünfundsiebzigjährigen oder Älteren bis zum neugeborenen Baby. Vielleicht mehr als jeder andere Sozialverband ist der Kibbuz heutzutage auf die Familie gegründet. Dadurch kommt es in der Gesellschaft zu Situationen, die für kinderlose Kibbuzangehörige schwer zu ertragen sind. Zu den Zeiten am Sabbat, wenn die ganze Gemeinschaft Familienfeste feiert, fühlen sie sich vielleicht besonders einsam.

Da sich die Eltern in dieser gemeinsam verbrachten Zeit ihren Kindern völlig widmen, scheinen sich die Beziehungen zwischen Eltern und Kindern im Kibbuz während dieser Familienzeiten aktiver zu gestalten, als das in unserer Gesellschaft der Fall ist. Bei uns hat die Mutter häufig den ganzen Tag über mehrere Kinder um sich. Es ist für sie eine große Anstrengung, dabei die Hausarbeit zu erledigen und das Essen auf den Tisch zu bringen, ohne daß das Krabbelkind im Abfalleimer und das Baby in der Marmeladenschüssel landet. Im Kibbuz sind die Mütter viel seltener müde und gereizte Frauen, die nur hoffen können, daß sie nicht allzu häufig von ihren Kindern aufgehalten werden, damit sie mit ihrer Arbeit vorankommen. Sie scheinen vielmehr die guten Feen zu sein, die den Kindern für eine begrenzte Zeitspanne ganz und gar gehören. Während dieser Zeitspanne jedoch überschütten sie ihre Kinder mit Geschenken und Liebe.

Bei uns sind dies häufig die Väter, die ihre Kinder nur nach der Arbeit zu sehen bekommen, wenn sie gebadet und fertig zum Zubettgehen sind. Manchmal füllen sie diese Rolle wirklich aus, was ihnen die Mütter vielleicht sogar übelnehmen, weil sie dann das Gefühl haben, immer allein diejenigen sein zu müssen, die für Disziplin und Erziehung zu sorgen haben. Im Kibbuz jedoch können sich beide Eltern ausschließlich auf ihre Kinder konzentrieren und während dieser begrenzten Zeit mit ihrer Zuneigung sehr großzügig umgehen. Chaim Bermant stellt fest: »Das ganze Ritual erinnert ein wenig an eine Situation, in der das Kindermädchen die Kinder aus dem Kinderzimmer nach unten bringt, damit sie den Tee mit Papa und Mama einnehmen ... Im Kibbuz werden die Eltern zu einer Art Großeltern oder Patenonkel und -tanten, die immer lächeln, immer nachgiebig und großzügig sind. Erziehung, Belehrung und Bestrafung finden woanders statt; diese geheiligten Stunden sind für Liebe und Zuneigung, für Spaß und Spiele und zum Verwöhntwerden reserviert. Tatsächlich gibt es in jedem Haus für diesen Anlaß einen Schrank mit Spielen, einen Vorrat an Süßigkeiten und Getränken. Die Eltern stehen ihren Kindern ganz und gar zur Verfügung.«[13]

Während dieser Zeit besuchen sich die Kibbuzmitglieder nicht untereinander, auch finden keine Diskussionen oder gesellschaftliche Veranstaltungen statt. Diese Zeit entspricht dem in den USA manchmal als »fun time« bezeichneten Tagesabschnitt.

Die Kinder sind der Mittelpunkt des sozialen Lebens in einem Kibbuz, alles in der Gemeinschaft dreht sich um sie, die die Zukunft symbolisieren und einen Ausgleich für das Unglück und das Leiden der jüdischen Vergangenheit schaffen können. Sie bilden den Mittelpunkt aller gemeinschaftlichen Feste, sowohl der traditionellen, wie Chanukah, Purim und das Fest der Erstlingsfrucht, wie auch der neueren, die aus dem Leben im Kibbuz heraus entstanden sind, zum Beispiel das Fest des Schaferscherens. Bei einer Diskussion über die Mutterrolle in einem Kibbuz war ich erstaunt, wie oft meine Gesprächspartner von »unseren« Kindern redeten, mit denen nicht die Kinder bestimmter Eltern, sondern alle Kinder des Kibbuz gemeint waren. Wenn Kinder bei irgend etwas Erfolg haben, wenn sie eine Prüfung bestehen, ein Austauschstipendium bekommen oder in ein Orchester aufgenommen werden, sind nicht nur die stolzen Eltern froh, sondern der Triumph gehört der ganzen Gemeinschaft. Wenn ein junger Mensch bei einem der plötzlich zwischen Arabern und Israeli ausbrechenden Kämpfe stirbt, trauert der ganze Kibbuz, denn alle haben einen Sohn verloren, und die jungen Leute beklagen den Verlust eines Bruders. Das Kibbuzsystem hat dafür gesorgt, daß der Tod für die Mitglieder aller Altersgruppen wieder zu einer Erfahrung des alltäglichen Lebens geworden ist. Das ist zum einen auf die politische Krisensituation zurückzuführen und zum anderen darauf, daß der Kibbuz eine große Familie ist. Alle tragen den Verlust gemeinsam und trauern zusammen. Eine solche Einstellung zum Tod existiert für die meisten von uns seit dem 19. Jahrhundert nicht mehr.

[13] Chaim Bermant: The Walled Garden. The saga of Jewish family life and tradition. Weidenfeld & Nicholson, 1974.

Die Anziehungskraft der Kleinfamilie und deren Interessen-bereich wirken sich in gewisser Weise nachteilig auf die gemein-schaftliche Identität des Kibbuz aus. Es besteht ein empfindli-ches Gleichgewicht, was die Gewährung einer gewissen Non-konformität und Freiheit und die Beibehaltung des Gruppenzu-sammenhaltes anbelangt. In einigen Kibbuzim werden die ge-meinschaftlichen Speisesäle, die einst Sinnbild für die gemeinsa-men Interessen des ganzen Kibbuz waren, immer seltener be-nützt. Statt nach der Arbeit große Zusammenkünfte abzuhal-ten, bei denen die ganzen Tagesereignisse noch einmal durchge-sprochen werden, tragen die Leute das Essen im Kochgeschirr in ihre eigenen Wohnungen. Der Speisesaal wird immer mehr zu einer Garküche mit Straßenverkauf.

Die Kinder sind in vielerlei Hinsicht der Grund für das Beste-hen der Kibbuzim geworden, so sehr diese sich auch verändert haben mögen. Im modernen Kibbuz lebt eine kindzentrierte Gesellschaft. Die Fähigkeiten, die von guten Eltern gefordert werden, werden bei allen Erwachsenen vorausgesetzt. Im Kib-buz ist die verantwortungsbewußte Elternschaft zur Institution geworden. Daher kommt es, daß die wichtigsten Beziehungen, durch die sich Individuen in einer neuen Gesellschaft verbun-den fühlen, auf geschwisterlicher Liebe und Loyalität beruhen. Als ich über den Kibbuz zu schreiben begann, erhielt ich einen Brief von einer Frau aus Israel, die mir mitteilte, daß sie zusam-men mit ihrer Familie demnächst in ein Kibbuz gehen würde, »weil wir«, so schrieb sie mir, »unsere Kinder häufiger um uns haben möchten, und das ist in der Stadt nicht möglich«. Trotz der Kinderhäuser oder gerade ihretwegen ist im Kibbuz das Muttersein vielleicht neu entdeckt worden.

Wohngemeinschaften und Kommunen

»Janet hat an mich weitergegeben, was Louise an sie weiter-gegeben hat,
und Louise hat an Janet das weitergegeben, was einige Frauen an Louise weitergegeben haben. Und ich gebe an dich weiter, was Janet mir weitergegeben hat.
Und irgendwie übertragen wir durch dieses Einanderlieben, Einander-etwas-Mitteilen und Gegenseitig-etwas-Weiterge-ben

die Liebe auf jeden einzelnen.
Eine Familie.
Endlich daheim bei meiner Familie.

Es war dunkel und feucht an dem Ort meiner Wehen.
Um mich herum waren Frauen.
Wir hielten uns alle bei den Händen und erhoben und senkten sie,
wie das Ansteigen und Sinken des Wassers.
Und wir atmeten und stimmten gleichmäßige Gesänge an,
wir sangen:
Eine Familie.
Wir sind alle eine Familie.
Endlich daheim bei meiner Familie.

Ich verschwand in einem Himmelsspalt.
Die Welt öffnete sich und nahm mich auf,
und ich lag da mit geöffneten Beinen,
auf dem Dach, das sich über allem spannt,
die Tränen strömten über mein Gesicht,
mein Mund war zu einem Schrei geöffnet, doch es kam kein Schrei.
Und von überall um mich herum konnte ich die Gesänge meiner Freundinnen hören.
Sie sangen:
Eine Familie.
Wir sind alle eine Familie.
Endlich daheim bei meiner Familie.

Ja, ja, es war alles verkörpert in mir.
Ich war geschlechtslos.
Ich hatte keine Hautfarbe.
Ich war ohne Gesicht.
Ich war die eine Familie.
Wir sind alle eine Familie.
Endlich daheim bei meiner Familie.«[14]

Es gibt wahrscheinlich ebenso viele unterschiedliche Kommunen und Wohngemeinschaften, wie es unterschiedliche Familien

---

[14] Janet Brown, Eugene Lesser, Stephanie Mines: Two Births. Random House, 1972.

gibt. Sie befinden sich in der Stadt oder auf dem Land, es gibt Kommunen, die versuchen, sich selbst zu versorgen, und andere, in denen viele der Mitglieder ständig unter Drogeneinfluß stehen, und wieder andere, die aufgrund strenger religiöser Überzeugungen gegründet worden sind. Bei allen besteht das für dieses Buch Wichtige darin, daß sie alternative Lösungen zum Leben in der Kleinfamilie suchen.

In einer religiösen Kommune herrschen strikte Verhaltensregeln, und häufig besteht eine genau definierte innere Struktur, in der ältere Mitglieder oder ein Führer die Autorität beanspruchen. In einer Moslem-Kommune in London zum Beispiel ziehen die älteren Mitglieder den Koran zur Lösung von Alltagsproblemen innerhalb der Kommune heran und auch bei Fragen des richtigen Verhaltens in der Ehe, in der Schwangerschaft, bei der Geburt und in der Kindererziehung. Die meiste Zeit des Tages verbringen Männer und Frauen getrennt voneinander, sie essen getrennt und verrichten ihre Gebete getrennt. Ich hatte Gelegenheit, mehr über ihr Leben zu erfahren, als die schwangeren Mitglieder der Kommune zusammen mit anderen Angehörigen der Kommune, die sie bei der Geburt unterstützen sollten, an meinen Geburtsvorbereitungskursen teilnahmen.

Es stand zur Diskussion, ob die Männer auch teilnehmen sollten, doch die Frau, die mit ihrem Mann zusammen die Kommune gegründet hatte und selbst kinderlos war, hielt streng daran fest, daß die Glaubenslehre der Moslems es Männern nicht gestatte, bei der Geburt dabei zu sein. Eine Frau, die sich mit dieser Entscheidung einfach nicht abfinden konnte, war sehr unglücklich darüber. In der Diskussion hob die Frau hervor, daß der Vater an der Geburt teilnähme, denn durch seine Gebete, die er vor der Tür des Entbindungszimmers sprechen würde, unterstütze er die Geburt des Kindes. Er konnte hineinkommen, sobald das Baby geboren war, und seine besondere Aufgabe sollte darin bestehen, ein Stück Dattel gegen die Lippen des Kindes zu legen, um es mit der Süße des Lebens bekanntzumachen. Die Kinderversorgung und Kindererziehung wurde als die Aufgabe der Mutter angesehen, bei der ihr die Frauen der Kommune, zu der sie gehörte, halfen. Die männliche Rolle bestand darin, zwischen Frau und Kindern und der Kommune sowie der Außenwelt zu vermitteln, ebenso auch zwischen dem Profanen und dem Heiligen.

In vielen Kommunen in Kalifornien und überhaupt in Amerika gilt dagegen die Teilnahme des Vaters an der Geburt als äußerst wichtig. Es wird sehr viel Wert auf die Vorbereitung für die Geburt und das Elternsein gelegt. Doch nicht nur der Vater nimmt an dem Ereignis teil, wenn ihm natürlich auch die zentrale Rolle zukommt, sondern alle anderen Mitglieder der Kommune auch, Frauen und Männer.

Eine Geburt gilt als der großartigste Trip, eine Gelegenheit zu transzendentaler Meditation und ekstatischer Gemeinschaftlichkeit. Oft werden die Wehen mit Musik begleitet, die Mitglieder der Kommune während der Geburtsarbeit spielen. Die Mutter ist von Kommunemitgliedern umgeben, während sie das Kind auf dem Boden, auf Kissen oder auf einer Matratze zur Welt bringt. Gelegentlich kommt es auch vor, daß alle Gras (Marihuana) rauchen und Kräutertee mit Honig schlürfen, oder sie nehmen makrobiotisches Müsli aus Vollkorngetreide zu sich. Normalerweise wird die Geburt von einer Laienhebamme begleitet. Es werden vielleicht Verse von Kahlil Gibran oder in der Kommune verfaßte Gedichte und mystische Texte vorgetragen, es werden Gesänge angestimmt, Gebete gesprochen und oft auch Räucherstäbchen angezündet. Häufig sind die Kinder von Kommunemitgliedern und auch die älteren Kinder der werdenden Eltern dabei. Die Mutter wird mit Öl eingerieben, und vielleicht passen sich alle im Zimmer dem Atemrhythmus an, mit dem sie den Wehen begegnet. Die Gemeinsamkeit der Gefühle und Erfahrungen unmittelbar nach der Geburt trägt dazu bei, daß alle sich »high« fühlen. »Die kleinen Mädchen schauten zu, und Heraclitus, die Katze, hatte sich am Fußende des Bettes auf die Hinterbeine gestellt und schaute ebenfalls zu ... Dennis, ein guter Freund von Bob, schenkte Champagner ein ... und Cathy verteilte den Geburtstagskuchen.«[15] Die Frau wird dazu ermutigt, verschiedene Haltungen einzunehmen. Manchmal bringt sie das Kind im Knien zur Welt. Es wird sehr viel Wert darauf gelegt, daß das Baby ohne Trauma auf die Welt kommen kann und sanft willkommen geheißen wird, wie auch Leboyer[16] es empfiehlt. Es kann auch sein, daß die Mutter dem Kind selbst auf die Welt verhilft und sie es sich, vom Vater unterstützt, auf den Bauch legt. In einigen Kommunen nimmt der Vater das Baby in Empfang und überreicht es ihr mit den

[15] Janet Brown, Eugene Lesser, Stephanie Mines: Two Births. Random House, 1972.
[16] Frédérick Leboyer: Der sanfte Weg ins Leben, Geburt ohne Gewalt. München 1974.

Worten »Nimm dieses, unser Kind« oder einem Satz ähnlichen Inhalts. Danach badet er es in vielen Fällen in warmem Wasser, wie Leboyer es beschrieben hat.

Häufig hat die Mutter zu Beginn der Wehen oder vorher noch einen Geburtstagskuchen gebacken, und nach der Geburt findet ein Fest statt, bei dem alle von dem Kuchen essen und Wein trinken. Die Paare in diesen Kommunen sind darum bemüht, die Geburt wieder in die Welt der natürlichen Abläufe zu integrieren und sie als Teil der Gezeiten des gesamten Lebenszusammenhangs zu betrachten.

In einigen Kommunen wird die Plazenta unter den Anwesenden aufgeteilt und entweder in einer Atmosphäre, die die Bedeutung eines heiligen Abendmahls annehmen kann, roh verzehrt oder zubereitet gegessen. Es ist das einzige Fleisch, das nicht mit Töten verbunden ist und deshalb auch von Vegetariern gegessen wird. Es hat einen hohen Eiweiß- und Mineralgehalt. Im ›Birth Book‹[17] steht ein Rezept, wie Plazenta-Stew zubereitet wird: »1 frische Plazenta, Mehl und Öl, Zwiebeln, Möhren, Kartoffeln oder Reis, Stew-Gewürze, Tamari, Wein. Die kleingeschnittene Plazenta wird mit Mehl bestreut und in einem Schmortopf mit Zwiebeln und Öl angebraten. Die Plazenta enthält kein Fett, also genügend Öl verwenden. Wenn die Plazenta braun ist und die Zwiebeln goldbraun, das kleingeschnittene Gemüse und soviel Wasser hinzufügen, daß alles bedeckt ist. Dann wie einen Eintopf eine Stunde lang garen lassen. Danach die Gewürze, Wein und Tamari hinzufügen und noch etwas kochen lassen, bis es gut schmeckt.«

Eine der Schwierigkeiten in einer Kommune kann darin bestehen, daß alle sich darüber klarwerden, was für eine Beziehung jedes Mitglied der Kommune zu dem Kind haben wird. In einigen Kommunen mag es zwar so sein, daß alle sich gern an der Kinderbetreuung beteiligen möchten, in anderen Kommunen wiederum möchten einige Mitglieder überhaupt nichts mit dem Kind zu tun haben, und sie befürchten, daß die Paare mit Kindern das Leben in der Kommune dominieren könnten. Die Eltern fangen an aufzuräumen, sauberzumachen und ihr Leben in einer Art und Weise umzuorganisieren, wie sie das vor der Geburt des Kindes niemals für notwendig gehalten hätten. Dadurch stellen sie auch an die anderen Kommunemitglieder Forderungen in dieser Hinsicht und beanspruchen mehr Raum

[17] Birth Book. Genesis Press, o. J.

für sich. Es kann sein, daß die Mutter erwartet, von den übrigen Mitgliedern der Kommune versorgt und umhegt zu werden – niemand in ihrer Umgebung ist darauf jedoch vorbereitet gewesen. In einigen Kommunen entsteht zwischen den Paaren mit Kindern eine relativ stabile Beziehung, so daß sie die Kommune aufrechterhalten, während ungebundene Mitglieder ausziehen und neue hinzukommen, die zu den festen Mitgliedern eine ähnliche Abhängigkeit entwickeln wie Kinder zu Eltern. Es kommt auch vor, daß die Mutter anderen Mitgliedern den Vorwurf macht, sie würden sich in ihre Art der Kinderversorgung »einmischen«, und daß es ihr nicht gefällt, wie die anderen mit ihrem Kind umgehen, so daß sie es ihnen nicht anvertrauen möchte.

Die Eltern müssen auch bedenken, daß eine Wohngemeinschaftsfamilie nicht lange zusammenbleibt. Es kann sehr problematisch sein, wenn die Mitglieder immer wieder wechseln, nicht nur für die Kerngruppe, sondern auch für die Kinder. Eine Kommune oder Wohngemeinschaft ist nicht unbedingt die einfachste Lösung, um die Anforderungen des Mutterseins zu meistern. Einige Probleme lassen sich dadurch sicherlich lösen, und das Zusammenleben mit anderen kann eine bereichernde und anregende Erfahrung sein. Aus dieser Lebensform ergeben sich jedoch wiederum ganz neue Schwierigkeiten, und in der Gruppe muß die Bereitschaft vorhanden sein, sich aufeinander einzulassen und gemeinsam Verantwortung zu übernehmen.

In einigen amerikanischen Kommunen der Drogenkultur sind die Frauen Randfiguren für die drogenabhängige männliche Kerngruppe. Sie werden als »Chicks« bezeichnet. Dieser Ausdruck beinhaltet, daß sie als Frauen nicht für voll genommen werden, sondern als ein Mittelding zwischen Objekt und Haustier zum Spielen und Schmusen gelten.[18] Einige dieser passiven und fügsamen Mädchen haben zwar überhaupt nichts mit Kochen oder Hausarbeit im Sinn. Wenn sie Kinder haben, beginnen sie jedoch, mehr Wert auf ihre Umgebung zu legen, und stellen auch Forderungen an die Männer, damit sie für bessere Bedingungen sorgen. Es kann sein, daß sie ihre Babys als Teil ihrer selbst empfinden. Wenn sie auch nicht in der Lage sein mögen, für sich selbst etwas zu fordern, so gelingt ihnen das aber im Interesse ihrer Kinder. In einer Kommune dieses Typs lebte fast jede Frau monogam, obwohl die allgemeine Lebens-

[18] Ross V. Speck: The New Families. Tavistock, 1974.

form der Kommune in abwechselnder, zeitlich begrenzter Monogamie bestand. Die Schwangerschaften waren gewöhnlich nicht geplant, um natürliche Abläufe nicht zu stören. Es gab sehr viel Zärtlichkeiten zwischen den Paaren, die von den Mädchen ausgingen, und die Männer schmusten viel mit den Babies. Ross V. Speck bemerkt dazu: »Die Männer schienen die Babys voller Zuneigung wie niedliche Haustiere zu behandeln. In den Gruppen ohne Kinder lebte eine große, ständig wachsende Zahl von Katzen, die alle einen Namen hatten. Versorgt wurden sie fast alle jedoch nur sehr unregelmäßig.«[19]

Er geht auf die depressive Stimmung ein, die in diesen Kommunen in Philadelphia sehr verbreitet ist. Die Depression hat sich wahrscheinlich aus der für sie typischen Einstellung heraus entwickelt, andere auszubeuten. Die Mädchen und Jungen beuten sich gegenseitig aus und beide wiederum die Elterngeneration. Die Männer dieser männlich orientierten Kommune bleiben zusammen, weil sie von ihrem Wesen her passiv sind und andere Männer zur Stärkung ihrer Männlichkeit benötigen. Die Mädchen brauchen ihrerseits eine Gruppe von Männern, von denen sie in einer Situation, in der sie allgemein wie geschlechtliches Spielzeug behandelt werden, einen Rückhalt hinsichtlich ihrer Identität bekommen. Die Gruppe ist so passiv, daß die Sexualität auf ein körperliches Spiel reduziert ist. Die sexuelle Ausbeutung scheint nur noch eine geringe Rolle zu spielen.

Es mutet merkwürdig paradox an, wenn wir uns die Stellung dieser Frauen im Leben der Kommune betrachten. Irgendwie scheint sich der Kreis der Mutterrolle geschlossen zu haben, denn die Mädchen, so fährt der Verfasser über die Kommunen in Philadelphia fort, »wirkten wie eine Parodie auf ihre Mittelschicht-Mütter . . . sie waren noch botmäßiger, noch masochistischer, noch unterwürfiger und verfügten über weniger Autonomie als die Elterngeneration«.[20]

Vielleicht ist es für eine Frau gar nicht so einfach, der traditionellen Mutterrolle zu entrinnen.

Wir können zwar unsere Kinder zu den Großeltern geben, hin und wieder unsere Mutterfunktion einnehmen, die Kinder tagsüber in eine Kinderkrippe bringen, während wir einem Beruf nachgehen, oder wir können auch Frauen dafür gewinnen,

[19] Ross V. Speck: The New Families. Tavistock, 1974.
[20] Ross V. Speck: The New Families. Tavistock, 1974.

die Aufgaben der Mutter für eine ganze Gemeinschaft zu übernehmen. Wir können andere, Laien oder Fachleute, für längere oder kürzere Zeitabschnitte als Ersatzmütter engagieren oder aber ganz und gar in unserer Mutterrolle aufgehen. Wir können auch so weitermachen wie immer, mehr oder weniger ans Haus gebunden.

Es gibt aber auch noch eine andere Möglichkeit. Unsere Gesellschaft könnte mehr Gebrauch von den Vätern machen. Nicht nur die Mütter hätten Vorteile davon, sondern ebenso auch die Kinder und die Männer. Heutzutage bemühen sich junge Paare darum, die Aufgaben bei der Kinderversorgung und -betreuung auf ganz neue Art miteinander zu teilen, und stellen fest, daß sie das sehr genießen.

Um dies jedoch zu ermöglichen, sind Umstellungen in der Verwaltung, in den Schulen, den Krankenhäusern und den Fabriken notwendig, damit Väter und Mütter sich die Aufgaben beim Großziehen ihrer Kinder teilen können und auch eine einträgliche Arbeitsstelle bekommen.

In Skandinavien und zum Teil auch in den USA ist damit begonnen worden. In der Auffassung der Frauen- und Männerrollen haben einschneidende Veränderungen stattgefunden, damit sie den Anforderungen zeitgemäßer Lebensstile und Zielsetzungen gerecht werden, und auch die Institutionen verändern sich, um dem Rechnung zu tragen. Paare nehmen Arbeitsstellen an, bei denen jeder nur noch die Hälfte der Zeit arbeitet und die andere Hälfte zu Hause verbringt.

Als ich die Universität in Stockholm besuchte, war ich verblüfft über die große Anzahl der Männer, die Kinderwagen schoben oder ihr Kind in einem Tragegestell auf dem Rücken trugen, während sie mit Forschungsarbeiten beschäftigt waren oder Studenten unterrichteten. Wenn die Eltern die Kinderbetreuung untereinander aufteilen, tritt nicht nur der Fall ein, daß die Väter öfter zu Hause sind, sondern die Babys kommen öfter hinaus, und die Mobilität wird vorrangig. Die Trennung zwischen Heim und Arbeitsplatz wird aufgehoben. So ähnlich muß es für den Jäger gewesen sein, der Pfeilspitzen schnitzte, während sein kleines Kind dabei war und zuschaute, oder für den Fischer, der Netze flickt, während die Kinder neben ihm spielen. Kinder können enorm davon profitieren, wenn sie am Leben außerhalb der Wohnung teilhaben, und zwar nicht nur in extra eingerichteten Spielgruppen und gut beaufsichtigt in einer kindgerechten Umgebung, sondern auch im Getriebe der Erwachsenenwelt. Schließlich werden auch sie heranwachsen und einmal Erwachsene sein.

In Schweden ist das zu einem normalen Bestandteil des täglichen Lebens geworden. Die Möglichkeiten, eine entsprechende Stelle zu finden, sind zwar begrenzt und beschränken sich hauptsächlich auf das Erziehungswesen; allmählich setzt sich dieses System aber auch in anderen Bereichen der schwedischen Gesellschaft durch.

Wenn ein Paar sich die Aufgaben bei der Kinderversorgung teilt, so bedeutet das, daß jeder Partner in gleicher Weise für die Hausarbeit verantwortlich ist. Es geht nicht darum, daß der Mann einfach nur »hilft«, wenn er merkt, daß seine Frau zu gereizt und erschöpft ist, um weiterzumachen. Gronseth[21] hat bei einer Untersuchung über norwegische Paare, die sich die Kinderversorgung teilen, herausgefunden, daß alle das Gefühl einer großen Bereicherung hatten, und dieses Gefühl des gegenseitigen Gewinns ist kennzeichnend für alle Partnerschaften dieser Art, die bisher untersucht worden sind. Einige Experten haben zwar davor gewarnt, daß die Männer impotent würden, wenn sie ihre traditionellen männlichen Rollen aufgäben, doch scheint das nicht der Fall zu sein; Paare geben vielmehr an, daß ihre sexuelle Beziehung sich verbessert hat. Sie berichten außerdem, daß sie es genießen, mehr Zeit miteinander und auch mit den Kindern verbringen zu können. Vielleicht können geteilte Arbeitszeit und geteilte Kinderversorgung eine Lebensform der Zukunft werden, die es beiden Eltern ermöglicht, das beste aus beiden Lebensbereichen zu machen.

[21] E. Gronseth: Work-sharing families: adaptations of pioneering of families with husband and wife in part-time employment. Zitiert nach: Rhona und Robert N. Rapoport, Ziona Strelitz: Father, Mother and Others. Routledge, 1977.

Wenn eine Frau von den sich ständig wiederholenden täglichen Aufgaben als Mutter ganz zerschlagen ist, von den nassen, schmutzigen Windeln, zerquetschten Bananen auf dem Fußboden und klebrigen Fingerabdrücken überall, unterbrochenem Nachtschlaf, Schluchzen und Nörgeleien ausgelaugt, dann kann das Großziehen ihrer Kinder ihr wie eine nie endende, undankbare Fronarbeit vorkommen und eine Belastung sein, die sich zerstörerisch auf ihre eigene Person auswirkt. Es gibt Momente, in denen jede Mutter sich fragt, warum um alles in der Welt sie sich für solch ein Leben entschieden hat. Auch jene Eltern, die sich auf Geburt und Elternschaft vorbereiten, sehen Kinder unter dem Aspekt der Schwangerschaft in einem rosigen Licht. Erst wenn sie in der Realität Tag und Nacht mit ihnen konfrontiert sind, verlieren ihre Vorstellungen über das Elternsein ihren Glanz.

Die Mütter verbringen den größten Teil ihrer Zeit mit den Kindern, und ihre Aufgaben als Mutter können ihnen bald wie geistlose Schinderei vorkommen, so romantisch ihre Vorstellungen vom Muttersein auch gewesen sein mögen, bevor sie ein Kind hatten. Anstatt Erfüllung und Befriedigung zu empfinden, bekommt die Frau das Gefühl, daß sie immer mehr zu einer erschöpften, frustrierten und gereizten Xanthippe wird, die nur noch Babysprache spricht oder deren Gesprächsthemen sich auf Timmys Zahnen und die Wutanfälle von Zweijährigen beschränken.

Es gibt aber auch schöne Momente, wenn das Baby selig schläft, die gewaschene Wäsche sich im Frühlingswind bläht, das Baby erwacht und voller Freude über das Wiedererkennen lächelt, oder wenn der Mann, den sie liebt, am Abend heimkommt und sie es irgendwie geschafft hat, die Hausarbeit zu erledigen und etwas zu kochen, und sie den Abend miteinander verbringen können. Über Mütter und Kinderpflege und -erziehung wird sehr viel im Zusammenhang mit allgemeinen Grundsätzen, Methoden und verschiedenen Beziehungsformen geschrieben (auch in diesem Buch findet sich eine Menge darüber, das weiß ich), es wird jedoch nicht auf die Strukturierung der Stunden eingegangen, die eine nach der anderen vergehen und die die Frau täglich mit dem Kind hinter sich bringt. Hierbei bekommt sie ein Bild von sich, das sie entweder herabsetzt oder eine Bereicherung für sie bedeutet. Bei den meisten Paaren wird dieses Bild nicht nur davon beeinflußt, sondern es ist auch weitgehend abhängig davon, wie der Mann den Wert seiner Frau in ihrer Rolle als Mutter einschätzt.

Wenn ein Mann seiner Frau in ihrer Rolle als Mutter keine Wertschätzung entgegenbringt oder in Konkurrenz zu den Kindern tritt, damit er von ihr bemuttert wird, anstatt sie in ihrer Beziehung zu den Kindern zu unterstützen, dann befindet sie sich auf einem sehr einsamen Posten. Es müßte in unserem Erziehungssystem mehr unternommen werden, damit Jungen von Anfang an den Wert erkennen lernen, der darin liegt, daß eine Mutter sich hauptsächlich der Erziehung ihrer Kinder widmet, ebenso wie sie mit den Werten vertraut gemacht werden sollten, die beruflichen Erfolgen, hohen Einkommen und wirtschaftlicher und politischer Macht beigemessen werden. Denn wie wir festgestellt haben, werden Mütter von der Kultur hervorgebracht, in der sie ihre Funktion erfüllen.

Die Rolle der Mutter ist schon in viele verschiedene Formen gepreßt worden, um unterschiedlichen gesellschaftlichen Zielen zu dienen. Vielleicht sollten jetzt die Mütter selbst einmal damit beginnen, ihre Vorstellungen über die Gesellschaft zu äußern, die sie sich wünschen, um ihre Rolle wirksam erfüllen zu können. Es wäre an ihnen zu sagen, was sich ändern müßte, wenn Eltern dabei geholfen werden soll, ihre Aufgaben bei der Kindererziehung besser zu erfüllen und mehr Befriedigung daraus zu ziehen.

Im Westen ist die Gesellschaft größtenteils im Hinblick auf die Arbeiter und Angestellten in Fabriken, Büros und im Handel organisiert und ausgerichtet. Auf Familien ist sie nicht eingestellt. Mit kleinen Kindern unterwegs zu sein ist äußerst schwierig. Es gibt so viele Dinge, die wir unmöglich unternehmen können, wenn wir kleine Kinder bei uns haben. Überall wird uns klargemacht, daß sie, ebenso wie Hunde, nicht willkommen sind. Bibliotheken, Kunstgalerien und Museen, Restaurants, ja sogar Wartezimmer von Kliniken sind selten auf die Bedürfnisse von Kindern eingestellt. Wenn Kinder überhaupt dabei sein dürfen, dann werden sie notgedrungen geduldet.

Es geht nicht darum, daß an Frauen mit Kindern ein paar Zugeständnisse gemacht werden, hier und da ein Abstellplatz für Kinderwagen oder ein Wickelzimmer eingerichtet wird, sondern wir müssen Forderungen aufstellen, die erfüllt werden müssen, um Mütter in die Lage zu versetzen, sich ihrer Aufgabe als Mutter ihren Möglichkeiten entsprechend zu widmen. Für Familien müssen Umweltverhältnisse geschaffen werden, in denen sie volle Entfaltungsmöglichkeiten haben. Und das bedeutet, daß aus den Entbindungskliniken Orte werden, wo die Mütter ihre Babys mit dem Bewußtsein zur Welt bringen können, daß es ihre Babys sind, über die die Kliniken nicht einfach verfügen können. Es muß ihnen Unterstützung und die Freiheit gewährt werden, sich auf ihre Weise auf die Wehen einzustellen und ihre Kinder so auf die Welt zu bringen, wie das ihrer Persönlichkeit entspricht. Sie müssen bei der Kinderpflege und -versorgung ihren eigenen Weg finden können und Gelegenheit bekommen, sich ungestört ihrem neugeborenen Baby zuzuwenden.

Das bedeutet auch, daß einige Frauen lieber mehr Zeit außer Haus verbringen und daß einige Väter es vorziehen, mehr zu Hause zu bleiben, und viele werden sich für geteilte Arbeit und geteilte Kinderversorgung entscheiden. Damit das funktionieren kann, müssen Arbeitsplätze zur Verfügung gestellt werden, die es jedem Elternteil ermöglichen, nur halbtags berufstätig zu sein. Das setzt ein völliges Umdenken in der Personalpolitik und der Arbeitsverteilung in unserer Gesellschaft voraus. Viele Mütter entscheiden sich vielleicht dafür, zu Hause zu bleiben, solange die Kinder noch klein sind, und hauptberuflich Mütter zu sein. Doch bei der Erziehung und Ausbildung der Mädchen herrscht immer noch die Einstellung, daß sie entweder einen Beruf ergreifen oder Ehefrau und Mutter werden können. Wir leben in einer Gesellschaft, in der die meisten Frauen mit 30 keine weiteren Kinder mehr bekommen wollen oder in der Frauen noch 20 bis 30 Jahre eines aktiven Lebens vor sich haben, wenn das jüngste Kind das Elternhaus verlassen hat. Wenn eine Frau, nachdem sie ihre Kinder großgezogen hat, ihren Beruf wieder aufzunehmen versucht, muß sie feststellen, daß ihr Weg mit Hindernissen gepflastert ist. Es müßte doch möglich sein, Ausbildungsgänge zu entwickeln, die den Frauen eine Fortsetzung ihrer beruflichen Bildung erlauben. Eine Möglichkeit bestände zum Beispiel in zwei Abschnitten, von denen der erste in einer allgemeinen Einführung und der zweite in einer Spezialisierung bestehen könnte, wobei in vielen Fällen auf die vielseitigen Erfahrungen zurückgegriffen werden könnte, die die Frauen bei der Erziehung ihrer Kinder gemacht haben.

Bei jeder gesellschaftlichen Veränderung, die den Bedürfnissen der Frauen als Mütter Rechnung trägt, muß auch neu überdacht werden, was für eine Bedeutung die Rolle der Mutter für die gesamte Gesellschaft hat. Während des Heranwachsens sollten junge Menschen lernen, daß Mütter keine Mitmenschen zweiter Klasse sind, die eine Arbeit verrichten, die jeder andere genauso gut machen könnte, sondern daß sie Persönlichkeiten sind, die über besondere Fähigkeiten verfügen, um eine Aufgabe zu erfüllen, die vielleicht zu den wichtigsten gehört, auf die ein Mensch sich vorbereiten kann: Die Gesellschaft von morgen heranzuziehen. Die Möglichkeit, in ihrer Art einmalige kleine Menschen aus allernächster Nähe in ihrer Entwicklung zu beobachten und an ihrem körperlichen, intellektuellen und emotionalen Wachstum teilzunehmen, ist eine aufregende Erfahrung, die man als Mutter oder Vater macht, wenn man oft genug mit seinen Kindern zusammen sein kann. Es gibt natürlich auch noch andere Möglichkeiten im Leben, etwas in seinem Wachstum zu unterstützen, Pflanzen in einem Garten zum Beispiel, Töpferwaren, Bücher oder Musik; Eltern können auch noch anderen Aktivitäten nachgehen, und andere Interessen und Verpflichtungen außerhalb des Hauses können auch für die Kinder eine Bereicherung sein. Es bringt jedoch besondere Befriedigung, an der Entfaltung menschlichen Lebens teilzuhaben. Diese Möglichkeit sollte nicht deshalb unterbewertet werden, weil sie für so viele Menschen besteht.

Das hört nicht in dem Moment auf, wenn die Kinder keine Babys mehr sind. Der Prozeß geht weiter und beschleunigt sich, wenn sie soziale Kontakte aufnehmen und ihre Erfindungsgabe und Anpassungsfähigkeit in Beziehung zu anderen Kindern und Erwachsenen einsetzen. Noch aufregender, wenn auch etwas beängstigend, wird es, wenn sie als Jugendliche mit erstaunlicher Geschwindigkeit zwischen Erwachsensein und Kindsein hin- und herwechseln. Wahrscheinlich ist keine andere Arbeit mit so hohen Anforderungen verbunden, bei der gleichzeitig der Einsatz der ganzen Person nötig ist.

In unserer Gesellschaft gilt es wenig, Mutter oder auch Vater zu sein. Von intelligenten Frauen, die eine Ausbildung und einen Beruf haben, wird erwartet, daß sie die Mutterschaft irgendwie in ihr Leben einpassen und alles, was damit verbunden ist, in ihrer Freizeit erledigen. Das ist auch völlig in Ordnung, wenn es wirklich ihrem Wunsch entspricht. Doch es muß nicht unter allen Umständen so sein. Das Muttersein ist ein sehr interessanter Tätigkeitsbereich, bei dem alle Intelligenz, die gesamten emotionalen Reserven und die ganze Anpassungsfähigkeit gegenüber neuen Aufgaben und Situationen gefordert ist. Es gibt keinen Grund, weshalb eine Frau nicht auch noch einen anderen Beruf ausüben können sollte, es ist jedoch sehr schade, wenn sie das Gefühl hat, sie müßte das tun, weil sie »nur Mutter« sei. Mütter haben sich selbst viel zu lange unterschätzt und unterbewertet und sind viel zu oft von Fachleuten übergangen worden, die ihnen Ratschläge geben, ihnen sagen, wie Kinder erzogen werden sollten und sie dann kritisieren, wenn etwas fehlgeht. Oft sind Fachleute eine große Hilfe, viele der Ratschläge sollten die Frauen jedoch vielleicht weniger wörtlich nehmen und besser selbst herausfinden, was für sie die richtige Lösung ist. Auch gibt es nicht nur eine Möglichkeit des Mutter- oder Vaterseins, wie ich hoffentlich in diesem Buch veranschaulichen konnte. Zwei Menschen müssen nicht die gleiche Art von Partnerbeziehung haben, wie die Nachbarn nebenan oder wie alle anderen auch. Es lohnt sich, Dinge auszuprobieren, und es ist sogar wirklich wichtig, um sich den verschiedenen Bedürfnissen des Kindes anzupassen. Wenn die Kinder größer werden, probieren sie selbst Dinge aus und übernehmen verschiedene Rollen, um sich auf die Welt außerhalb ihrer häuslichen Umgebung vorzubereiten. Die Familie ist eine Art Schmelztiegel, in dem sich Menschen miteinander verbinden, wieder trennen, eine Veränderung durchmachen und die unterschiedlichsten Reaktionen zeigen. Der Schmelztiegel birgt sicherlich Gefahren in sich, doch er stellt für beide Eltern auch eine unglaubliche Faszination und Verheißung dar, solange sie an dem Entstehungsprozeß teilhaben.

Die Betrachtung der Mutterrolle unter dem Gesichtspunkt verschiedener Kulturen hat den Vorteil, daß der Beobachter sehr schnell bemerken wird, daß es kein ideales Mutterverhalten gibt, sondern viele verschiedene Abwandlungen. Und keine davon ist die einzig richtige. Jede Verhaltensweise ist auf die empirischen Erlebnisse in einer bestimmten Kultur zurückzuführen und entspricht sehr genau dem Wertsystem dieser Gesellschaft. Was in einer Gemeinschaft funktioniert, stimmt vielleicht in einer anderen überhaupt nicht.

Wenn wir uns Gedanken darüber machen, in was für einer Gesellschaft wir leben und wie unser gemeinschaftlicher Umgang miteinander beschaffen ist, dann sollten wir die Rolle betrachten, die Frauen in ihrer Eigenschaft als Mütter darin einnehmen. Ein neues Jerusalem kann nicht nur dadurch entstehen, daß wir das Schulsystem, die Gesetze, das Wirtschaftssystem und die öffentlichen Einrichtungen verändern. Die Fundamente dafür ruhen auf der Qualität der Wechselbeziehungen, die von Anfang an zwischen einer Frau, einem Mann und einem Baby stattfinden. Es geht auch nicht nur einfach darum, daß Eltern mit Informationen versehen und unterstützt werden, wenn sie schon ein Kind haben. Viel wichtiger ist die Vorbereitung während der Schwangerschaft und auch schon vorher. Für die Art des Familienlebens, das die Eltern schaffen, ist es von großer Bedeutung, wie sie selbst aufgewachsen sind.

Danksagung

Mein Dank gilt allen Müttern, die ich auf die Geburt vorbereitet habe, von denen ich sehr viel gelernt habe und die mir dabei geholfen haben, neue Aspekte der Geburtserfahrung und des Mutterseins wahrzunehmen. Ich möchte mich auch bei den Müttern bedanken, mit denen ich während meiner Vortragsreise in Amerika, die von der International Childbirth Education Association (Internationale Gesellschaft für Geburtsvorbereitung) veranstaltet wurde, Gespräche geführt habe, und bei den Müttern in Südafrika, mit denen ich während einer von der Paramedical Association for Childbirth Education in Johannesburg veranstalteten Vortragsreise zusammentraf. Sie alle haben meinen Gesichtskreis sehr erweitert.

Ich danke auch den zahlreichen Geburtshelfern, Psychiatern, Kinderärzten, Sozialanthropologen, Hebammen und Krankenschwestern, die mich bei meinen Forschungsarbeiten in Europa, Nord- und Südamerika, Israel und in der Karibik unterstützt haben, außerdem allen Hebammen und Krankenschwestern in Großbritannien, die mir geschrieben haben und mich an ihren Erfahrungen in vielen Ländern teilhaben ließen, allen Mitgliedern der Medical Research Council Epidemilogical Research Unit an der Universität der Westindischen Inseln und den im öffentlichen Gesundheitswesen beschäftigten Schwestern, den Ärzten, Krankenschwestern und dem Lehrpersonal in Kingston, im Inneren des Landes und unter den Angehörigen des Personals des Jubilee Hospital in Jamaika, die mich während meiner neunmonatigen intensiven Feldforschungen unterstützt haben.

Ebenfalls bedanke ich mich bei den Verwaltern des Joost de Blank Memorial Fund für die Unterstützung meiner Untersuchung über die Probleme, mit denen Mütter von den Westindischen Inseln in Großbritannien konfrontiert sind, und bei der St. Mary's Hospital Medical School für die Überlassung ihrer Räumlichkeiten, um mit den eingewanderten Müttern zu sprechen, die dort an der Geburtsvorbereitung teilnahmen.

Nichts von all dem wäre je zu Papier gekommen ohne die außergewöhnliche Fähigkeit, meine Handschrift zu entziffern, die Audrey Mansfield, meine Sekretärin, besitzt, ihr idiosynkratisches Niederschreiben mit der Maschine und ihre ruhige

Art, mit der sie aus dem Chaos Ordnung entstehen läßt, wobei die Endfassung unter der kompetenten Mithilfe von Barbara Morris und Susan Miller beim Schreiben mit der Schreibmaschine zustande gekommen ist.

Vor allem aber danke ich meinem Mann, der mir durch seine Großzügigkeit und Liebe meine Forschungsarbeiten und das Schreiben ermöglicht hat.

The Manor, Standlake, Near Witney, Oxfordshire, England

Register

Die große Geschenkausgabe

Sheila Kitzinger

Frauen als Mütter

Mutterschaft in
verschiedenen Kulturen

Kösel

Erhältlich in jeder Buchhandlung